Klaus-Jürgen Bruder
Sigrid Richter-Unger

Monster oder liebe Eltern?

Opfer sexuellen Mißbrauchs werden Jungen wie Mädchen, überwiegend zwischen drei und zehn Jahren. Meist sind nicht monströse Fremde die Täter, sondern Väter, Mütter, Stiefväter, nahe Verwandte – Angehörige aller sozialen Schichten. Viele von ihnen wurden in ihrer Kindheit selbst sexuell mißhandelt. Was treibt sie, anderen wiederum Leid zuzufügen? Wie ist dieser Kreislauf zu durchbrechen? Was setzt eine Therapie der Täter voraus? Wie kann den Opfern und indirekt Betroffenen geholfen werden, die schlimmen Erfahrungen zu verarbeiten? Erfahrene Psychotherapeuten beantworten diese Fragen anhand von Beispielen aus ihrer Arbeit in der Beratungsstelle „Kind im Zentrum“ in Berlin. Diese Einrichtung wendet sich unter dem Motto „Helfen statt Strafen“ mit bislang bundesweit einmaliger Intensität Opfern, Tätern und der gesamten in Mitleidenschaft gezogenen Familie zu. Ausgestattet mit einer kommentierten Literaturliste und einem Verzeichnis von Hilfsangeboten will dieses Buch allen, die mit dem Problem konfrontiert sind, ein Ratgeber sein.

Klaus-Jürgen Bruder
Sigrid Richter-Unger

Monster oder liebe Eltern?

Sexueller Mißbrauch in der Familie

Aufbau-Verlag

Inhalt

Sexualverbrechen an Kindern

Gewalt in Familien

Klaus-Jürgen Bruder
Sigrid Richter-Unger

Einführung in die Problematik

Ein Buch über Mißbraucher, über Erwachsene[1], die Töchter oder Söhne zu ihrer sexuellen Befriedigung mißbrauchen, ist kein leichtes Unternehmen. Wessen Partei ergreifen wir mit einer solchen Darstellung? Die der mißbrauchten Kinder. Aber wer sind unsere Leser, für wen schreiben wir dieses Buch? Sie werden etwas ganz anderes in einem solchen Buch suchen, wenn Sie selbst betroffen sind, wenn Sie einen Menschen in ihrem Umkreis kennen, von dem Sie wissen, daß er seine Kinder mißbraucht, als wenn Sie über diese Probleme nur vom Hörensagen wissen. Wenn Sie selbst sexuell mißbraucht worden sind, werden Sie mit einem anderen Gefühl dieses Buch in die Hand nehmen, als wenn Sie einer von diesen Männern, von diesen Erwachsenen sind, die in diesem Buch beschrieben werden und zu Wort kommen.

Vielleicht ist es ein verbindendes Moment, daß die meisten von Ihnen sich Hilfe von einem solchen Buch erwarten, Erklärungen, wie ein erwachsener Mann dazu kommt, seine Kinder sexuell zu mißbrauchen, Erklärungen für eigenes Leiden oder für das Leiden am eigenen Irrweg, Versagen.

Das Buch versucht, sich den mißbrauchenden Erwachsenen aus unterschiedlicher Perspektive zu nähern: aus der Perspektive der öffentlichen Diskussion, aus dem Blickwinkel des mißbrauchten Kindes, aus der Sicht der Helfer und deren unterschiedlicher Aufgabenstellung und aus der Sicht des mißbrauchenden Erwachsenen selbst.

In der Öffentlichkeit erscheint der Mißbraucher häufig als das Monster, das aus der Dunkelheit auftaucht, in öffentlichen Parks und unübersichtlichen Treppenaufgängen ah-

[1] Väter oder Stiefväter oder andere männliche Mitglieder der Familie, Verwandte; oder auch Mütter.

nungslose Kinder überfällt. Das macht angst. Aber diese Angst versperrt uns die Möglichkeit, solche Männer zu verstehen, was nicht gleichzusetzen ist mit Verständnis für ihr mißbräuchliches Tun. Sie zu verstehen ist vielmehr die erste Voraussetzung, ihnen zu helfen. Es ist aber ebenso die Voraussetzung dafür, daß wir das Leiden der Opfer verstehen, daß wir ihnen Hilfe geben können, daß gerade sie eine Perspektive aus dem Martyrium des Mißbrauchs finden.

Sehen wir den Mißbraucher als Schreckgespenst, so weigern wir uns, ihn zu verstehen, schieben ihn von uns weg. Wir könnten entdecken, wie ähnlich er uns ist. Ja, wir verleugnen die Tatsache, daß sexueller Mißbrauch an Kindern im vermeintlichen Schutzraum der Familie selbst viel häufiger vorkommt als außerhalb. Der Mißbraucher ist nicht der Fremde, der nichts mit uns gemein hat, von dem wir uns beruhigt und verurteilend absetzen können. Er als der Regelverletzer, wir dagegen als die, die sich an die Regeln der gesellschaftlichen Moral halten. Als würde man ihn unter uns nicht treffen. Als finde man ihn in unseren Familien nicht. Als würde in unseren Familien kein Kind sexuell mißbraucht!

Dieses – falsche – Bild vom Mißbraucher als dem fremden Monster außerhalb der Familie, das vor allem in der Presse geboten wird, lenkt ab vom Mißbrauch, der tatsächlich *innerhalb* der Familie oder im nahen Umfeld des Kindes stattfindet. Er schützt dieses Tabu und leistet damit praktisch der Tatsache Vorschub, daß den Opfern nicht geholfen wird.

Zu diesem Syndrom öffentlicher Verdrängung gehört auch das vorgeblich medizinische Verständnis des sexuellen Mißbrauchs als einer Krankheit. Auch dadurch wird die banale Alltäglichkeit des sexuellen Mißbrauchs in der Familie nur wieder geleugnet, der Blick von der Dynamik der Familie als einer Entstehungsbedingung für sexuellen Mißbrauch abgelenkt. Die Isolation des Mißbrauchers und seine Bestrafung wäre die logische Konsequenz.

Das genaue spiegelbildliche Gegenstück zur Darstellung des sexuellen Mißbrauchs als einer Krankheit ist die Selbstdarstellung von pädophilen Gruppen in der Öffentlichkeit. Mißbrauch erscheint dort nicht als Krankheit, sondern als gesundes Verhalten – die Kranken sind die anderen. Pädophile Ideologie stilisiert den Mißbrauch zur Verwirklichung einer als kulturfrei gedachten „Natürlichkeit" sexueller Beziehungen zwischen Kindern und Erwachsenen, als Ausdruck unverklemmter Sexualfreiheit.

Aus feministischer Sicht erscheint sexueller Mißbrauch als eine der Formen struktureller „männlicher" Gewalt in der patriarchalischen Gesellschaft. Dies hat zwar als polemisch zugespitzte Kritik an der landläufigen Vorstellung von der monströsen Außerordentlichkeit des sexuellen Mißbrauchs in unserer Gesellschaft eine gewisse Berechtigung – sexueller Mißbrauch ist in der Tat eine Erfahrung vieler Kinder in unserer Gesellschaft –, aber die Stilisierung des Mißbrauchers zum „Regelfall männlicher Gewalt gegen Mädchen als kleine Frauen" negiert das Leiden der ebenfalls betroffenen *Jungen* und verharmlost das Leiden der betroffenen Kinder, Mädchen *und* Jungen, indem sie es als reguläre Erfahrung von Kindern in unserer Gesellschaft darstellt. Sie negiert oder verleugnet die Gewalt von Müttern gegenüber ihren Kindern.

Sexuellen Mißbrauch begehen zwar in der Tat in erster Linie Männer, ungeachtet des Geschlechts der Opfer. Dennoch geht „Gewalt" nicht ausschließlich von Männern aus. Auch Frauen (Mütter) sind gegenüber Kindern (ihren Söhnen z.B.) objektiv in einer Position, in der sie Gewalt ausüben können und dies nicht selten auch tun. In jüngster Zeit erst erfahren wir auch vom sexuellen Mißbrauch durch Frauen, Mütter, Tanten, ältere Schwestern. Wir erschweren uns den Zugang zu dieser Tatsache, wenn wir Gewalt, sexuellen Mißbrauch als ausschließlich männliches Problem betrachten, als Ausdruck der patriarchalen Machtvorteile der Männer. Letztlich beruhigen wir uns damit auch wieder, einen Sündenbock gefunden zu haben: die patriarchalische Gesellschaft.

Trotzdem kommen wir dem Problem nur näher, wenn wir

die Geschlechtsspezifik des sexuellen Mißbrauchs ernst nehmen und berücksichtigen, wenn wir danach fragen, weshalb sexueller Mißbrauch eher ein Problem der Männer ist.

David Finkelhor fragt in diesem Zusammenhang nach den Unterschieden zwischen männlicher und weiblicher Sozialisation (in unserer westlichen Zivilisation), die diese Geschlechtsspezifik des sexuellen Mißbrauchs erklären helfen könnten.[1]

1. Frauen lernen früher und deutlicher zwischen sexuellen und nicht-sexuellen Formen der Zuneigung zu unterscheiden. Da vielen Männern niemals beigebracht wird, sich pflegend-zuneigend zu verhalten, bzw. sie darin sogar entmutigt werden, können sie im Erwachsenenalter genuine Bedürfnisse nach Zärtlichkeit und Nähe allein in sexueller Form zum Ausdruck bringen.

2. Männer werden weitaus mehr als Frauen dazu erzogen, sexuellen Erfolg als unverzichtbares Moment ihrer Geschlechtsidentität zu begreifen. Konkret bedeutet das, daß Männer mit geringem oder gestörtem Selbstbewußtsein den sexuellen Verkehr mit Kindern als „Ersatz" für eine gleichberechtigte Partnerbeziehung empfinden können, um auf diese Weise ihr männliches Selbstwertgefühl aufzubessern.

3. Männer werden in ihrer Sozialisation – anders als Frauen – stärker auf den Sexualakt hin orientiert als auf die begleitende Beziehung. Die „typisch männliche" Sozialisation begünstigt ein Sexualverhalten, das allein durch die Wahrnehmung der Geschlechtsteile erregt wird, ohne den Menschen zu berücksichtigen. Statt eines wirklichen Sexualpartners wird ein Objekt gesucht, das zunächst einmal bereit ist, den Wünschen des Mannes zu

[1] Finkelhor, D.: *Child Sexual Abuse. New Theory and Research.* New York 1984, S. 12 f.

entsprechen, und für diese Funktion eignet sich besonders ein den Vater ohnehin liebendes, abhängiges Kind.

4. Für Männer in unserer Gesellschaft ist es der „normale" Fall, daß ihre Sexualpartner körperlich kleiner und meist auch jünger sind, für Frauen trifft entsprechend das Gegenteil zu. Es ist daher für einen erwachsenen Mann ein weitaus geringerer Schritt, ein Kind zum Objekt seiner sexuellen Wünsche zu machen, als für eine erwachsene Frau, deren Sozialisation eher darauf ausgerichtet ist, sich innerlich auf körperlich größere und ältere Partner zu beziehen.

Diese Aufstellung zeigt sehr deutlich, daß die Geschlechtsspezifik des sexuellen Mißbrauchs insofern mit der patriarchalischen Gesellschaft zu tun hat, als die männliche Sozialisation die Männer in spezifischer Weise formt, ihnen Bilder von sich, von der Frau, von der Beziehung zu anderen, zu Frauen und Kindern, von ihrer Sexualität und der Sexualität der anderen vermittelt, die sie in größere Gefahr bringen, ihre Kinder sexuell zu mißbrauchen.

Aber obwohl diese Männer, Väter innerhalb der Familie oftmals tyrannisch herrschen, sind sie meist eher unsichere, schwache Persönlichkeiten, die sehr darum bemüht sind, ihre innere Bedürftigkeit hinter einer Fassade der Stärke zu verdecken. Sie erfüllen nicht die Anforderungen an eine – patriarchale – „Männlichkeit", dennoch sehen sie diese Normen nach wie vor als verbindlich an. Sie leiden eher unter dem erlebten Defizit an Männlichkeit.

Dieser doppelten Struktur von Akzeptieren und Übernahme der Maßstäbe von Männlichkeit und dem Nichtgenügen wird die „feministische" Ableitung sexuellen Mißbrauchs aus der allgemeinen gesellschaftlichen Tatsache von „männlicher" Gewalt und „Männerherrschaft" nicht gerecht. Sie übergeht gerade das den Mißbraucher häufig charakterisierende Syndrom, nämlich unter den gesellschaftlichen Anforderungen der Männlichkeit zu leiden. Sie neigt im Gegenteil dazu, in jedem Mann einen potentiellen Mißbraucher zu sehen. Damit verfehlt sie zugleich die besondere psychologische Dynamik des sexuellen Mißbrauchs – nicht zuletzt auch aus der Perspektive des mißbrauchten Kindes.

Wir werden dieser Perspektive des leidenden Kindes weder gerecht, wenn wir sexuellen Mißbrauch als etwas Spektakuläres betrachten wie in den Medien gewöhnlich angeboten, noch umgekehrt, wenn wir in ihm die alltägliche Erfahrung *jedes* (aber doch nur des weiblichen) Kindes sehen. Wir werden aber ebensowenig der Psychodynamik des Mißbrauchs, dem Leiden des Mißbrauchers, gerecht. Von beiden Sichtweisen müssen wir uns verabschieden. Mißbrauch ist einerseits nicht spektakulär, weil er meist eingebettet ist in eine nach außen hin völlig „unverdächtig" scheinende Familienbeziehung. Er ist andererseits aber auch nicht alltäglich, sondern eine massive Grenzüberschreitung in dieser alltäglichen Beziehung.

Der mißbrauchende Erwachsene überschreitet die Grenze zwischen sich als Erwachsenem und dem mißbrauchten Kind als Kind – entweder weil er sie nicht sehen und einhalten kann oder weil er das nicht will. Diese Unfähigkeit ist meistens eine Erscheinungsform der allgemeinen Unfähigkeit der Person, die Grenzen anderer, insbesondere körperlich, psychisch und sozial Schwächerer wahrzunehmen und zu akzeptieren.

Wie kommt es dazu, daß solche Grenzen überschritten werden können?

Vergegenwärtigen wir uns, welche Bedeutung Grenzen innerhalb der Beziehung in der Familie haben. Wie leicht werden in Familien Grenzen der Mitglieder untereinander, vor allem von Erwachsenen gegenüber Kindern, verletzt, wie leicht sehen Familienmitglieder weg, wenn die Grenzen eines anderen verletzt werden.

Hinzu kommt: Die Grenzen in der Interaktion zwischen Menschen sind nichts Festes, nichts, was nicht ständig in Frage gestellt werden dürfte. Sie sind gewissermaßen Gegenstand von Aushandlungsprozessen.

Beim sexuellen Mißbrauch sind diese Aushandlungsprozesse in ihrer Form verändert, erstarrt, einseitig, von seiten des Erwachsenen erzwungen, dem Kind aufgezwungen. Sie sind zu einem einseitigen Prozeß – der Verführung, Erzwingung, Überrumpelung – geworden. Die Grundlage ist die – in jeder Beziehung zwischen Kind und Erwachsenem bestehende – Ungleichheit.

Zugleich ist diese Differenz dem mißbrauchenden Erwachsenen nicht immer voll bewußt, er macht sie sich nicht klar – wie viele Eltern, er verleugnet sie, und er verleugnet die Grenzüberschreitung.

Diese Verleugnung ist der entscheidende Mechanismus, die Mauer, hinter der der Mißbrauch sich „ungestört" entwickeln kann. Verleugnung durch den mißbrauchenden Erwachsenen heißt: Verleugnung der *Realität* des Mißbrauchs und Konstruktion einer irrealen Welt, in der das, was stattgefunden hat, kein Mißbrauch ist. Statt dessen konstruiert er seine „Realität" – sowohl in bezug auf sein Verhalten zum Kind als auch in bezug auf seine erwachsene Partnerin, zu sich selbst, zur Familie, zur Umwelt. Verleugnung ist ein unbewußter psychischer Mechanismus, dessen subjektiver Sinn darin besteht, die Realität (des Mißbrauchs) nicht in Erscheinung treten bzw. nicht zu Bewußtsein kommen zu lassen.

Im Prozeß der Grenzüberschreitung verschiebt sich die Grenze selbst. Die Grenzverschiebung geht einher mit einer Wahrnehmungsanpassung, mit dem Aufbau eines Systems von Rationalisierungen. Diese werden aus den unterschiedlichsten Bereichen genommen: aus dem pädagogischen (dem Kind etwas zeigen, in die Sexualität einführen); aus dem Gesundheits- und Pflegeverhalten (sich um die Reinlichkeit des Kindes kümmern, um seine körperliche Entwicklung); aus dem Diskurs über – freie – Sexualität. Es handelt sich dabei um einen Prozeß ständiger Umdeutung des Mißbrauchs, kontinuierlicher Interpretation des Mißbrauchsverhaltens im Sinne des Bildes, das der mißbrauchende Erwachsene von seinem Tun hat. Dieser Interpretations- und Umdeutungsprozeß ist eingebettet in den öffentlichen Diskurs der Medien und versorgt sich von dort mit seinen Rationalisierungen als seinen Argumenten. Dieser öffentliche Diskurs stellt ja nicht nur Verbote auf, sondern fordert auch mehr oder weniger offen dazu auf, Verbote als altmodisch zu überschreiten, auch außerhalb der im engeren Sinne pornographischen Unterhaltungsangebote, unter denen es unverblümte Darstellungen sexueller Handlungen Erwachsener mit Kindern gibt.

Sie vermitteln Bilder über Sexualität, über Männlichkeit und männliche Sexualität, sie vermitteln Bilder der Frau, der weiblichen Sexualität, die in die Wünsche der Betrachter eingehen, die Handlungen bestimmen, und sei es nur, daß sie das eigene Versagen spüren, die eigene Realität als unbefriedigend erscheinen lassen. Wir behaupten keine Kausalwirkung zwischen der Rezeption des öffentlichen Diskurses über Sexualität und der privaten Praxis, sondern dessen Rolle als Maßstab und Arsenal für Rationalisierungen dieser Praxis. Die Argumente werden im Hinblick auf eigene Wünsche und eigene Bedürfnisse gewählt.

Die Wünsche, die im sexuellen Mißbrauch befriedigt werden sollen, sind in ihrem Kern nicht primär sexuelle Wünsche. Es ist zunächst und in erster Linie die Suche nach Zärtlichkeit, psychischer und körperlicher Nähe, nach Selbstbestätigung, Anerkennung – und Macht. Diese Wünsche werden im sexuellen Mißbrauch auf das Kind gerichtet und zugleich in ein (genital-)sexuelles Gewand gekleidet.

Gerade dieses „genital-sexuelle Gewand“ wird benutzt, weil es zum (Selbst-)Bild von Männlichkeit gehört und der Mann diesem Selbstbild nicht entsprechen kann oder nicht entsprechen zu können glaubt, sich zurückgewiesen, gekränkt fühlt.

Sexueller Mißbrauch ist deshalb im Kern als der Versuch der kompensatorischen (Rück)Gewinnung fehlender „Männlichkeit“ zu verstehen.

Häufig sind mißbrauchende Personen charakterisiert durch die Unfähigkeit, ihre Bedürfnisse – nach Anerkennung, emotionaler, psychischer und körperlicher Nähe und Geborgenheit – in der Beziehung zu erwachsenen Partnern zu befriedigen. Aufgrund dieser Unfähigkeit wendet sich der mißbrauchende Erwachsene (s)einem Kind zu, das ihn grenzenlos akzeptiert, das ihm immer zur Verfügung steht, über das er gebieten und das ihn nicht zurückweisen kann.

Ein Erwachsener, der (s)ein Kind für die Befriedigung seiner eigenen – nicht nur – sexuellen Bedürfnisse mißbraucht, tut das in der Regel in der Hoffnung, damit eigene psychosexuelle Probleme zu bewältigen, deren Ursache in Demütigungserfahrungen in der Kindheit zu suchen sind, in Erfahrungen und Erlebnissen, in der ihm die Ressourcen und die notwendigen Lernbedingungen für eine gelungene Persönlichkeitsbildung vorenthalten wurden. Der mißbrauchende Erwachsene wurde in seiner Kindheit an einer eigenständigen Entwicklung gehindert. Er hindert nun – in einer Art Wiederholungszwang – sein Kind an dessen eigenständiger Entwicklung.

Sich selbst sieht der mißbrauchende Erwachsene sehr häufig als denjenigen, der das Kind wirklich liebt, den einzigen, der es versteht, als den „guten Vater".

Er *verleugnet* die Tatsache des Mißbrauchs,
er *rationalisiert* ihn (als väterliche Fürsorge, Aufklärung),
er *verkehrt* ihn ins Gegenteil (als Liebe, Zärtlichkeit),
er schiebt die *Schuld* und *Verantwortung* auf:

das verführerische Kind,
die abweisende Frau, denn sie ist schuld, daß er sich anderweitig eine Abfuhr für seinen „männlichen Sexualtrieb" verschaffen mußte,
die eigene Mutter, die ihn vernachlässigte.

Diese Verschiebung geht nach der Aufdeckung des Mißbrauchs weiter: Schuldige sind jetzt zusätzlich diejenigen, die den Mißbrauch aufgedeckt haben, denn *sie* haben ihm sein Kind genommen.

Es bedarf großer Anstrengung, Geduld, aber auch Konsequenz in der therapeutischen Arbeit, das Gefängnis der

Verleugnung zu öffnen, die Verleugnung aufzulösen. Aber nur wenn dies gelingt, kann der Mißbrauchende das Angebot eines anderen Realitätssystems annehmen, das die Therapie bietet: einerseits die Realität des Mißbrauchs und seiner psychischen Funktion, andererseits die Realität eines Systems von Hilfen und Helfern, die ihn auf einem Weg in ein Leben ohne Mißbrauch begleiten.

Aus den bisherigen Ausführungen geht hervor, daß Versuche, den Mißbraucher durch Strafverfolgung von seinem Verhalten abzubringen, wirkungslos sind, denn er hat ja gelernt, unter Strafandrohung zu leben, deshalb auch die *Geheimhaltung*. Aufdeckung und Strafverfolgung zeigen ihm nur, daß sein Sicherungs- und Verleugnungssystem, mit dem er den sexuellen Mißbrauch zu verbergen gesucht hatte, nicht dicht genug war; sie erzeugt in der Regel weder ein nachträgliches Unrechtsbewußtsein noch den Wunsch, von einem „Leiden" befreit zu werden. Strafverfolgung nimmt im Gegenteil dem Mißbrauchenden die Möglichkeit, sein Fehlverhalten einzusehen. Damit fehlt die Voraussetzung, Verantwortung für sein mißbräuchliches Tun zu übernehmen; die Chance, die fehlenden (Reifungs-)Schritte therapeutisch nachzuholen und damit auch einen endgültigen und dauerhaften Schutz des Kindes vor ihm zu gewährleisten, bleibt ungenutzt.

Therapie indes kann nicht auf die Behandlung des mißbrauchenden Erwachsenen beschränkt bleiben, sondern muß *alle* Mitglieder der betroffenen Familie einbeziehen.

Therapie bei innerfamiliärem sexuellem Mißbrauch ist Therapie der Beziehungen.

Der Ansatz von KIND IM ZENTRUM besteht darin, therapeutische Hilfe für alle Mitglieder aus jenen Familien anzubieten, in denen sexueller Mißbrauch stattfindet. Nur so ist der Schutz des betroffenen Kindes/Jugendlichen vor weiterem ebenso wie vor zukünftigem sexuellen Mißbrauch zu gewährleisten. Dies schließt die therapeutische und/oder beraterische Arbeit auch mit dem/den mißbrauchenden Erwachsenen ein. Jedes Mitglied der betroffenen Familie erhält individuelle Beratung durch einen Therapeuten, der nur ihm zur Verfügung steht. KIND IM ZENTRUM erstattet keine Anzeige.

Die Notwendigkeit therapeutischer Arbeit mit der gesamten Familie ist aber nicht nur aus der Perspektive der Arbeit mit dem mißbrauchenden Erwachsenen begründet, daraus, daß nur dann einer Wiederholung des Mißbrauchs in der Zukunft vorgebeugt werden kann, wenn die tiefen psychischen Probleme der gesamten Familie gelöst werden können, d.h. auch die psychischen Probleme der erwachsenen Mitglieder, die mit dazu beigetragen haben, daß sexueller Mißbrauch in der Familie stattfand.

Auch aus der *Perspektive des Kindes* ist die Notwendigkeit der therapeutischen Arbeit mit dem mißbrauchenden Erwachsenen begründet.

Das Kind möchte, daß der Mißbrauch aufhört, aber es möchte häufig zugleich den Vater (Bruder, Opa, Stiefvater etc.) nicht verlieren, möchte den Vater als guten Vater erleben, möchte ihn also nach der Trennung früher oder später vielleicht wiedersehen, möchte wissen, ob von ihm weiterhin eine Gefahr ausgeht oder ob es ihm wieder vertrauen kann.

Zum anderen kann das Kind seine Ängste und Schuldgefühle aus dem Erlebnis der eigenen Verstrickung nicht loswerden, ohne daß der mißbrauchende Erwachsene durch eine therapeutische Behandlung seine Verantwortung für den stattgefundenen Mißbrauch übernimmt.

Gleichzeitig ist die therapeutische Arbeit mit der *Mutter* aus der Perspektive des Kindes notwendig. Auch zur Mutter hat das mißbrauchte Kind in der Regel ambivalente Gefühle. Es nimmt an, daß sie etwas gewußt hat. Es fragt sich: Was hat sie gewußt? Warum hat sie mich nicht geschützt? Soll das Kind die Enttäuschung und Wut über die Mutter erfolgreich verarbeiten, so muß auch die Mutter sich ihre (Schuld-)Gefühle dem Kind gegenüber bewußt machen, sie darf ihm keine Vorwürfe machen, sie muß zeigen, daß sie ihm glaubt und daß sie es in Zukunft schützen kann und will.

In dem – für das Kind – notwendigen Kontakt mit der Mutter darf diese nicht stellvertretend Wünsche und Vorwürfe des Vaters wiederholen.

Dabei ist es nicht Ziel dieser Therapie, um jeden Preis etwa die Familie wieder zusammenzufügen, wie sie war. Therapeutisches Ziel ist vielmehr die Autonomie der einzelnen, was durchaus die Perspektive der Trennung als Möglichkeit miteinschließt. Diese Therapie ist „familien-, d. h. beziehungsorientiert" und keine Familientherapie im strengen Sinne.

Wir stellen in diesem Buch einen Teil der Hilfsangebote für die gesamte Familie dar, in der Kinder sexuell mißbraucht werden. In diesen Rahmen gehören ebenso Angebote für betroffene Mütter, Hilfen für Lehrer, Erzieher, Sozialarbeiter und alle, die mit sexuell mißbrauchten Kindern in Kontakt kommen, an die sich diese Kinder in ihrer Not wenden und die oft damit überfordert sind. Ebenso – und das mag vielleicht viele überraschen – gehört dazu die Hilfe für die mißbrauchenden Erwachsenen, hier für die Väter, Stiefväter oder andere männliche Bezugspersonen aus dem sozialen Umfeld der Kinder. Ihnen zu helfen, aus dem Teufelskreis von Mißbrauch, Verleugnung, Schuldabschieben und Lüge, in den sie sich verstrickt haben, herauszufinden, ist ein ganz wesentlicher Teil der Hilfe für das mißbrauchte Kind selbst.

Bisher war diese Hilfe auf vereinzelte Initiativen, Selbsthilfeprojekte und finanziell nicht gesicherte Einrichtungen begrenzt. Die Absicherung dieser Projekte und Initiativen ist eine ebenso dringende Notwendigkeit wie die Bereitstellung und Förderung weiterer Hilfsangebote.

Dieses Buch wendet sich an einen breiten Leserkreis. Es ist für all jene geschrieben, die mit der Thematik des sexuellen Mißbrauchs in Berührung gekommen sind, sei es als ErzieherInnen, LehrerInnen, SozialarbeiterInnen, als Pflegepersonen oder als PartnerInnen von Erwachsenen, die ihre Kinder sexuell mißbraucht haben oder mißbrauchen, als Opfer von sexuellem Mißbrauch oder sei es, daß sie selber zum Täter geworden sind. Wir haben versucht, das Bild des Mißbrauchers so realistisch zu zeichnen, daß der Leser darin den sowohl leidenden als auch anderen Leid zufügenden Menschen wiedererkennt und daß ihn dies vielleicht in die Lage versetzt, Mißbrauch in seinem Umfeld sehen zu können, vielleicht sogar Mißbrauch, den er selbst zu verantworten hat, aber auch die Grenze zum tatsächlichen manifesten sexuellen Mißbrauch klarer zu erkennen.

Die Darstellung der Männer, die ihre Kinder sexuell mißbraucht haben, basiert auf der fünfjährigen Erfahrung unserer Beratungsstelle „Kind im Zentrum – sozialtherapeutische Hilfen für sexuell mißbrauchte Mädchen und Jungen und deren Familien“ (KiZ) in Berlin. Alle personenbezogenen Daten sind verändert, um die Anonymität der Betroffenen zu sichern. Die AutorInnen des Buches sind oder waren MitarbeiterInnen dieser Beratungsstelle und /oder Mitglieder des Trägervereins. Wesentlich beigetragen haben auch KollegInnen, die nicht selbst als AutorInnen hier erscheinen. Ihnen möchten wir an dieser Stelle unseren Dank aussprechen: Michael Degro, Hedwig Große Maestrup, Renate Kretzschmar, Sigrid Laas-Matern, Renate Pies und Klaus Weber.

Berlin, im Oktober 1992

Gerd Klemmer

Das Monster – die Ausnahme oder die Regel? Das Bild des mißbrauchenden Erwachsenen in der Öffentlichkeit

Die Presse

Sexueller Mißbrauch an Kindern und Jugendlichen ist in den letzten Jahren zu einem wichtigen Thema der öffentlichen Diskussion geworden, nachdem es jahrzehntelang verschwiegen und tabuisiert worden war. Die Darstellung der bestürzenden Schicksale sexuell mißbrauchter Kinder ist zwar nicht selten verpackt in reißerische Aufmachung, die eher die Neugierde und den Schauder des Publikums ansprechen zu wollen scheint, so daß man sich wieder fragen muß, ob diese Art der Diskussion den betroffenen Kindern nützt. Manche sagen bereits, es sei ein Modethema, womit sie möglicherweise ihren Unwillen über die Art der Darstellung ausdrücken. Aber wir sollten mit der Kritik an der falschen Darstellung nicht die Diskussion selbst beenden. Wir sollten dazu beitragen, daß die Aufklärung über den sexuellen Mißbrauch von Kindern und Jugendlichen in einer Art und Weise geschieht, die die Hilfe, die diese Kinder brauchen, unterstützt.

Die öffentliche Diskussion über Erwachsene, meist Männer, die (ihre) Kinder sexuell mißbrauchen oder mißbraucht haben, über die Mißbraucher, ist in noch stärkerem Maße als die über die Kinder in Vorstellungen und Darstellungsweisen eingebettet, die einer notwendigen Hilfe eher abträglich sind. Wenn wir im Folgenden diese Diskussion skizzieren, so geschieht das in der Absicht, einen Beitrag zum Abbau von Vorurteilen zu leisten, ein Klima mit herstellen zu helfen, in dem der Gedanke an Hilfe auch für diese Männer möglich wird. Diese Hilfe ist, wie wir in diesem Buch immer wieder sehen werden, ein unverzichtbarer Teil der Hilfe für das Kind.

Das Bild, das in der Presse von den Männern entworfen wird, die Kinder sexuell mißbrauchen, ist erschreckend: Monster, Ungeheuer, „Bestien" (Neue Revue)[1], „eiskalte Peiniger voll grenzenloser Grausamkeit" (Bild)[2], „Sex-Monster" (Heim und Welt)[3] und „Vergewaltiger" (Brigitte, Emma)[4], „Blutschänder" (Bild)[5], „Kinderschänder" (Quick)[6]. Diese Unmenschen „Rabenväter"[7] zu nennen klingt in diesem Umfeld geradezu liebevoll – wenn sie nicht mit „Möbelpackerhänden und gewaltigem Bierbauch" (Bild) charakterisiert wären. „Emma" legt ihnen die Behauptung in den Mund: „Mein Kind ist mein Erzeugnis. Ich kann mit ihm machen, was ich will." („Verbrechen Inzest")[8]

Die atemlose Überbietung der Zahlen: „Bürgermeister mißbrauchte Stieftochter 500mal" (Bild), „Die Tochter 2000mal vergewaltigt" (Bild), „Hunderttausende von Kindern müssen bei uns für die sexuellen Gelüste Erwachsener herhalten" (Brigitte) und die Wahl der Begriffe „entjungfern" (Neue Revue)[9], „vergewaltigen", die detaillierte Aufzählung der gewalttätigen Sexualdelikte (Spiegel)[10], saloppe For-

1 „Die Bestie aus Cottbus" (Neue Revue 4/1992)

2 „Die Tochter 2000mal vergewaltigt. Kann man ihn noch Vater nennen? Das Wort Vater bedeutet Beschützer, Güte, Liebe. Dieser Mann aber war ein Peiniger, voller Kälte und grenzenloser Grausamkeit." (Bild)

3 „Sex- Monster: Unsere Kinder sind in Gefahr." (Heim und Welt)

4 „Benutzt, verführt, vergewaltigt – Hunderttausende von Kindern müssen bei uns für die sexuellen Gelüste Erwachsener herhalten." (Brigitte) „Jeder Mann ist ein potentieller Vergewaltiger." (Emma 1989)

5 „Die Hinrichtung des Blutschänders" (Bild)

6 „Die eigenen Töchter (10 und 12 Jahre alt) an Kinderschänder verkauft. Protokolle über das gemeinste Verbrechen, das Eltern begehen können." (Quick)

7 „Bürgermeister mißbrauchte Stieftochter 500mal. Der Rabenvater mit den Möbelpackerhänden und dem gewaltigen Bierbauch." (Bild)

8 „Verbrechen Inzest: Mein Kind ist mein Erzeugnis. Ich kann mit ihm machen, was ich will." (Emma)

9 „Gewissenlose Väter mißbrauchen ihre Töchter. Vater und Mutter ließen ihre Tochter vor der Kamera entjungfern. Was sind das nur für Eltern?" (Neue Revue)

10 „. . . es hat alles sehr weh getan. Mindestens 400mal insgesamt, ungeschützter Geschlechtsverkehr, anal, oral, mit Gegenständen wie einer Gurke, Mohr-

mulierungen: „Je jünger, desto besser. Kinderpornographie ist ein Verbrechen mit extrem hoher Dunkelziffer und geringem Risiko, denn auf die Täter warten Strafen nicht höher als bei Beleidigung“ (Taz) scheinen ebenso auf die „sexuellen Gelüste“ voyeuristischer LeserInnen anzuspielen, wie sie in der Absicht, aufzuklären, begründet scheinen.

Man darf als Leser eigentlich nur zu dem Schluß kommen, wer zu solchen sexuellen Handlungen fähig ist, kann doch nur ein Sadist, ein Perverser sein. Es werden Haß, Ekel, Abscheu und Wut ausgelöst, die nur in Racheimpulse und den Ruf nach Vergeltung münden können. Das Unheimliche, das Grauen rührt an archaische Ängste und fasziniert zugleich. Gerade an einem Ort, wo sich Kinder am sichersten fühlen sollen, nämlich zu Hause, werden sie gefangengehalten und sexuell ausgebeutet.

Selbst bei Professionellen ruft das Mißbrauchsthema erregte Emotionen hervor. In einem solchen Klima kann die Frage nach Therapie gar nicht mehr gestellt werden. Die dafür notwendige Nachdenklichkeit und Sachlichkeit gehen verloren. So macht sich Hoffnungslosigkeit breit, wenn gefragt wird: „Kann man da überhaupt noch etwas tun, sind denn diese Männer therapierbar?“

Dieser Hilflosigkeit kann man sich dann nur schwer entziehen. Vielleicht verbirgt sich hinter der Behauptung: „Diesen Menschen, diesen Männern, ist nicht mehr zu helfen“ auch nur die Abwehr der eigenen Angst, sich mit dieser Problematik des sexuellen Mißbrauchs an Kindern auseinanderzusetzen.

In meiner praktischen Arbeit mit Männern, die ihre Kinder sexuell mißbraucht haben, fragte ich mich anfangs er-

rübe, Kerze, einem Stock oder auch einem Massagestab, einer Ein-Liter-Sprudelflasche. In der Anklageschrift heißt es: In einem Fall verwendete er eine geöffnete Flasche, welche er mit dem Flaschenhals zuerst so tief in die Scheide der Zeugin einführte, daß es kaum noch gelang, sie wieder zu entfernen. Die Zeugin hatte während dieser lebensgefährdenden Behandlung große Schmerzen.“ (Spiegel) staunt: „Das ist also einer von denen, die Kinder mißbrauchen, ein Kinderschreck." Man sieht es den Männern nicht an, ob sie zu Hause ihre Kinder mißbrauchen. Erst allmählich gelang es mir, meine Vorurteile und negativen Bilder, die ich teilweise selbst verinnerlicht hatte, abzubauen. Heute lösen diese Männer bei mir ganz unterschiedliche Gefühle aus, z. B. Sympathie oder Antipathie, wie auch in jeder anderen Begegnung mit Menschen.

Es kommt darauf an, die Täter nicht auf ihren sexuellen Mißbrauch zu reduzieren, sondern einen Unterschied zu machen zwischen ihrer Handlungsweise des sexuellen Mißbrauchs und ihrer Person. Der sexuelle Mißbrauch ist eine Grenzüberschreitung, eine verantwortungslose Handlung, und diese kann ich nur verurteilen. Deshalb kann ich aber einem Vater oder Stiefvater, der sich einen Mißbrauch hat zuschulden kommen lassen, seine Menschlichkeit und Hilfsbedürftigkeit nicht absprechen.

Genau dieser Vorgang aber findet in der Presse statt. Die Darstellung der Problematik des sexuellen Mißbrauchs und insbesondere die Beschreibung der Täter enthalten Elemente eines Horrorfilms. Der Vater als liebevoller Beschützer verwandelt sich urplötzlich in eine triebhafte Bestie, die ihre sexuellen Gelüste auslebt. Beide Bilder sind jedoch Illusionen. Während die Täter häufig als Monster dargestellt werden, kommt es zur Überhöhung anderer Bilder, darüber, was Eltern seien: Sie werden als liebevolle, gütige Eltern vorgestellt, die einer harmonischen Familie vorstehen und in einer heilen Welt leben.

Wenn man bedenkt, wie lange und wie wirksam das Thema sexueller Mißbrauch an Kindern von der Öffentlichkeit ignoriert wurde, dann verwundert es schon, mit welcher Vehemenz es nun von den Medien bearbeitet wird. Es wird zugleich als das Unglaubliche, außerhalb der alltäglichen Realität Liegende vorgeführt, ein Skandal. Sexueller Mißbrauch ist aber weder etwas Außergewöhnliches, etwas, das nur ganz selten passiert, noch ist es die alltägliche Erfahrung jedes Kindes, mit der es sich sozusagen als einem routinemäßigen Kindheitserlebnis abzufinden hätte. Es ist weder die große Ausnahme noch die Regel.

Indem nach jahrelangem Schweigen die meist männlichen Täter nun als abartige Monster hingestellt werden, wird die Auseinandersetzung mit der Problematik vermieden. Das Thema wird abgespalten und nach außen verlagert. Man hat den Eindruck, daß die eigenen inzestuösen Wünsche und sexuellen Phantasien nach zärtlichem Austausch mit Kindern so bedrohlich sind, daß sie sofort abgewehrt werden müssen. Offenbar ist die Vorstellung, daß eigene sexuelle Regungen auf Kinder gerichtet sein könnten, mit starker Angst besetzt.

Das Klima in der Öffentlichkeit läßt eine Diskussion solcher Gedanken nicht zu. Während es heute schon eher möglich ist, aggressive Impulse laut zu äußern, also z.B. zu sagen „ich könnte meine Tochter an die Wand klatschen" oder „meinen Sohn, den könnte ich umbringen", so ist es unmöglich, etwa zu sagen „ich habe manchmal die Phantasie, meiner Tochter die Scheide zu streicheln" oder „ich fände es schön, wenn mir mein Sohn den Penis reiben würde".

Zugegeben, wenn man solche Sätze liest, ist man schokkiert. Aber Phantasien sind keine reale Handlung. Das Ansprechen der Phantasien kann Kinder vor einem sexuellen Mißbrauch schützen. Ein öffentliches Klima, welches die Reflexion inzestuöser Phantasien gestattete, gäbe dem Vater, dem Stiefvater, dem Lebensgefährten der Mutter die Möglichkeit, zu seiner Frau z.B. zu sagen „ich fühle mich unsicher, wenn ich mit unserer Tochter in der Badewanne bin" oder „ich habe Angst, daß ich etwas tue, wenn ich mit der Tochter alleine bin". Solange wir jedoch Menschen, die sexuelle Regungen auf Kinder verspüren, als perverse Ungeheuer definieren, wird ein offenes Umgehen mit diesen Ängsten nicht möglich sein.

Der medizinische Blickwinkel

Wenn wir dem mißbrauchenden Mann therapeutische Hilfe anbieten, machen wir ihn dann nicht zum Kranken, den sexuellen Mißbrauch zum Symptom von Krankheit? Dies wäre eine andere Art, abwehrend mit dem unangenehmen Thema umzugehen. Der Kranke ist die Ausnahme, die Krankheit ein Ausnahmezustand, die aus der alltäglichen Normalität herausfällt. Im Begriff des „Perversen" in der öffentlichen Darstellung schwingt diese Bedeutung durchaus mit. Außerdem hat man als kranker Mensch das Recht, nicht als „böse" angesehen zu werden, und man braucht keine Verantwortung zu tragen. Die mangelnde Bereitschaft, die Verantwortung für den sexuellen Mißbrauch zu übernehmen, ist ein zentraler Aspekt, der uns bei mißbrauchenden Erwachsenen wiederholt begegnet und die Arbeit mit ihm erschwert. Das medizinische Erklärungsmodell spricht den Kranken von persönlicher Schuld frei, allerdings ist damit auch die Pflicht verbunden, sich um Heilung zu bemühen und ärztlichen Rat anzunehmen.[1] Erstaunlich, daß die Fachmedizin dem Problem des sexuellen Mißbrauchs nur geringe Aufmerksamkeit zu widmen scheint.

Die Gerichtsmedizinerin Elisabeth Trube-Becker (1987) macht deutlich, daß viele Mediziner dem Thema des sexuellen Mißbrauchs mit Unglauben begegnen. Es fällt ihnen ebenso schwer, die daraus folgenden seelischen Schäden wahrzunehmen. In den üblichen medizinischen Handbüchern ist wenig über die Folgen und Schäden des sexuellen Mißbrauchs an Kindern und Jugendlichen zu finden. Viele Mediziner neigen dazu, rein seelische Schäden gering einzuschätzen bzw. sie nicht als Folgen sexuellen Mißbrauchs im Kindesalter zu bewerten. In älteren psychiatrischen Lehrbüchern findet man das Stichwort „sexueller Mißbrauch" gar nicht, und der Begriff „Inzest" kommt nur in der

[1] Haeberle, E. J. 1985, S. 439.

Wortkombination „Inzestverbot“ vor.[1] Der Sexualwissenschaftler Eberhard Schorsch verwendet in seinem Buch „Perversion als Straftat“[2] weder den Begriff sexueller Mißbrauch noch den Begriff Inzest. Er spricht eher von sexuellen Handlungen mit Kindern, Pädophilie, Perversion oder sexueller Abweichung (Devianz).

Die psychiatrische Krankheitslehre definiert Perversion als eine krankhafte Abweichung des Geschlechtstriebes. Sexuelle Perversionen werden unterschieden: die Neigung, mit Kindern sexuelle Kontakte aufzunehmen (Pädophilie), Entblößen des Geschlechtsteils (Exhibitionismus), Beobachten sexueller Handlungen anderer (Voyeurismus) und sexuelle Erregung durch Zufügen von Schmerzen (Sadismus) usw.

Die pädophile Perversion hat nach Schorsch[3] folgende Ursachen. Es geht der betreffenden Person einmal darum, Ängste abzuwehren, die sie vor erwachsener Sexualität und vor Frauen hat. Die Befriedigung am kindlichen Geschlechtsteil gibt dem Pädophilen das Gefühl, vollwertig zu sein. Die Sexualität Erwachsener wird als unsauber und ekelerregend erlebt, der kindliche Körper hingegen wird als sauber und rein empfunden. Ein weiteres wichtiges Charakteristikum der pädophilen Perversion besteht darin, daß der Pädophile die eigene kindliche Situation wiederherstellen möchte. Der Betroffene erkennt sich im Kind und identifiziert sich mit ihm. Was er als Erwachsener mit dem Kind macht, sind die Erfüllungen seiner Wunschphantasien. Frühere Versagungs- und Verlustängste aus der Mutter-Kind-Beziehung werden unbewußt bearbeitet. Die sexuellen Handlungen des Pädophilen haben demnach eine Ersatzfunktion. Das Kind wird vom Pädophilen z.B. so behandelt, wie er es sich damals von seiner Mutter gewünscht hatte. Die identifikatorische Wunscherfüllung betrifft Sehnsucht nach Zärtlichkeit, Hautkontakt,

[1] Vgl. Bauer, M. et. al. 1973.
[2] Schorsch, E. (Hrsg.) 1985, S. 40.
[3] Schorsch in: Sigusch, V. 1980, S. 132.

Verwöhnung, Geborgenheit und liebevolle Beschäftigung mit seinem Geschlechtsteil. Schorsch betont, daß es sich hierbei um den nichtaggressiven Pädophilen handelt, der mehr oder weniger ausgeprägte partnerschaftliche Beziehungen anstrebt. Wo aber liegt die Grenze zwischen nichtaggressivem und aggressivem Verhalten der mißbrauchenden Erwachsenen? Elisabeth Trube-Becker weist darauf hin, daß die scheinbar harmlosen pädophilen Handlungen wie Küssen und Streicheln leicht in ausgeprägte sexuelle Handlungen bis hin zum Geschlechtsverkehr übergehen können.

Von sexualwissenschaftlicher Seite wird die Frage nach den Schäden von pädosexuellen Kontakten folgendermaßen beantwortet:

1. Es konnte bisher nicht nachgewiesen werden, daß gewaltlose pädosexuelle Kontakte generell pathogen auf die psychische und sexuelle Organisation der Kinder wirken.
2. Nichtaggressive pädosexuelle Kontakte wirken häufig nur milde traumatisierend auf die kindliche Psyche.
3. Die Fähigkeit der kindlichen Psyche, solche milden Traumata ohne dauernde Beeinträchtigung der seelischen und sexuellen Funktion zu verarbeiten, ist größer, als allgemein angenommen wird.[1]

Diese Darstellung erweckt den Eindruck, als ob gewaltlose pädosexuelle Kontakte einvernehmlich seien, d.h. das Kind sein Einverständnis erklärt habe. Aufgrund des sozialen Machtgefälles zwischen dem Erwachsenen und dem Kind ist es aber Unsinn, von einvernehmlichen und somit angeblich unschädlichen sexuellen Kontakten zu sprechen. Auch bei gewaltlosen sexuellen Kontakten unterliegt das Kind den Manipulationen des Erwachsenen, dem vielschichtige psychische Druckmittel zur Verfügung stehen wie z.B. Verführung, Bestechung, Täuschung, Erpressung, Angstmachen, Ausbeuten emotionaler Bedürftigkeit, anschließender Drohung von Liebesentzug und des Verlustes von Zuwendung und Aufmerksamkeit usw.

[1] Dannecker, M. 1987, S. 81.

Was heißt eigentlich ein „mildes Trauma"? Auch ein „mildes Trauma" ist ein Trauma zuviel und sollte den Kindern erspart bleiben. Jede Traumatisierung eines Kindes aufgrund eines sexuellen Mißbrauchs bedarf der Aufarbeitung. Die sexuellen Handlungen eines Erwachsenen am Kind bleiben nicht folgenlos. Psychische Folgen und Schäden können z.B. sein: geringes Selbstwertgefühl, Angst- und Ohnmachtszustände, Sprachlosigkeit, Zweifel an der eigenen Wahrnehmung, Rückzugstendenzen und bei Jungen massive Identitätsprobleme und Angst davor, homosexuell zu sein etc.

Wenn behauptet wird, daß gewaltlose pädosexuelle Kontakte keine dauerhaften Schädigungen zur Folge haben, so ist das sehr in Frage zu stellen. Unsere praktische Arbeit mit den Kindern, die einen sogenannten „gewaltlosen" sexuellen Mißbrauch erleben mußten, macht immer wieder deutlich, daß die psychischen Folgen und Beeinträchtigungen erheblich sein können. Häufig wird behauptet, daß die Folgen pädosexueller Kontakte bei weiblichen Opfern stärker ausgeprägt seien als bei männlichen. Es wird darüber jedoch nur weniger gesprochen, nicht zuletzt deshalb ist es für Jungen schwerer, jemanden zu finden, dem sie sich anvertrauen können; daher sind die Folgen für Jungen weniger bekannt.

Viele Pädophile greifen, im Unterschied zu den meisten Männern, die ihren Mißbrauch verheimlichen, offensiv in die öffentliche Diskussion ein. Sie bekennen sich zu ihrem Mißbrauch, nur nennen sie ihn nicht bei diesem Namen, sondern stellen ihn als nicht-mißbräuchliche Beziehung dar, und zwar als natürliche Beziehung, die sich gerade von den gesellschaftlich aufgezwungenen Verboten befreit habe. Sie stellen deshalb auch die schädlichen Folgen des Mißbrauchs für die betroffenen Kinder nicht als Folge des Mißbrauchs, sondern als Folge der gesellschaftlichen Ächtung des Mißbrauchs dar, den sie „Liebe" nennen.

Diese Position ist zwar als Rationalisierung der Interessen der Pädophilen zu erkennen, aber sie verunsichert diejenigen, die die Liebe zu Kindern nicht durch den bloßen Bezug auf gesellschaftliche Normen und Verbote definieren wollen, die den Schutz der Kinder nicht hinter dem Schild möglicherweise falscher gesellschaftlicher Konventionen betreiben wollen. Wir können diese Diskussion hier nicht führen. Wir können an dieser Stelle nur ganz kurz auf die wesentlichen Argumente dieser Diskussion und auf den Rahmen, in dem diese Diskussion stattfindet, eingehen.

Das Argument der „Natürlichkeit" ist im Bereich der Sexualität, der sexuellen Beziehungen, der Beziehung zwischen Erwachsenen und Kindern, gleich problematisch, ob damit nun die Natürlichkeit der heute üblichen Vorstellungen und Praxis behauptet wird oder die Natürlichkeit heute nicht akzeptierter Vorstellungen und Praxis. Es gibt diese Natürlichkeit nicht, alles ist kulturell, geschichtlich geworden und deshalb auch veränderbar. Über die zweifelhafte „Natur" zu streiten ist ein nicht auflösbarer Streit.

So ist in unserer Kultur die sexuelle Beziehung zwischen Kind und Erwachsenen und die zwischen Verwandten verboten. Die Anthropologen sind sich nicht darüber einig, ob das in allen Kulturen so ist. Der Psychiater Bauer[1] betont die Universalität des Inzestverbotes. Diese These wird in anderen Publikationen bestritten, so weist z.B. Maisch[2] auf verschiedene Stammeskulturen hin – bestimmte Bergvölker in Kambodscha, die Kukis in Indien, die Kalangs auf Java oder ein Bantustamm, die Teita in Ostafrika –, bei denen der Inzest gebilligt oder toleriert wird.[3] Die Pädophilen fordern

[1] Bauer, M. et. al. 1973. Hans Peter Duerr hat in „Der Mythos vom Zivilisationsprozeß" (1988) diese Position mit reichhaltigem Material wieder gestützt.

[2] Maisch, H. 1968.

[3] Von Bauer et. al. wird die Theorie vertreten, daß unter der Voraussetzung, daß Inzest erlaubt sei, die soziale Ordnung gefährdet wäre, denn der Zeitpunkt der sexuellen Reifung der Kinder würde zur Auflösung der Familie und zum sozialen Chaos führen. Inzesthandlungen kämen meist in sich auflösenden Familien vor. In dieser Darstellung findet die Perspektive des mißbrauchten Kindes keine Berücksichtigung. Wir wissen heute, daß auch schon sehr junge Kinder bzw. Säuglinge sexuell mißbraucht werden, weit vor der sexuellen Reife.

einen anderen kulturellen Umgang mit sexuellen Beziehungen zu Kindern, sie praktizieren eine Sexualität mit Kindern, ohne daß sich ihre kulturellen Vorstellungen als gesellschaftlich akzeptierte durchgesetzt haben. Und genau deshalb hat das, was sie Kinderliebe nennen, in unserer Kultur andere und vor allem schädliche Folgen als in anderen Kulturen. Es setzt sich über die Vorstellungen der Kinder hinweg und über die Reaktionen in unserer Kultur, die zusätzliche Schädigungen der Kinder hervorrufen.

An diesem Punkt treffen sie sich mit jenen Männern, die ihren Mißbrauch nicht als Pädophilie öffentlich verteidigen, sondern vor der Öffentlichkeit verbergen: beide benutzen die Kinder für die Befriedigung ihrer Bedürfnisse. Es ist das Bewußtsein des „gewöhnlichen" Mißbrauchers, der sich um die Interessen und Bedürfnisse der Kinder wenig schert, der sie nicht kennt, der sie „mißversteht", ihre kindliche Neugier, ihr Bedürfnis nach Nähe, Akzeptiertwerden, ihr Vertrauen mißbraucht.

Für das Erleben des Mißbrauchs und seiner Folgen ist die kulturelle Einbettung entscheidend, deshalb ändert der – immer zugleich mit großen Unsicherheiten belastete – Hinweis auf andere Praktiken in anderen Kulturen am Erleben der mißbrauchten Kinder in unserer Kultur nichts, er hilft ihnen nicht, vermag sie nicht zu trösten. Die Beziehung zwischen Kindern und Erwachsenen, die Zulassung bzw. das Verbot von Sexualität zwischen ihnen ist kulturell und nicht von Natur aus geregelt. Das schafft ja erst die Möglichkeit des Mißbrauchs. Das Durchbrechen dieser kulturellen Regeln, das Überschreiten dieser Grenzen ist eine menschliche Möglichkeit, keine unmenschliche, kein Verstoß gegen die Natur. Und in dieser Möglichkeit besteht unsere Gemeinsamkeit mit den mißbrauchenden Männern. Es ist nicht ihre andere „Natur", die sie zu Mißbrauchern werden läßt und die sie von uns unterscheidet, sondern ihr anderer Umgang mit Kultur. Wir können nach den Defiziten ihrer Erziehung fragen. Was fehlte ihnen, daß sie die Normen der Kultur nicht lernen konnten bzw. ungenügend gelernt haben, was wurde ihnen im Prozeß des Aufwachsens, des Hineinwachsens in unsere Kultur vorenthalten, was wurde ihnen genommen, was wird ihnen jetzt vorenthalten?

Schorsch[1] vertritt die These, daß auch normale Männer sexuelle Wünsche und Bedürfnisse auf Kinder richten können. Es bestünde ein enges Nebeneinander zwischen akzeptierter Kinderliebe und strafbarer Kindererotik. Jene Männer, die sich sexuelle Übergriffe an Kindern zuschulden kommen lassen, stellten für alle eine große innere Bedrohung dar, die abgewehrt werden müsse. Ein Abwehrmechanismus sei die Vorstellung von der kindlichen Reinheit, um das Gefälle, die Differenz zwischen den Erwachsenen und den Kindern zu festigen. Es gehe nicht nur um den Schutz des Kindes, sondern auch um den Schutz des Erwachsenen vor sexuellen Impulsen in bezug auf das Kind.

In der sexualmedizinischen Literatur[2] findet man zum Thema Inzesthandlung die Erklärung, daß es sich in der Mehrzahl der Fälle um Ausweichhandlungen des Täters handelt, der in einer sexuellen Notsituation unter Triebdruck leidet. Inzest wird als das Symptom einer familiären Zerrüttung und Persönlichkeitseinengung gesehen, er sei die Folge und nicht die Ursache der Zerrüttung der Familienverhältnisse. Bräutigam betont, daß es den Inzesttäter als solchen nicht gibt. Er glaubt, Inzest komme in der Unterschicht besonders häufig vor und in vielen Fällen sei der Alkoholeinfluß in der Ausgangssituation von großer Bedeutung. Wir wissen heute, daß sexueller Mißbrauch von Kindern in allen gesellschaftlichen Schichten vorkommt. Der Hinweis auf den Alkoholeinfluß in der Verführungssituation ist ein häufiger Entschuldigungsgrund, der von vielen mißbrauchenden Erwachsenen genannt wird, die damit die Verantwortung für ihr Handeln ablehnen.

Auch in den neueren psychiatrischen Lehrbüchern[3] wird

[1] Schorsch in: Sigusch 1980.
[2] Bräutigam, W., 1977.
[3] Kisker, et al., 1991.

im wesentlichen die bereits dargestellte knappe Erklärung des sexuellen Mißbrauchs an Kindern beibehalten. Die meisten Sexualdelikte würden innerhalb der Familie begangen, was die extrem hohe Dunkelziffer erkläre. Überwiegend handle es sich um schwer gestörte, emotional zerrüttete Familien. In solchen Familien komme es auch zu Inzest, meist zwischen Vater und Tochter. Der seelische Schaden bei den Opfern sei oft beträchtlich. Auch bei anderen Sexualdelikten an Kindern kannten sich Opfer und Täter meist vorher. Kinder dienten nicht selten als sexuelle Ersatzpartner für Männer, die alkoholabhängig sind, in hoffnungsloser sozialer Situation leben oder unter beginnenden gehirnorganischen Abbauprozessen leiden oder für Jugendliche, zumal geistig behinderte.[1]

In der orthodoxen medizinischen Sicht wird sexueller Mißbrauch als Symptom von Krankheit gesehen oder als Begleiterscheinung einer schwerwiegenden Sucht bzw. Abhängigkeit. Die Medizin konzentriert sich auf die individuellen Beschwerden des Patienten und vernachlässigt die soziale Dimension. Wenn man die Problematik des sexuellen Mißbrauchs angemessen erklären will, sind sowohl die intrapsychischen Prozesse der beteiligten Menschen zu berücksichtigen als auch der interpersonelle Aspekt, d.h. der Beziehungsprozeß, der bei jeder Intervention reflektiert werden muß.

Die Familiendynamik spielt eine nicht zu unterschätzende Rolle und muß in die therapeutische Planung mit einbezogen werden, wenn man zu einem angemessenen Verständnis des sexuellen Mißbrauchs kommen will. Das magische Etikett K r a n k h e i t erzeugt Beruhigung. Das Unverständliche, das Fremdartige, das Abweichende wird eingeordnet, vertraut gemacht und damit kanalisiert. Es wird zugleich an soziale Instanzen und deren Experten verwiesen, die mit der Behandlung von Krankheiten vertraut sind und sich zuständig fühlen.

Das sexuelle Krankheitskonzept erweckt, ähnlich wie

[1] Kisker, et. al., 1991, S. 189.

auch die Vorstellung von sexueller Süchtigkeit, den Eindruck, es gäbe biologisch-körperliche Ursachen im Individuum, die es nur zu erkennen gilt, um sie dann z. B. operativ mit dem Skalpell wegzuschneiden, wie es in der traditionellen Psychiatrie zur Behandlung von Sexualstraftätern z.T. noch vorgeschlagen wird.

Die Taten von Sadisten und Perversen, die z. B. Kinder brutal sexuell mißbrauchen, können in uns ebensolche Phantasien wecken, denen wir bei der Konfrontation mit einem „Kinderschänder“ freien Lauf lassen. Anders sind solche Affekte von Rache und Vergeltung kaum zu erklären. Da wird die Todesstrafe gefordert, und das „gesunde Volksempfinden“ wünscht die Kastration solcher Monster. Da sexueller Mißbrauch von Kindern eine Möglichkeit in uns zu sein scheint, die mit großer Angst besetzt ist, muß der Kinderschreck zum Sündenbock gemacht werden und uns dadurch von verbotenen Gedanken befreien.

Das „gesunde Volksempfinden“ schließt den Andersartigen, den Abweichler aus, nicht weil er soviel anders ist als wir selbst, sondern weil seine Andersartigkeit uns bedroht, weil sie uns zu nahe kommt, zu nahe ist. Der Andere tut nicht etwas, was für uns völlig „aus der Welt“ wäre, er tut vielmehr etwas, wovon wir uns fernhalten müssen. Wir verurteilen ihn nicht aus der sicheren Position heraus, anders zu sein, sondern aus Unsicherheit, ob wir denn so anders sind als er.

Die feministische Sichtweise

Die oben skizzierte psychologische Situation greifen diejenigen unter den Frauen auf, die sexuellen Mißbrauch als Ausdruck des „normalen Mannes“ darstellen. „Vergewaltigende Väter, Stiefväter, Großväter sind keine Psychopathen oder Monster, sie sind auch nicht krank. Sie entstammen jeder Schicht, üben die verschiedensten Berufe aus ... Sie sind meistens in den besten Jahren, manchmal sehr jung oder schon alt. Sie sind genauso oft verheiratet, geschieden oder ledig wie der Durchschnitt, sie sind ganz normale Männer."[1] Hier werden alle Väter oder gar alle Männer als zumindest „potentielle" Mißbraucher gesehen.

Natürlich ist das als Provokation gemeint, natürlich behandeln zumindest nicht alle Feministinnen alle Männer mit der einem Täter gebührenden Abscheu – die Mißbraucher allerdings verabscheuen sie. Sie lehnen die Therapie des Mißbrauchers ab, sie wollen sie nicht nur nicht selber durchführen, wozu sie niemand zwingen kann und will, sie betrachten auch diejenigen als VerräterInnen am Kind, die Therapie von Männern für möglich und notwendig erachten, die Kinder sexuell mißbraucht haben. Sie begegnen dem Therapeuten, der Therapeutin wie einem Komplicen des Mißbrauchers.

Die Frauenbewegung hat – zumindest in Deutschland – das Thema des sexuellen Mißbrauchs von Mädchen erst in die öffentliche Diskussion gebracht. Erfahrungsberichte betroffener Frauen, die als Kinder Opfer geworden waren, brachen das gesellschaftliche Schweigegebot. Dieser Kampf um das Thema, der ein Kampf gegen sexuellen Mißbrauch von Mädchen ist, wurde (deshalb) Teil des Kampfes der Frauenbewegung für die Gleichberechtigung der Frau, gegen die Macht, Herrschaft und Gewalt der Männer in der von Männern dominierten Gesellschaft, gegen das „Patriarchat". Aus feministischer Sicht sind Kinder und Frauen Sexualobjekte und Besitz, über den die Männer nach Lust und Laune verfügen können, weil die Männer die Macht haben. Sexueller Mißbrauch ist in diesem Rahmen Bestandteil der normalen Männergewalt gegenüber Frauen und Kindern.

Damit wird der Schutz des Kindes vor sexuellem Mißbrauch und die Hilfe für das mißbrauchte Kind zu einem Teil des Kampfes gegen das Patriarchat. Es entsteht die Gefahr, daß das betroffene oder gefährdete Kind vergessen wird. Wir haben diese Funktionalisierung des Kindes für

[1] Kavemann, B./Lohstöter, I. 1984, S. 97.

den Kampf Erwachsener bei den Pädophilen bereits kennengelernt, wenngleich dort mit dem entscheidenden, qualitativen Unterschied der Rechtfertigung des Mißbrauchs, während es den Feministinnen im Gegenteil um den Kampf gegen den Mißbrauch geht. In beiden Fällen geht es um zwei unterschiedliche Ebenen, die nicht miteinander vermischt werden dürfen, sollen nicht Interessen der Kinder dabei in den Hintergrund geraten.

Diese Vermischung der Ebenen führt z.B. in einer feministischen Definition von sexuellem Mißbrauch dazu, daß die Besonderheit des Mißbrauchs nicht hinreichend konkret gesehen wird: „Was verstehen wir unter sexuellem Mißbrauch? All das, was einem Mädchen vermittelt, daß es nicht als Mensch interessant und wichtig ist, sondern daß Männer über es verfügen dürfen; daß es durch seine Reduzierung zum Sexualobjekt Bedeutung erlangt, daß es mit körperlicher Attraktivität und Einrichtungen ausgestattet ist, um Männern ‚Lust' zu beschaffen. Hierzu gehört jeder Übergriff auf das Mädchen."[1]

Für das betroffene Kind ist es *aber nicht egal, was* es erleiden mußte. Man wird dem Leiden des mißbrauchten Kindes nicht gerecht, wenn man den tatsächlichen sexuellen Mißbrauch nicht von allen anderen Formen „männlicher Anmache", Mädchen verachtender und sexistischer Verhaltensweisen von Männern unterscheidet. Für das Kind ist ein differenziertes Bild von der Handlung und der Beziehung zwischen dem mißbrauchenden Erwachsenen und dem Kind wichtig.

Es gibt viele Situationen, in denen Männer durch sexistische Blicke, Bemerkungen oder Witze einem Mädchen vermitteln können, daß es nur als Sexualobjekt von Interesse ist, es muß aber nicht zu sexuellen Übergriffen kommen. Diese Vorfälle können sehr verletzend und erniedrigend sein, sie zeigen – und das muß man auch kritisieren –, daß wir in einem gesellschaftlichen Klima leben, welches Sexismus toleriert. In der feministischen Definition wird sug-

[1] Kavemann/Lohstöter, 1984, S.10.

generiert, daß der Mann schon allein aufgrund seines Geschlechts zur herrschenden Klasse gehört. Das Geschlecht bestimmt, wer Täter und wer Opfer ist, unabhängig von der individuellen Lebensgeschichte.

Wie wir heute wissen, werden nicht nur Mädchen Opfer sexuellen Mißbrauchs, ein erheblicher Anteil der Jungen wird ebenfalls sexuell mißbraucht. Sexuelle Gewalt von Männern richtet sich also nicht nur gegen Mädchen und Frauen, sondern auch gegen das eigene Geschlecht.

Es gibt eine ganze Reihe von Frauen (Müttern, Lebensgefährtinnen), die ihre Kinder sexuell mißbrauchen bzw. gemeinsam mit ihren Männern sexuelle Handlungen an den Kindern vornehmen und/oder sie zumindest tolerieren. Man kann annehmen, daß diese Tatsachen nicht in das Konzept des Kampfes gegen die Männergewalt paßten und deshalb für lange Zeit ignoriert wurden.

Der mißbrauchende Erwachsene entspricht meist nicht dem Bild des „Mannes“, das die feministische Kritik von der Männerherrschaft und Männergewalt entwirft. Mißbrauchende erwachsene Männer können die gesellschaftlichen Anforderungen an den „Mann“ oft nicht erfüllen, versagen unter diesen Anforderungen und fühlen sich gerade dadurch gedemütigt, minderwertig, als kein richtiger Mann. Ihre männliche Identität ist unsicher, gestört. Sie verfügen häufig nur über geringes Selbstvertrauen und über wenig soziale Kompetenz im Umgang mit dem weiblichen Geschlecht, sind in ihrer emotionalen und psychosexuellen Entwicklung behindert, so daß sie ihre Bedürfnisse nach Zuwendung und Anerkennung nicht angemessen befriedigen können. Im sexuellen Mißbrauch versuchen sie deshalb, sich zu vergewissern, daß sie doch „ein richtiger Mann“ sind. Nicht selten sind junge mißbrauchende Männer selbst mißbraucht worden. Sie agieren somit den eigenen Mißbrauch an anderen, Schwächeren aus. Hier besonders ist therapeutische Hilfe dringend geboten, die allein eine Prävention verspricht. Dazu ist es aber erforderlich, nicht nur den Täter, sondern auch das Opfer im Mißbraucher zu sehen.

Die feministische Ursachenanalyse des sexuellen Mißbrauchs verweist auf den „normalen Mann". Jeder ganz normale Mann sei ein potentieller Täter, Vergewaltiger oder Mißbraucher. Mit dieser Aussage werden Angst und Mißtrauen geschürt. Richtig an dieser These vom ganz „normalen Mann", der seine Kinder sexuell mißbraucht, ist nur, daß man es ihm nicht ansieht oder von ihm nicht erwartet. Der mißbrauchende Erwachsene mag in vielen alltäglichen Lebensbereichen, sei es beruflich, kulturell oder sozial, unauffällig funktionieren. Zugleich unterschlägt das falsche Bild vom „normalen Mann", das Feministinnen als Feindbild aufbauen, daß die Mehrheit der Männer ihre Kinder nicht mißbraucht.

Feministinnen identifizieren sich sehr stark mit den Opfern des sexuellen Mißbrauchs und bevorzugen ein einfaches Täter-Opfer-Schema. Die komplexe Familiendynamik des Mißbrauchsgeschehens wird dabei vernachlässigt. Die (Mit-)Verantwortung von Frauen und Müttern wird verleugnet und die Schuld nur auf die Täter, die Männer, verlagert, auf jene Wesen, die nicht nur Frauen und Kinder sexuell ausbeuten, sondern auch Kriege anzetteln und die Natur ausbeuten. Nach dieser Version sind Frauen die Opfer, und sie bleiben die guten, die besseren Menschen. Auf den Hinweis, mißbrauchende Männer seien in ihrer psychosexuellen Entwicklung gestört, wird häufig allergisch und ablehnend reagiert. Empört wird gefragt, ob man die Männer für ihre Taten entschuldigen will? Gleichzeitig wird der Vorwurf erhoben, man würde die kindlichen Opfer des sexuellen Mißbrauchs vernachlässigen.

Gerade weil wir bei „Kind im Zentrum" die Interessen des Kindes in den Mittelpunkt rücken, stellen wir den Kampf gegen die Männer zurück. In der Forderung nach Strafe kann man eine Form des Kampfes gegen den individuellen Mann sehen. Aus der Perspektive des betroffenen Kindes aber ist eine Bestrafung des Täters keine Lösung des Problems.

1. Das Strafverfahren führt oft zu einer zusätzlichen Traumatisierung des mißbrauchten Kindes, denn die Beweiserhebung ist unabdingbar. Allein durch die strafprozessualen Vorschriften wiederholt sich für das Kind die Gewaltsituation, es erfährt eine erneute Verohnmächtigung. Zum Zwecke der Beweisführung wird erneut seine Intimsphäre verletzt und das Kind benutzt zur Überführung des Täters.

2. Die Bestrafung des Erwachsenen kann für das betroffene Kind ebenfalls eine Traumatisierung durch Beziehungsabbrüche, Loyalitätskonflikte und Schuldgefühle bedeuten. „Du hast Papa in den Knast gebracht."(Zitat einer Mutter) Das Kind als Opfer ist in seiner Beziehung und in seinen Gefühlen zum Täter in der Mehrzahl der Fälle in höchstem Maße hin und her gerissen.

3.Falls der Täter nach Verbüßung einer verhängten Strafe wieder in seine Familie zurückkehrt, ohne daß in der Zwischenzeit von den Beteiligten therapeutische Hilfe in Anspruch genommen wurde, trifft der Mann auf die gleichen Familienstrukturen, die ihm erst den Mißbrauch ermöglichten. Es ist dann nicht ausgeschlossen, daß der sexuelle Mißbrauch fortgesetzt wird. Den Täter einfach zu bestrafen und ins Gefängnis zu stecken reicht nicht aus. Es kommt im Gegenteil darauf an, dem Mißbraucher die Chance zu geben, für seine sexuellen Übergriffe die Verantwortung zu übernehmen und durch die Therapie zu normalen Formen der sexuellen und emotionalen Bedürfnisbefriedigung zu kommen.

Die Hilfe für das sexuell mißbrauchte Kind kann zunächst nur eine individuelle sein, die die betroffenen und beteiligten Individuen berücksichtigt. Das schließt den Kampf gegen Mißbrauch auf der gesellschaftlichen Ebene nicht aus. Dieser ist vielmehr eine notwendige Bedingung dafür, daß die individuelle Hilfe und vor allem die Prävention langfristig und auf Dauer erfolgreich sein können. Für diesen Kampf dürfen aber nicht individuelle Schicksale betroffener Kinder funktionalisiert werden. Die sexuelle Ausbeutung von Kindern und Jugendlichen in der Familie läßt sich, wie ich meine, nicht allein mit der Formel von der „Frauenfeindlichkeit“ des Patriarchats erklären. Sexuelle Gewalt und Mißbrauch sind keine nur individuell-pathologischen, sondern gesellschaftliche Phänomene. Als solche sind sie ein Ausdruck des Scheiterns in den Geschlechts- und Generationsbeziehungen, und daran haben sowohl Männer als auch Frauen ihren Anteil.

Literatur

Bauer, M. et. al.: *Psychiatrie.* Stuttgart 1973.

Bräutigam, W.: *Sexualmedizin im Grundriß.* Stuttgart 1977.

Dannecker, M.: *Zur strafrechtlichen Behandlung der Pädosexualität.* In: Dannecker, M. (Hrsg.): *Das Drama der Sexualität.* Frankfurt/M. 1987.

Dürr, H.-P.: *Der Mythos vom Zivilisationsprozeß.* Frankfurt/M. 1988.

Enders, U. (Hrsg.): *Zart war ich, bitter war's.* Köln 1990.

Foucault, M.: *Sexualität und Wahrheit.* Band 2: Der Gebrauch der Lüste. Frankfurt/M. 1984.

Haeberle, E. J.: *Die Sexualität des Menschen.* Berlin/New York 1985.

Kavemann, B./ Lohstöter, I.: *Väter als Täter.* Reinbek 1984.

Kisker, K. P. et al.: *Psychiatrie, Psychosomatik, Psychotherapie.* Stuttgart 1991.

Maisch, H.: *Inzest.* Reinbek 1968.

Schorsch, E. (Hrsg.): *Perversion als Straftat.* Berlin/Heidelberg 1985.

Sigusch, V.: *Therapie sexueller Störungen.* Stuttgart 1980.

Trube-Becker, E.: *Gewalt gegen das Kind.* Heidelberg 1987.

Ariane Ehinger

Das Gespenst. Wie erlebt das Kind den Mißbrauch, den Vater und die Mutter

„Heute nacht waren wieder die Gespenster da", berichtet die 6jährige Lucie ihrer Erzieherin in der Kita. Lucie hat so viel Vertrauen zu ihr gewonnen, daß sie immer erzählt, wenn sich wieder etwas zugetragen hat. Nach dem Frühstück, wenn die anderen Kinder schon spielen gegangen sind, steht sie ganz dicht bei ihr und spricht im Flüsterton über die Ereignisse der letzten Nacht. Die Erzieherin ist schon seit längerem auf Lucie aufmerksam geworden und intensiviert in der Folgezeit vorsichtig den Kontakt zu dem Mädchen, das durch Gedankenverlorenheit, Verschlossenheit und Angst vor körperlicher Berührung auffällt.

Lucie greift eines Tages einem kleineren Mädchen, das am Boden liegt, mit der vollen Hand an die Scheide. Auf die Frage der Erzieherin, was das bedeute, antwortet das Kind, Papa und Mama würden das auch bei ihr machen. Lucie erzählt weiter, daß der Vater es mache, wenn es Abend sei oder sie bereits schlafe, so daß sie davon wach werde. Einige Tage später unterhält sich die Erzieherin mit den Kindern über die Wochenenden zu Hause, über das Wekken von Kindern und Eltern und ähnliches. Lucie erzählt, daß sie ihren Vater mit „Krabbeln" wecke; auf die Frage, wo sie denn ihren Vater krabble, ob am Bauch, den Füßen, dem Kopf, dem Po, antwortet sie, daß nur der Papa wisse, wo er es am liebsten habe.

In der Folgezeit nimmt sich die Erzieherin Zeit für das Kind, so oft sie die Möglichkeit hat, um herauszufinden, was hier passiert.

Eines Tages werfen sich drei Jungen abwechselnd einen großen Elefanten zu. Als die Erzieherin gerade mit einer Mutter spricht, tritt Lucie vor einen der Jungen, zieht ihre Hosen herunter, krempelt mit beiden Händen ihre Schamlippen um und verlangt, daß der Rüssel des Elefanten dorthin gesteckt werden solle. (Lucies Verhalten legt den Verdacht auf sexuellen Mißbrauch sehr nahe – so eindeutig identifizierbar sind die Verhaltensauffälligkeiten sexuell mißbrauchter Kinder oft nicht.)

Später liest die Erzieherin der Gruppe aus einem Buch vor, das von Menschen handelt, die Kinder mitnehmen und sie dann sexuell mißbrauchen. Danach zeigt Lucie einem Kind, wie diese Menschen Kinder mißbrauchen; sie setzt sich auf die Couch, macht ihre Beine breit und streicht sich mit der flachen Hand über die Scheide, wobei der Mittelfinger die Führung übernimmt. Aus dem Buch konnte sie das nicht gelernt haben, denn davon war nicht die Rede gewesen.

Lucie bleibt verschlossen und gedankenverloren und zeigt noch andere Verhaltensauffälligkeiten – so beginnt sie plötzlich, ständig ihren Pullover herunterzuziehen, obwohl dieser gar nicht nach oben gerutscht war; sie zieht ihn so lang, wie es nur geht. Nach einer Woche Zuhausebleiben wegen starken Erbrechens hat sie einen Tick entwickelt – sie schüttelt bei jeder Gelegenheit mit dem Kopf und schläft häufig mitten unter den spielenden Kindern auf einer Matratze ein.

Außer von der Erzieherin, zu der sie langsam Vertrauen gefaßt hat, nimmt sie von niemandem mehr Notiz. Als die Erzieherin ihr behutsam über den Kopf streicht und fragt, ob sie denn nachts nicht schlafen könne, antwortet sie, daß der Fernseher im Wohnzimmer der Eltern zu laut sei; auf den Einwand der Erzieherin, daß doch auch die Eltern irgendwann ins Bett gingen, sagt Lucie: „Ich kann nicht schlafen, wenn es dunkel ist, nur wenn es hell ist." Auf vorsichtiges Nachfragen sagt sie: „Außerdem waren wieder die Gespenster da. Bei mir sind immer ein oder zwei Gespenster in der Nacht. Nur wenn Katie (ein anderes Kind aus der Kita) bei mir schläft, dann kommen sie nicht."

Auf Nachfragen, wie denn die Gespenster aussähen, antwortet Lucie, das eine sei so blond wie die Mama und das andere gelb und blau. Auf die Frage, wer sich denn dahinter verbergen könne, es gäbe ja keine Gespenster, sagt sie, ohne zu zögern: „Na, der Papa!"

Bald teilt Lucie der Erzieherin mit, daß ihr die Gespenster den Schlafanzug und die Decke wegnehmen und sie dann überall krabbeln, auch am Po und an der Scheide. Ferner erzählt sie, daß sie den Gespenstern bereits einmal gesagt habe, daß sie aufhören sollten, ihr kalt sei und es ihr nicht gefalle, jedoch ohne Erfolg. Vielmehr habe sie die langen Haare der Mama küssen und lecken müssen, während sie am Po und an der Scheide geküßt wurde.

Nachdem sich Lucie der Erzieherin offenbart hatte und diese ihr versprach, ihr zu helfen, spielte sie auch mit den anderen Kindern. Sie äußerte öfters den Wunsch, daß sie gerne woanders als zu Hause schlafen würde, Hauptsache sei nur, die Gespenster kämen nicht mehr zu ihr; sie sei sich auch ganz sicher, daß es an anderen Orten keine Gespenster gäbe.

Die Erzieherin wandte sich an unsere Beratungsstelle, als sie den Verdacht hatte, daß die „Gespenster" kein Phantasieprodukt des Kindes waren. In der Folgezeit holte sie sich regelmäßig von uns Rat und psychologische Unterstützung, da es nicht einfach war, das Kind Tag für Tag nach Hause gehen zu sehen in der Gewißheit, daß es von Mutter und Vater gemeinschaftlich sexuell mißbraucht wurde. Während der letzten Phase, in der Lucie sich eröffnete, wurde intensiv die Konfrontation der Eltern mit dem sexuellen Mißbrauch vorbereitet und ein Heim gesucht, in dem das Kind sich möglichst gut aufgehoben fühlen würde. Dort baute Lucie im Laufe der ersten Woche eine Legowand um ihr Bett herum, denn „die fällt um und macht Krach, wenn die Gespenster kommen, und du hörst das dann", erklärte sie der Betreuerin, die Nachtdienst hatte.

Nach dem Vater fragte Lucie nicht, nachdem sie ins Heim gekommen war; bei der Aufdeckung[1], die mit anatomisch

[1] Aufdeckung bedeutet: Eine Mitarbeiterin unserer Beratungsstelle geht – wie in diesem Fall – in die Kita und spricht dort im Beisein der Erzieherin mit dem Kind (nachdem die Vorarbeit mit der Erzieherin stattgefunden hat, wie oben

korrekten Puppen kurz vor der Konfrontation[1] von uns durchgeführt wurde, machte Lucie deutlich, daß noch mehr passiert war: der Vater hatte sie mit dem Finger penetriert, was ihr weh tat, und auch seinen Penis zwischen ihre Beine gesteckt: „Da kam Soße raus."

Schmerzhaft war für Lucie die Trennung von ihrer Mutter; sie sehnte sich sehr nach der „guten" Mutter, der schönen Mama, die sie in den Arm nimmt und mit ihr auf den Rummel geht. In ihrer Trauer und Sehnsucht spaltete sie den mißbrauchenden Teil, die „böse" Mutter ab – doch beim ersten Besuch der Mutter im Heim wurde sie wieder damit konfrontiert. Die Mutter klammerte sich so sehr an Lucie, daß diese kaum Luft zum Atmen hatte. Zudem setzte die Mutter das Kind unter Druck, indem sie ihm einredete, es sei doch zu Hause gar nichts passiert, was sie denn da erzählt habe.

Dieses Beispiel zeigt, daß es, für die Öffentlichkeit noch ungewohnt, Kinder gibt, die von der Mutter – gemeinschaftlich mit dem Vater oder allein – sexuell mißbraucht werden.

Um zu verstehen, wie das Kind die mißbrauchende Person erlebt, ist es wichtig, etwas näher zu beleuchten, wie vielschichtig die Verstrickungen des Kindes sind.

beschrieben). An anatomisch korrekten Stoffpuppen läßt sie sich vom Kind zeigen, was genau passiert ist. Das geschieht nicht aus Mißtrauen gegenüber den Beobachtungen und Aussagen der Erzieherin, sondern ist wichtig für die zukünftige Vertretung des Kindes, unter Umständen auch vor Gericht.

[1] Konfrontation der Eltern: Möglichst am Tage der Aufdeckung mit dem Kind werden die Eltern mit dem sexuellen Mißbrauch konfrontiert – möglichst konkret wird ihnen entgegengehalten, was sie getan haben. Anwesend sind: Sozialarbeiterin, (Erzieherin,) Person, die die Aufdeckung gemacht hat, zwei MitarbeiterInnen der Beratungsstelle, die den Eltern ein Beratungsangebot machen, die Eltern. Auch wenn nur ein Elternteil, z. B. der Vater, das Kind mißbraucht hat, werden beide Eltern damit konfrontiert. Ziel dieser für die Eltern überraschenden Konfrontation ist, daß der sexuelle Mißbrauch zugegeben wird und der mißbrauchende Erwachsene das Beratungsangebot wahrnimmt. Zum Schutz des Kindes muß nach der Konfrontation eine räumliche Trennung erfolgen; steht die Mutter nicht eindeutig auf der Seite des Kindes, was beinhalten würde, daß auch sie sich räumlich von ihrem Partner trennte, wird das Kind am selben Tag in einem Heim untergebracht. Besuchskontakte werden je nach Einzelfall überlegt. (s. auch die beiden letzten Kapitel.)

Zunächst verdeutlichen wir uns noch einmal, wer dieser Mann ist, um uns vorstellen zu können, welche Bedeutung er für das Kind hat. In den meisten Fällen ist er nicht der Fremde, der hinter den Büschen lauert oder sich in düsteren Hausfluren versteckt hält, um das Kind zu packen und in den Keller zu bringen. Von diesem Bild des Mißbrauchers wird in der Öffentlichkeit fälschlicherweise häufig auch heute noch ausgegangen. Natürlich gibt es diese Fälle – meist sind sie es, die zur Anzeige gelangen und dann in Zeitungsmeldungen erscheinen. Doch im Vergleich zur Anzahl der Kinder, die in ihren eigenen Familien, in ihrer vertrauten Umgebung von nahestehenden Verwandten sexuell mißbraucht werden, ist diese Zahl verschwindend klein.

Sexueller Mißbrauch geschieht in den Familien – hinter der untadeligen Fassade eines Einfamilienhauses oder einer Mietswohnung. Den betroffenen Kindern ist häufig auf den ersten Blick nichts anzusehen. Oft sind sie gut oder „normal" gekleidet, werden von ihren Eltern pünktlich aus der Kita abgeholt, werden schulisch gefördert. Was sie wirklich erleben, dringt nicht nach außen. Sie haben das Geheimnis tief in sich vergraben, tragen es überall mit sich herum. Zu Hause steht es im Raum; es wird nicht darüber gesprochen. Es versteckt sich hinter der frischgeklebten Tapete, zwischen den Ritzen der neuen Couchgarnitur, unterm Teppichboden – und kann jederzeit wieder Realität werden im Leben des Kindes, es ist nur die Frage: wann. Eine Jugendliche beschreibt das folgendermaßen: „Ja, dann ist er immer nachts, also so frühmorgens um drei, um vier ist er dann angekommen ... Bis dahin habe ich sowieso nicht geschlafen, weil ich immer irgendwie mit Angst ins Bett gegangen war." Derjenige, der mitten in der Nacht an das Bett des Mädchens kam, war der Vater.

Ähnlich beschreibt das ein 12jähriger Junge: „Er kam dann immer an mein Bett, zog mir die Decke weg und machte bei mir rum – auch mit dem Mund. Ich wußte nicht, was ich machen sollte, und tat so, als schlafe ich." Hier war es der Stiefvater, der den Jungen, eingebunden in das morgendliche Weck-Ritual, sexuell mißbrauchte.

Oft genießt das Kind im Alltag die liebevolle und zärtliche Umgangsweise des Vaters (oder des Partners der Mutter, der für das Kind die Vaterrolle übernommen hat), die es in manchen Fällen bei der Mutter vermißt (worauf später noch näher eingegangen wird). In anderen Fällen sehnt sich das Kind nach der Zuneigung des Stiefvaters, der sie jedoch eher dem kleinen Geschwister zukommen läßt, das sein eigenes Kind ist, oder des Vaters, der aus anderen Gründen nicht in der Lage ist, Zuwendung zu geben, und das Kind vernachlässigt. Beide Beispiele verbindet das Bedürfnis des Kindes nach der ersehnten Zuwendung des Vaters.

Ist es der liebevolle Vater, der beginnt, sich dem Kind sexuell anzunähern, so wird es das Geheimnis bei sich behalten aus Angst, diesen Vater zu verlieren.

Beim emotional unzugänglichen Vater ist oft die Freude des Kindes über die Annäherung und der Genuß der mit dem sexuellen Mißbrauch einhergehenden Zärtlichkeit so groß, daß auch hier die Angst da ist, die neue Zuwendung wieder zu verlieren.

Der Vater überschreitet die Grenzen des Kindes häufig erst nach und nach. Aus der Zu-Bett-Geh-Situation oder der gemeinsamen Fernseh-Situation, die sich bisher so gestaltete, daß er das Kind dabei kitzelte oder ihm etwas vorlas und ihm über den Kopf strich, wird langsam mehr. Die Grenzen zum sexuellen Mißbrauch werden vom Kind oft als fließend erlebt, so daß es im nachhinein oftmals gar nicht genau sagen kann, wann es angefangen hat. Es kann kaum verwundern, wenn viele Eltern verunsichert sind, seit das Thema öffentlicher geworden ist. „Darf ich denn mit meinem Kind überhaupt noch baden und nackt durch die Wohnung gehen, oder ist das schon eine Grenzüberschreitung?“

Solche und ähnliche Fragen sind nicht selten. Folgendes Beispiel macht klarer, wo die Grenze zwischen natürlichem körperlichen Umgang und derer sexuellen Überschreitung, dem sexuellen Mißbrauch, liegt. Ein Vater sitzt mit seiner

3jährigen Tochter in der Badewanne. Sie betrachtet neugierig seinen Penis, faßt ihn an und zieht ein bißchen daran, so wie eben kleine Kinder alles interessante Neue nicht nur ansehen, sondern auch anfassen wollen. Der Vater läßt das geschehen, erklärt ihr, was das ist, und das Kind beschäftigt sich bald wieder mit der Schwimmente oder spielt mit dem Badeschaum. Beim nächsten Mal in der Badewanne macht der Vater seine Tochter auf seinen Penis aufmerksam und fordert sie auf, ihn wieder anzufassen (nachdem er sich vergewissert hat, daß die Badezimmertür zu und die Mutter nicht in der Nähe ist) mit den Worten: „Das hat dir doch letztes Mal gefallen“ oder „Das ist schön“. Interessiert sich die Tochter nicht dafür, nimmt er vielleicht noch ihre Hand, führt sie zu seinem Penis und sagt: „Das mag der Papa“ und „Du bist Papas liebes Mädchen, wenn Du das machst“.

Hier hat der Vater eine Grenzüberschreitung begangen, die bei Wiederholungen zum sexuellen Mißbrauch wird. Und schon in diesen ersten Momenten spielen wesentliche Bedingungen eine Rolle, die es dem Kind später so schwer machen, darüber zu sprechen.

Der Vater hält die Grenze nicht ein, als er bemerkt, daß ihn die Berührung seiner kleinen Tochter erregt, sondern er tut das Gegenteil: er instrumentalisiert das Kind für seine sexuelle Erregung. Das Kind spürt genau, daß der (liebe) Papa, der ja durch seine Stellung und auch durch sein Erwachsensein eine Machtposition hat, jetzt etwas möchte und ein „Nein“ nicht duldet. Und es will ja „Papas liebes Mädchen“ bleiben. Das Kind begreift auch gar nicht, was da geschieht. Es kann den sexuellen Handlungen nicht zustimmen oder sie ablehnen, da sein Entwicklungsstand ein ganz anderer ist. Der Vater sagt: „Das ist schön“, und das Kind übernimmt dessen Einschätzung, denn sonst hat der Papa ja auch recht; so wird es seinen eigenen Gefühlen gegenüber entfremdet. Und der Vater hat das Geheimnis geschaffen – die Tür ist zu, denn die Mutter darf davon nichts wissen. Wenn das Kind vom Vater auch gestreichelt und sexuell stimuliert wird, entsteht noch mehr Verwirrung: Einerseits ist das Streicheln ganz angenehm, auch erregend, andererseits aber nicht, weil das Kind die Erregung nicht selbst bestimmen kann und weil es auch manchmal weh tut, wenn z. B. der große Finger des Erwachsenen in die kleine Scheide des Mädchens einzudringen versucht. Später, wenn der Mißbrauch fortgeschritten ist und das Kind das Sperma schlucken soll und das eklig findet, sagt der Papa vielleicht: „Du willst doch nicht, daß der Papa traurig wird, also mach das doch", und es fühlt sich verantwortlich für das Wohlergehen des Vaters.

Wenn wir zu der Frage der Eltern zurückkehren, ob sie sich denn noch nackt in der Wohnung bewegen dürfen, so müssen wir nach dem „Wie" fragen – denn es gibt auch Erwachsene, die das Kind mit ihrem Exhibitionismus belästigen, sich zum Steigern der eigenen Erregung vor dem Kind präsentieren, ebenso wie es Erwachsene gibt, die Kinder und Jugendliche voyeuristisch mit Blicken verfolgen, ihnen ins Bad nachlaufen oder sie beim Ausziehen beobachten. Auch das sind Grenzüberschreitungen, die Kinder als unangenehm, lästig, als Beeinträchtigung des eigenen Körpergefühls erleben.

Um die Verwirrung des Kindes noch zu verdeutlichen, soll hier eine inzwischen erwachsene Frau zu Wort kommen, die als Kind von ihrem Vater sexuell mißbraucht wurde: „Mein Vater bestrafte mich manchmal mit Schlägen, oft als Handlanger meiner Mutter, die ihm berichtete, was ich alles angestellt hatte, während er nicht da war. Er war aber auch mein Kumpel. Er unternahm viel mit mir, sah sich auch gerne dieselben Sendungen im Fernsehen an, während meine Mutter für mich nicht erreichbar war – sie war in meinen Augen nur für meinen Bruder da. Das erste Mal, an das ich mich erinnern kann, war unser gemeinsamer Urlaub am Meer. Da hatten wir ein Doppelzimmer, er und ich. Er kitzelte mich viel und drückte sich an mich, ich spürte manchmal etwas Hartes von hinten zwischen meinen Beinen. Aber das Komischste war sein Schwitzen und Keuchen und daß er zu mir ‚du Teufel' sagte und daß er mich am

Kronleuchter aufhängen würde, wenn ich so weitermachte. Ich wußte gar nicht, was er mit ‚so weitermachen' meinte. Irgendwas mußte ich getan haben, aber was? In den Tagen danach stellte ich mich oft schlafend, verkroch mich ganz unter meine Decke, auch mit meinem Kopf, und flüsterte leise meine Tagträume vor mich hin, in denen ich mir vorstellte, daß mir jemand von weitem zulächelt – ich war nämlich 11 und in den 12jährigen Bernd verliebt, der in demselben Hotel wohnte. Eines Abends bestellte mein Vater dann ein festliches Menü für uns beide mit lauter Gängen, die mir nicht schmeckten: Schildkrötensuppe und ähnliches. Erwachsenenessen. Es war ein Tanzabend im Hotel. Als mich ein Junge in meinem Alter zum Tanzen aufforderte, wurde er sauer; ich durfte nicht. Ich fühlte mich wie im Gefängnis."

In diesem Beispiel erlebt das Mädchen den Vater als Kumpel, als emotional nah, bevor der Mißbrauch anfängt, eine Nähe, die ihr die Mutter nicht geben kann, die den Bruder vorzieht. Das Beispiel steht für viele, in denen die Konstellation ähnlich ist. Die emotionale Nähe, die vom Kind als sehr schön erlebt wird, kippt, wenn der Mißbrauch beginnt oder als Möglichkeit schon im Raum steht. Das Mädchen wird zum Partnerersatz, wird mit Sehnsüchten belegt, die oftmals früher der Partnerin gegolten haben, und verliert damit sein Kindsein. In vielen Fällen wird das zum einen als Aufwertung erlebt, „etwas ganz Besonderes" für den Vater zu sein, an erster Stelle zu stehen, sogar vor der Mutter, was z. B. durch geringschätzende Blicke oder Worte zum Aussehen der Mutter geäußert wird sowie durch bewundernde verliebte Blicke zur Tochter oder auch durch Sätze wie: „Du bist viel schöner als deine Mutter" oder „Du bist meine Liebste, meine Einzige" oder „Du bist meine kleine Frau" und häufig auch durch Geschenke unterstützt wird. Zum anderen wird dem Kind eine Verantwortungsrolle aufgezwungen, die es einengt und letztlich nicht mehr Kind sein läßt. Ein Kind, das wiederholt sexuell mißbraucht wird, fühlt sich eingesperrt in einem Gefängnis aus Verwirrung, Sprachlosigkeit, Scham- und Schuldgefühlen, Gefühlen von Wertlosigkeit, Angst und Geheimhaltung.

Verwirrung entsteht, wenn man etwas erlebt, das man nicht einordnen kann und das verschiedene, auch widerstreitende Gefühle hervorruft. Darauf geht der bekannte Kinderarzt Sandor Ferenczi in einem Aufsatz mit dem Titel „Sprachverwirrung zwischen den Erwachsenen und dem Kind" (1932) sehr einfühlsam ein. „Ein Erwachsener und ein Kind lieben einander; das Kind hat die spielerische Phantasie, mit dem Erwachsenen die Mutterrolle zu spielen. Dieses Spiel mag auch erotische Formen annehmen, bleibt aber nach wie vor auf dem Zärtlichkeitsniveau. Nicht so bei pathologischen Erwachsenen, besonders wenn sie durch sonstiges Unglück oder durch den Genuß betäubender Mittel in ihrem Gleichgewicht und ihrer Selbstkontrolle gestört sind. Sie verwechseln die Spielereien der Kinder mit den Wünschen einer sexuell reifen Person oder lassen sich, ohne Rücksicht auf die Folgen, zu Sexualakten hinreißen. Tatsächliche Vergewaltigung von Mädchen, die kaum dem Säuglingsalter entwachsen sind, ähnliche Sexualakte erwachsener Frauen mit Knaben, aber auch forcierte Sexualakte homosexuellen Charakters gehören zur Tagesordnung."

Das Kind wünscht sich Zärtlichkeit, der Erwachsene, von dem es abhängig ist, nutzt dieses Zärtlichkeitsbedürfnis aus, um seine sexuelle Befriedigung zu erreichen. Das Kind merkt, daß die Zärtlichkeiten anders sind als sonst, weiß aber nicht, was das ist und ob es zufällig oder absichtlich passiert. Mißbrauchende Erwachsene bemühen sich auch sehr darum, daß Kinder die sexuellen Übergriffe nicht als solche wahrnehmen; so werden sie z.B. in ein Ritual eingebunden, wie Zimmer aufräumen oder Haare waschen, und damit auch einfach anders benannt, oder sie geschehen einfach zwischendurch ohne Sprache, beim Toben, Vorlesen oder bei nächtlichen Besuchen am Bett. So werden Kinder in ihrer Wahrnehmung getäuscht und verwirrt. Sie können das, was passiert, nicht einordnen. Da sie die sexuellen Handlungen nicht wollen, sich derer schämen, sich davon bedroht fühlen und nichts dagegen tun können, müssen sie das Geschehene abwehren, als gäbe es das nicht – sie spalten alle Gefühle zu dem Vorfall ab. So wissen sie manchmal selbst nicht mehr, ob es passiert ist oder nicht.

Sexuelle Übergriffe sind von einer Aura der Geheimhaltung umgeben. Schon durch das absolute Schweigen, das oft währenddessen herrscht, lernt das Kind, daß „darüber“ nicht gesprochen wird. Der Satz des Vaters: „Es ist doch gar nichts passiert“ wird immer wieder von Inzestopfern erinnert. Diese Manipulation durch einen geliebten Erwachsenen trägt dazu bei, daß das Kind an seiner eigenen Wahrnehmung zweifelt, daß es nicht weiß, ob es geträumt hat oder ob es wirklich passiert ist, oder daß es sich „wie im Film“ fühlt. Oft wird das Kind auch noch mit Worten dazu verpflichtet, über das Geschehene Stillschweigen zu bewahren. Viele Drohungen enthalten eine Schuldzuweisung an das Kind und eine Strafe für den Fall, daß es das Geheimnis preisgibt: „Du bist schuld, wenn Mama uns verläßt“ oder „... wenn ich ins Gefängnis muß“ und „Das hast du doch so gewollt“. In manchen Fällen appelliert der mißbrauchende Erwachsene auch an das Mitgefühl des Kindes, um zu bekommen, was er will: „Ich bin so allein, die Mama will doch von mir nichts mehr wissen.“

Kinder haben große Angst, den sexuellen Mißbrauch zu eröffnen. Sie fühlen sich verantwortlich für das Wohl der ganzen Familie und befürchten, daß die Drohungen des Erwachsenen Realität werden. Hier spielen auch die Scham- und Schuldgefühle des Kindes eine große Rolle, für die es wieder verschiedene Bedingungen gibt. Bei Beginn des sexuellen Mißbrauchs kann sich das Kind den Bruch im Verhalten des Vaters nicht erklären; es kann nicht verstehen, wie aus dem lieben, fürsorglichen Vater jemand wird, der etwas mit ihm macht, was es selbst als störend, unangenehm oder auch eklig empfindet. Das Kind kann weder verstehen, was los ist, noch darf es mit jemandem darüber sprechen; sein einziger Ausweg ist, zu denken: Es liegt an mir, irgendwie muß ich selbst daran schuld sein, mit irgend etwas in meinem Verhalten den Vater dazu veranlaßt haben. Das Kind zweifelt an sich selbst und fühlt sich schlecht und minderwertig. Häufig möchte der Erwachsene auch noch, daß dem Kind die sexuellen Handlungen Spaß machen, und so strengt es sich an, das schön zu finden. Das gelingt nicht, und so fühlt es sich noch zusätzlich mißraten. Das Kind wirft sich z. B. häufig vor, beim ersten Mal neugierig und interessiert gewesen zu sein und das Spiel erst einmal mitgemacht zu haben und nicht gleich zur Mutter gegangen zu sein; später hat es dann das Gefühl, jetzt sei es zu spät. Es ist „unser kleines Geheimnis" geworden. Hinzu kommt, daß die sexuellen Handlungen, sofern sie mit Zärtlichkeit verbunden waren, beim Kind auch angenehme Gefühle ausgelöst haben – bei sexueller Stimulierung kann sich weder ein Kind noch ein Erwachsener gegen sexuelle Erregung wehren. Das Kind fühlt sich ohnmächtig; um psychisch überleben zu können, muß es diese bedrohlichen Gefühle abwehren – es übernimmt die Schuldgefühle des Erwachsenen.

Mitunter wollen kleinere Kinder, die über das sexuelle Tabu nicht Bescheid wissen, diese Situationen mit dem Vater wiederholen, da sie sie vorerst nur als angenehm empfinden. Dann aber erleben sie, daß das geheimgehalten werden muß, daß der Vater bestimmt, wann die Situationen wiederholt werden, und daß das mit ganz bestimmten Bedingungen verknüpft ist – z. B. muß die Mutter aus dem Haus sein. Lebt das Kind in einer Familie, in der über Sexualität nicht gesprochen wird, in der Onanie und Doktorspiele offen oder subtil verboten werden – wie es auch heute noch in vielen Familien der Fall ist –, so kann es die beiden unterschiedlichen Welten nicht verknüpfen: die heimliche, abgeschlossene, sexuelle, in die es immer wieder mit dem Vater gerät, und die andere, offizielle, in der der Vater ganz anders ist, in der völlig andere Gesetze gelten. Zudem kommt es nicht selten vor, daß der Vater nur im Zusammenhang mit den sexuellen Übergriffen als liebevoll erlebt wird und daß im Familienalltag Strenge und Härte herrschen. Der Erwachsene agiert häufig seine Schuldgefühle aggressiv gegen das Kind aus und bestraft es so für etwas, was er mit ihm tut; damit bereitet er das Kind gleichzeitig vor für weitere Übergriffe, da es sich nach seiner Zuwendung sehnt.

Durch den Vertrauensbruch, der dadurch entsteht, daß die Person, zu der das Kind in einer lebenswichtigen Beziehung steht, es sexuell mißbraucht und damit verletzt, fühlt sich das Kind verraten und wertlos. Es hat alles gegeben, was es hatte, und wird enttäuscht. Da das Kind machtlos und von dieser Person abhängig ist, hat es nicht die Möglichkeit, seine Wut auf diese zuzulassen, und so richtet es die Wut gegen sich selbst. Die Tendenz zur Selbstzerstörung gehört zu den Folgen dieser Kette von unglückseligen Bedingungen.

Auch Kinder, die – wie im folgenden Interview mit dem heute 15jährigen Stefan deutlich wird – Worte finden, um das Geschehen zu benennen, und versuchen, sich Gehör zu verschaffen, machen oft die traurige Erfahrung, daß nichts unternommen wird, um ihnen zu helfen; in diesen Fällen dauert es oft Jahre, bis sie den Mut finden, erneut den Schritt der Eröffnung zu wagen.

A: Stefan, du bist von deinem Stiefvater sexuell mißbraucht worden. Wann hat das angefangen?
S: Da war ich ungefähr 7 Jahre alt.
A: Und wie lange ging das?
S: Bis ich 12 war.
A: Wie hast du die ganze Sache unterbrochen?
S: Eines Tages war ich mit meinem Freund unterwegs, ich wollte nicht mehr nach Hause zu meinem Stiefvater und bin dann mit zu meinem Freund nach Hause gegangen. Ihm hatte ich schon alles erzählt, seinen Eltern dann auch, und dann haben wir zusammen mit meinem richtigen Vater geredet. Und der hat dann Anzeige erstattet.
A: Und ab da bist du bei deinem Vater geblieben?
S: Ja.
A: Wie findest du es, daß dein Vater das in die Hand genommen und Anzeige erstattet hat?

S: Na, heute find ich das gut. Eigentlich hatte er auch ziemlich viel Wut und hat es lieber auf legalem Weg versucht, ihn zu strafen.

A: Und wie ging es dir mit deinem Stiefvater, bevor er dich mißbraucht hat?

S: Na ja, eine väterliche Beziehung aufbauen, das ist nie geschehn und konnte auch nicht, weil ich ihn von Anfang an – ich war 2 Jahre alt – nie als Vater oder als Bezugsperson, die ich liebe, angesehn habe. Dafür war meine Mutter da.

A: Hat denn dein Stiefvater versucht, eine Beziehung zu dir aufzubauen?

S: Ja, hat er versucht, mit Weggehn usw. Lustigsein, Spaßhaben, und ich muß sagen: einige Sachen, z. B. wenn wir verreist waren, die haben auch Spaß gemacht. Bloß – so richtig an mich rankommen lassen hab ich ihn nie.

A: Was meinst du, woran das lag?

S: Ich weiß nicht, vielleicht hab ich nie akzeptieren können, daß meine Eltern getrennt waren; ich hab immer meinen Vater als meinen Vater angesehn, zu dem hatte ich immer Kontakt, regelmäßig.

A: Hast du irgendwann einmal versucht, deiner Mutter davon zu erzählen, was dein Stiefvater mit dir machte?

S: Ja, ich hab's ihr einmal gesagt, aber die bestreitet das heute; da war ich noch ziemlich klein, da hatte das gerade angefangen; meine Mutter war irgendwie abweisend, hat mich wahrscheinlich nicht für voll genommen und sagte so beiläufig: Jaja, ich mach das schon ... und hat das wahrscheinlich nicht ernst genug genommen.

A: Und danach hast du ihr das nicht wieder gesagt?

S: Nein, hab ich nicht.

A: Wie war denn überhaupt dein Leben in der Familie, als du älter wurdest, wie war's z. B. mit Strafen und dergleichen?

S: Wenn ich was wollte, hab ich nie meinen Stiefvater gefragt, weil der meistens „nee" gesagt hat; ich hab immer meine Mutter gefragt, und die hat sich dann meistens rumkriegen lassen bei so Kleinigkeiten wie Film-Gukken. Mein Stiefvater war immer so 'ne Autoritätsperson für mich. 'ne Zeitlang hatte ich ganz schön Respekt vor ihm, weil seine ruhige Art und so, das hat mich beeindruckt. Und sonst, als ich älter wurde, da gab's dann Stubenarrest, Fernsehverbot, aber das war alles nicht so schlimm.

A: Und das ging von deinem Stiefvater aus?

S: Von beiden, die haben sich wahrscheinlich abgesprochen.

A: Wie würdest du denn deinen Stiefvater beschreiben, wie steht er im Leben?

S: Jetzt ist er seelisch ziemlich runtergekommen, weil, erst mal versteh ich mich mit ihm nicht so gut – verständlicherweise –, besuche aber öfters meine Mutter, und notgedrungen seh ich ihn, und dann bleibt's nur bei „Guten Tag" und „Tschüß", und dann kommen immer so 'ne haßerfüllten Blicke von mir und so. Na ja, und er war damals Alkoholiker, jetzt kriegt er wahrscheinlich wieder so 'nen Rückfall, die Ehe mit meiner Mutter klappt auch nicht mehr so richtig, also: er hat schon 'ne Menge Probleme jetzt.

A: Und deine Mutter hat dir früher nicht geglaubt, und jetzt spricht sie auch nicht drüber?

S: Nee, obwohl ich zu ihr ein gutes Verhältnis habe, aber sie bestreitet es halt, daß ich ihr das gesagt habe, und glaubt mir die ganze Sache nicht, obwohl sie damals als Jugendliche auch mißbraucht wurde – aber sie glaubt mir nicht.

A: Denkst du, sie glaubt dir das wirklich nicht, oder gibt es Gründe, die es ihr unmöglich machen, das offen zu sagen?

S: Also, ich bin der Meinung, meine Mutter kann jetzt besser reden als damals, sie ist selbstkritischer geworden, aber sie hat wahrscheinlich noch einige Punkte in ihrer Vergangenheit, die sie nicht aufarbeiten konnte, und demnach würde ich sagen, sie will die Sache nicht wahrhaben – irgendwas wehrt sich da bei ihr, was sie nicht zugibt.

A: Du weißt ja, daß es vielen Kindern und Jugendlichen passiert, daß sie sexuell mißbraucht werden. Würdest du denen raten, es genauso zu machen wie du, um da rauszukommen?

S: Schwierig zu sagen, weil jeder das anders erlebt. Für mich selber war das, was ich gemacht habe, nicht das Beste, was ich machen konnte, weil – ich hätte es früher machen sollen; aber so bin ich jetzt mit mir zufrieden. Ich hab halt 'ne Zeitlang ziemlich viel geklaut, Kaufhäuser, Einbrüche, und da wurde dann 'ne Selbstanzeige gemacht, da war ich so 12, 13; und danach kamen mir so Gedanken, daß ich überflüssig wäre, nur Ärger mache und das Leben für mich keinen Sinn hat – da hatte ich Selbstmordgedanken. Ich war schon mal kurz davor, aus dem sechsten Stock zu springen – da mußte ich mich auf mein Fensterbrett stellen und von außen den Rahmen putzen –, aber ich hab's sein lassen. Anderen kann ich nur raten, daß sie sich an Vertrauenspersonen wenden, die sie verstehn und nicht abwertend sind, mit denen sie reden können. Aber es ist schwierig, so 'ne Leute zu finden, die kennt man meistens nicht.

A: Fällt dir noch etwas ein, was noch wichtig wäre zu sagen?

S: Also, was mir wichtig wäre – wenn das erstmal raus ist, selbst wenn man weg ist von da, wo man mißbraucht wurde, dann hat man ja 'ne unheimliche Wut, und auch die Angehörigen, die einem beistehn, die haben auch 'ne unheimliche Wut. Und man sollte immer darauf achten, daß man nicht zur Gewalt greift, weil – das schadet einem eigentlich nur selber –, also, ich bin zufrieden, daß ich's nicht gemacht hab. Man sollte das auf wirklich legalem Wege machen, obwohl einem leicht der Gedanke kommt, daß das nichts bringt, weil die Justiz wenig Strafe erhebt. Da hoffe ich schon, daß es mal richtige Strafen dafür gibt; die meisten Strafen sind auf Bewährung oder Bußgeld. Mein Stiefvater hat eine Nacht im Gefängnis gesessen, das war's schon. Jedenfalls – auch wenn's nichts bringt –, man sollte nicht zur Gewalt greifen.

A: Aber die Wut ist eben da ...

S: Die Wut ist da, aber man muß lernen, damit umzugehn, und man sollte es auch nicht an den falschen Personen auslassen. Man sollte Hilfe suchen, Beratungsstellen, gute Freunde ...

A: Danke für das Interview, Stefan.

S: Bitte.

8. 4. 1992

In diesem Interview erfahren wir, daß es Mütter gibt, die nichts unternehmen, obwohl das Kind ihnen klar zu verstehen gibt, was ihm passiert. Stefan fiel es etwas leichter, davon zu sprechen, weil er keine starke Gefühlsbindung zu seinem Stiefvater hatte. Anders als bei diesem Jungen ist in vielen Fällen die Gefühlsbindung des Kindes an den mißbrauchenden Vater sehr stark; um die Verwirrung und die Ambivalenz seiner Gefühle auszuhalten, wenn der sexuelle Mißbrauch begonnen hat, spaltet es sein Bild vom Vater häufig in den „guten" und den „bösen" Vater. Auch Erwachsene haben oft noch lange damit zu tun, diesen Vater als „Ganzes" sehen zu lernen, mit der „weißen" und der „schwarzen", der „Sonnen"- und der „Schattenseite".

„Er hat mich oft mitgenommen und seinen Geschäftsfreunden vorgestellt", erinnert sich Sandra, heute 12 Jahre alt. „Und er hat gesagt, daß ich toll bin, viel toller als Mama und als alle andern Frauen. Und er hat mir gekauft, was ich wollte; Mama wurde dann manchmal böse und hat gesagt: ‚Du verwöhnst sie.'" Sandra war, seit sie 7 Jahre alt war, vom Partner der Mutter sexuell mißbraucht worden. Das geschah immer, wenn die Mutter Nachtschicht hatte. Sandra, die ohne Vater aufgewachsen war, genoß die liebevolle Zuwendung und Bestätigung des Mannes. Der Mißbrauch fing ganz unmerklich an: „Er hat mich erst bis zum Bauch gestreichelt, und dann, viel später erst die Scheide; dann ist er auch manchmal mit einem Finger rein", erzählt Sandra. „Wenn die Mama da war, hat er mich nur bis zum Bauch gestreichelt." Der um vieles ältere Mann – er hätte ihr Großvater sein können – zeigte Sandra viel Bewunderung, verglich sie manchmal mit ihrer Mutter und signalisierte ihr in Worten und Taten, daß sie die „bessere Frau"(!) sei und daß es ein ganz besonderes Geheimnis sei, das „wir beiden" zusammen haben. Auf die Frage der damals 7Jährigen, was denn das zu bedeuten habe, wenn es im Bett so naß werde, antwortete er, das sei so, wenn eine Frau und ein Mann was zusammen hätten. „Dann hat er mir immer ein Tempo zum Abwischen gegeben. Und dann hat er mich manchmal weitergestreichelt, und ich bin weggerutscht, ganz dicht an die Wand, weil es so unangenehm war, aber er kam nach." Auf die Frage, ob es immer unangenehm war, sagt Sandra: „Manchmal war das Streicheln auch schön."

Die Aufdeckung und Beendigung des sexuellen Vergehens erfolgte, nachdem Sandra ihrer Mutter einen Brief geschrieben hatte, in dem sie beschrieb, was „sie beide" zusammen machten. Da war sie 10 Jahre alt und hatte Mut gefaßt, als sie einen ähnlichen Brief in einer Jugendzeitschrift entdeckte. Die Mutter reagierte sofort mit Trennung vom Partner; sie war übrigens zur Nachtschicht übergewechselt, nachdem er sie überzeugt hatte, daß es doch viel besser sei, wenn sie am Tage Zeit für ihr Kind habe, und er sich bereit erklärt hatte, sich abends um das Mädchen zu kümmern. Sandra hatte ihren „Papa" idealisiert, der ihr viel Beachtung schenkte und ihr das Gefühl gab, mit ihm eine ganz besondere Beziehung zu haben. Ihre Wut, die die Überwältigung in ihr auslöste, und ihren Ekel vor dem Sperma zwischen ihren Beinen und danach in unzähligen Papiertaschentüchern sowie ihre Schuldgefühle kanalisierte sie in Phantasien, manchmal auch in Halluzinationen. So sah sie z. B. aus dem Fenster ihres Zimmers und meinte, ihn in Form eines dunklen Schattens im Hof stehen zu sehn mit dem Blick auf ihr Fenster; manchmal sah sie ihn, der schon lange ausgezogen war, plötzlich in ihrem Zimmer stehn, was sie sehr erschreckte und am Einschlafen hinderte. Eine Zeitlang verfolgte sie immer auch noch ein anderes Bild: ein Mensch mit Maske, der in die Irrenanstalt muß. Auf die Frage, wer denn darunter stecken könne, sagt sie: „Manchmal hat er sein Gesicht und manchmal mein eigenes."

Kleinere Kinder wählen mitunter auch bestimmte Tiere als Symbol für die böse, dunkle Seite des Vaters; das geschieht, um überhaupt mit ihm weiterleben zu können und auch um das Verbot zu umgehen, das das Benennen des Mißbrauchs betrifft. So begegnet man in der therapeutischen Arbeit oft gefährlichen Tieren wie dem Krokodil, dem Tiger oder auch dem Wolf.

Mira, 5 Jahre alt, wollte mit ihrer Einzelfallhelferin immer wieder das Spiel vom Wolf spielen. „Du mußt dich ausziehn, und ich bin der Wolf." Das Kind versuchte, sie zu überwältigen, indem es sich auf sie warf und Geräusche zwischen Knurren und Röcheln machte. In diesen Situationen war das Kind sehr aggressiv. Zu einem späteren Zeitpunkt entdeckte die Einzelfallhelferin Bißwunden an Miras Innenschenkeln. Auf ihr Nachfragen, woher diese denn kämen, antwortete das Kind: „Das war der Wolf."

Der Verdacht fiel auf den Vater, da er der einzige Mann war, der nahen Kontakt zu ihr hatte. Die Eltern lebten sehr von der Außenwelt abgeschlossen, pflegten keinerlei Kontakte zu Freunden, kaum zu Verwandten. Im alltäglichen Kontakt Miras mit dem Vater, z. B. wenn dieser sie aus der Kita abholte, war keinerlei negative Reaktion bei dem Kind zu erkennen, im Gegenteil, er war „der liebe Papa", der sie abholte. Wenn der Vater Mira Gewalt antat, war er für sie nicht mehr der Papa, sondern der Wolf; auf diese Weise hatte sich das Kind eine Möglichkeit geschaffen, den Vater nicht ablehnen und dadurch verlieren zu müssen.

Das Bild des Vaters bleibt in vielen Fällen noch lange, nachdem der sexuelle Mißbrauch beendet wurde, gespalten; häufig ist langjährige therapeutische Arbeit nötig, bis die Ambivalenz der Gefühle zugelassen und somit die vom Mißbrauch geprägte Beziehung verarbeitet werden kann.

Für das psychische Wohlergehen der Opfer ist es sehr wichtig, daß „Sonnen-" und „Schattenseite", „schwarz" und „weiß" einen Platz nebeneinander haben dürfen.

„Tagvater/Nachtvater" hieß das Bild einer heute erwachsenen jungen Frau, der es auch lange nicht gelang, die ambivalenten Gefühle zuzulassen, die das Bild ihres Vaters prägen. Sprach sie vom „Tagvater", so zeichnete sie das Bild eines Menschen, der nur angenehme, „helle" Seiten hat; dieser Tagvater schenkte ihr viel Beachtung, ging liebevoll mit ihr um, unternahm viel mit ihr. Die andere Seite, der „Nachtvater", hatte dann gar keinen Platz; das war der, der sie nachts am Bett besuchte, seltsam stöhnte, wenn er ihren Körper berührte, der sie, wenn sie weinte und sich wehrte, mit Gewalt festhielt und sagte: „Was ist denn, es passiert doch gar nichts." Derselbe Vater schrieb seiner Tochter bezeichnenderweise in ihr Poesiealbum: „Mach es wie die Sonnenuhr, zähl die heit'ren Stunden nur."

Mit dem Ausspruch „Es passiert doch nichts" zwingt der Vater das Kind, das Geschehene zu vergessen; die Erfahrung, die es macht, wird ihm wieder weggenommen. Das Kind kommt in die Gefahr, die Verleugnungsstrategie des Erwachsenen zu übernehmen und das Geschehene ungeschehen zu machen.

Der folgende Satz eines mißbrauchenden Vaters verdreht die Erfahrung des Kindes auf noch andere Weise. Auf vehementes Wehren des 10jährigen Jungen gegen die anale Penetration, die sehr schmerzhaft ist, sagt er: „Das ist doch schön für dich" und „Ich weiß, daß du das brauchst". Hier projiziert der Erwachsene seine Bedürfnisse auf das Kind und lenkt dessen Willen in die von ihm tendierte Bahn. Dazu lernt der Junge noch, daß seine Gefühle, seine Wünsche völlig unwichtig sind, einfach übersehen und umgedeutet werden. Er ist also nichts wert, kann einfach benutzt werden.

Die Spaltung in das „schlechte Kind" und den „guten Vater" „wählen" Kinder häufig, wenn die Angst zu groß ist, den mißbrauchenden Vater zu verlieren, z. B. weil er ihre einzige Bezugsperson ist und sie sonst ganz alleine dastehen würden oder wenn das Selbstwertgefühl der Kinder nur sehr gering ausgeprägt ist.

Tanja, 12 Jahre alt, lebt seit Jahren im Heim, in das sie aufgrund von Vernachlässigung und sexuellem Mißbrauch durch den Vater kam. Der Großvater ist ihre einzige Bezugsperson, die von der Familie noch übriggeblieben ist; möglicherweise hat auch er sie früher sexuell mißbraucht, was man aber nur vermutet, da das Mädchen das nie geäußert hat. Der Großvater ist äußerst unzuverlässig, was die Besuche im Heim betrifft, er kommt manchmal einfach nicht, ohne abzusagen, und Tanja wartet auf ihn. Kritische Bemerkungen der Erzieher über diese Unzuverlässigkeit läßt das Mädchen überhaupt nicht zu – erst als der Großvater, der sonst ungefähr alle 14 Tage gekommen war, sich einige Monate gar nicht meldet, kann sie sogar selbst einige Seiten erwähnen, die ihr an ihrem Opa nicht gefallen. Als er sich dann plötzlich doch wieder meldet und ihr ein großes Geschenk mitbringt, hat Tanja alles Negative vergessen, und die Beziehung gestaltet sich wie zuvor.

Auch die Aussagen eines 16jährigen Mädchens zeigen sehr drastisch, wie weit die Idealisierung des mißbrauchenden Vaters und die Selbstentwertung gehen können: „Er ist so toll, so ein toller Mann, ich wundere mich, daß er sich überhaupt mit mir beschäftigt. Ich bin so schlecht, so häßlich, widerlich. Ich wasche mich wenig, und trotzdem guckt und faßt er mich an."

Ein Kind, das sexuellen Übergriffen ausgesetzt ist, spaltet unter Umständen auch sich selbst in einen „guten", nichtmißbrauchten und einen „schlechten", mißbrauchten Teil als Möglichkeit, mit den bedrohlichen Erlebnissen fertigzuwerden, sie psychisch zu überleben. In diesem Fall wird z. B. der eigene Körper völlig entwertet, als häßlich und schmutzig erlebt, oft auch vernachlässigt oder sogar verstümmelt, wohingegen der Kopf der einzige Körperteil ist, der akzeptiert und sogar als schön empfunden wird. Das kann einhergehen mit schulischer Anpassung, dem Willen, gute Leistungen bringen, wenn die Schule der einzige Bereich ist, in dem sich das Kind akzeptiert.

Auch ein Heraustreten aus dem eigenen Körper und Sich-selbst-von-außen-Beobachten wird öfter von Jugendlichen oder Erwachsenen beschrieben, die früher sexuell mißbraucht wurden. „Mein Ich hat sich entfernt, wenn mein Vater ans Bett kam, und mein Körper war dann eine leere Hülle, mit der etwas geschah, womit ich nichts zu tun hatte." Oft haben die Inzest-Opfer noch lange, nachdem der sexuelle Mißbrauch beendet wurde, mit solchen Zuständen zu kämpfen. Was sie einst zu Hilfe nahmen, um die Übergriffe ertragen zu können, hat sich verselbständigt, sie haben das Gefühl, neben sich zu stehen, und können nichts dagegen unternehmen.

Wie erlebt das Kind den Mißbrauch und insbesondere den Erwachsenen, der es mißbraucht, und das ist oft der Vater oder eine andere Vaterfigur. Die andere wichtige Bezugsperson und im Erleben des Kindes meist eng mit dem Vater verbunden, ist die Mutter. Welche Rolle spielt sie, welche Bedeutung hat sie in diesem Zusammenhang für das Kind? Wird sie als Beschützerin erlebt, die dem Ganzen ein Ende bereitet, oder als Komplizin des Vaters, die sieht, was passiert, und trotzdem nicht eingreift, als hilfsbedürftige Person, die es schützen und stützen muß, oder als begehrtes Liebesobjekt, das sich jedoch mehr dem kleinen Geschwister zuwendet?

Bevor ich im Folgenden auf die schwierige Rolle der Mutter näher eingehe, möchte ich einen 16jährigen Jungen mit seiner Sicht des Mißbrauchs, seines Stiefvaters und seiner Mutter in einem Interview zu Wort kommen lassen.

A: Ivo, du bist von deinem Stiefvater sexuell mißbraucht worden. Wie alt warst du, als das angefangen hat?

I: 7 Jahre.

A: Wie lange ging das so?

I: Von 7 bis 9, und dann so nach ein paar Jahren ist es wieder losgegangen, so mit 13, 14.

A: Wie hast du dann den Mißbrauch unterbrochen?
I: Na ja, ich hab jemanden gesucht, 'ne Vertrauensperson, also meine Oma und meinen Opa; denen hab ich das erzählt, und dann hat meine Oma meine Mutter drauf angesprochen, und die hat mit meinem Vater erst mal alleine geredet, und dann hab ich mit meiner Mutter und meinem Vater zusammengesessen, und der hat alles abgestritten.
A: Und bist du dann weiter da wohnen geblieben?
I: Ja.
A: Und wie ging das weiter, hat der Mißbrauch da aufgehört?
I: Ja, es hat dann aufgehört, weil er natürlich Angst hatte.
A: Was meinst du, wovor er Angst hatte?
I: Na, daß die ganze Sache auffliegt; und dann hat er auch Angst gehabt, weil er ja wußte, wenn er's noch mal macht, daß ich ihm dann eine reinschlage oder so, ja.
A: Wie würdest du deinen Stiefvater beschreiben, heute?
I: Ich würde ihn beschreiben als – schlaues, fieses Schwein.
A: Warum schlau?
I: Na, schlau, weil er aufgehört hat, als ich's gesagt habe. Das ist für mich schlau. Er hat gesehn: Wenn er's noch mal macht, dann fliegt alles auf, dann ist alles aus; das wollte er nicht riskieren.
A: Und – was denkst du denn, was dein Stiefvater ansonsten für ein Mensch ist?
I: Wie soll ich das sagen ... na ja, das ist ein ganz mieses Schwein sozusagen, weil er denkt, er kann machen mit mir, was er will. Er traut sich das nur deshalb bei mir, weil er eben nicht mein Vater ist. Denk ich jedenfalls.
A: Was meinst du, wie er auf andere wirkt, die nicht wissen, was er mit dir gemacht hat?
I: Also, die Leute in seiner Arbeit, die sind zufrieden mit ihm, kommen mit ihm klar – also schwul ist er nicht, weil er ja auch meine Mutter hat, und dann hat er noch 'ne andere Freundin; meine Mutter will nicht mit ihm

Schluß machen, weil ... sie sagt, es ist ihr *Traum*mann, also das ist auch bescheuert.

A: Deine Mutter ist auch bescheuert?

I: Ja. Und die hat mir auch nicht geglaubt, als sie das gehört hat – die hat meinem Vater mehr geglaubt.

A: Also die hat nicht zu dir gehalten.

I: Nein, nicht zu mir. Überhaupt kein bißchen.

A: Und deine Großeltern haben dir das aber geglaubt.

I: Die haben mir geglaubt.

A: Deshalb haben sie auch deine Mutter angesprochen.

I: Ja. Das Problem war: meine Mutter hat mich so lange unter Druck gesetzt, daß ich dann nach ein paar Wochen gesagt habe, es stimmt nicht. Also, das war auch mein Fehler. Da war ich auch noch in 'nem Alter, wo ich kein Selbstvertrauen hatte und unsicher war und Angst hatte.

A: Wovor hattest du wohl Angst?

I: Durch die Strafen – daß meine Mutter mit mir nicht redet oder daß es kein Taschengeld gibt, kein Fernsehen ...

A: War sie sauer auf dich, daß du das deinen Großeltern erzählt hast?

I: Ja. Und ich hatte auch Angst, daß die mich jetzt ins Heim schicken oder so was.

A: Und wie hast du früher deinen Stiefvater erlebt, bevor der Mißbrauch angefangen hat – kannst du dich daran erinnern?

I: Also, da war er echt gut als Vater.

A: Kannst Du das näher beschreiben, wie er da war?

I: Na ja, sozusagen wie mein richtiger Vater. Er hat mich richtig geliebt, mich auch akzeptiert und hat mit mir auch Sachen unternommen, und ich kann mal eine Sache erzählen von früher, die ich noch weiß, das war so: Mein Vater hat mir eine geknallt für irgendwas, was ich gar nicht getan hatte. Dann ist meine Mutter nach ein paar Minuten gekommen und hat gesagt, daß ich das nicht war. Und da hat mein Vater mich in den Arm genommen, mich gedrückt und zu mir gesagt: „Entschuldigung, tut mir leid." Ja, das weiß ich noch. Da war ich schätzungsweise so 6.

A: Und könnte man denn sagen, daß du ihn auch geliebt hast?

I: Ja, da hatte ich ihn noch geliebt. Aber was auch das Problem war – wo's angefangen hat mit meinem Vater, wo er das mit mir gemacht hat, fand ich das auch schön. Weil: ich wußte nicht, was es ist; ich war da noch viel zu jung. Und deshalb hab ich's machen lassen. Aber später wußte ich, daß so was schwul ist, und dann hab ich ihn nur noch als mieses Schwein gesehn, der seine geile Lust an Jungs ausläßt und auch an meiner Mutter.

A: Hast du noch Kontakt zu deiner Mutter und deinem Stiefvater?

I: Nee, nicht oft. Weil – ich wohne ja jetzt auch in 'ner WG, weil ich's zu Haus nicht mehr ausgehalten hab, wie meine Mutter mich behandelt hat. Und so bin ich halt ausgezogen.

A: Gehst Du manchmal zu Besuch hin?

I: Manchmal.

A: Und wie geht es dir dann da?

I: Na ja, ich will meiner Mutter ein bißchen helfen, weil die 'ne Krankheit hat, und auch wegen meiner Schwester. Ja, und mein Stiefvater, der tut so, als sei nie was gewesen.

A: Er tut so, als sei nie was gewesen ...

I: Ja, als sei er heilig ...

A: Er hat anscheinend kein schlechtes Gewissen?

I: Also ich sag mal: er hat ein schlechtes Gewissen. Weil er sich so komisch verhält. Sonst könnte er ja ganz fröhlich sein. Aber er ist ja ruhig, sagt ja nicht viel.

A: Haben die dich schon mal in deiner WG besucht?

I: Nee.

A: Auch deine Mutter nicht?

I: Nee.

A: Findste das eher gut oder biste enttäuscht?

I: Ich find's gut.

A: Warum?

I: Ich bin froh, daß ich von zu Hause weg bin, weil ich auch kein Selbstvertrauen hatte, ich hatte nur Druck, war immer nur unter Druck, hab mich nicht wohl gefühlt, war vollkommen fertig und wurde auch so behandelt von meiner Mutter, mußte nur im Haushalt helfen; es ist klar, daß jeder Jugendliche zu Hause hilft, aber für mich wurde es einfach zuviel, weil auch andere Sachen auftauchten, so Verbote. Ich wurde wie ein kleines Kind behandelt. Ich durfte nicht mal 'nen Horrorfilm sehn.

A: Du hast dich auch von deiner Mutter nicht richtig akzeptiert gefühlt. Wann fing das an?

I: Na, das war da, als ich das gesagt hab mit meinem Stiefvater.

A: Möchtest du noch irgendwas sagen?

I: Ich könnte nur dazu sagen – andere (also die, die jünger sind, was sollen die schon machen), die so 14, 15 sind, die sollten sich trauen, wenn sowas passiert, 'ne Vertrauensperson aufzusuchen und das dann zu erzählen.

A: Hättest du eine Idee, was für eine Vertrauensperson das sein könnte?

I: So Bekannte aus der Familie ...

A: Danke für das Interview, Ivo.

I: Bitte.

1. 4. 1992

Ivo hat die enttäuschende Erfahrung gemacht, daß seine Mutter nicht zu ihm hielt, sondern sich mit dem Partner gegen ihn verbündete, ihn als Lügner abstempelte und ihn letztlich verstieß. Diese traurige Geschichte teilt er mit vielen Kindern und Jugendlichen, die den sexuellen Mißbrauch durch den Vater in einer Situation eröffnen, in der die Beziehung der Mutter zu diesem Mann noch besteht. Kann eine Mutter tatsächlich so hart sein, daß sie dem Kind nicht hilft, wenn sie Bescheid weiß, und sich auf die Seite des Partners stellt? Häufig ist der erste Gedanke, wenn man einem Kind helfen will, bei dem man den Verdacht hat, es werde vom Vater sexuell mißbraucht, mit der Mutter zu sprechen, denn eine Mutter, die erfährt, was ihrem Kind angetan wird, wird natürlich sofort einschreiten.

Man verkennt dabei jedoch die schwierige Rolle dieser Frau. Zur Veranschaulichung hier ein Beispiel, das nicht untypisch ist: Die Mutter lebt mit ihrem Partner schon längere Zeit zusammen. Sie hat ihn nach der Trennung von ihrem Mann, dem leiblichen Vater ihres Kindes, und nach einiger Zeit des Alleinseins sowie einigen enttäuschenden Affären mit Männern kennengelernt. Daraus wurde eine verbindliche Beziehung, und bald zog er bei ihr ein. Es war vielleicht nicht die ideale Partnerschaft (er trank öfter und kam dann spät nach Hause), aber sie war nicht mehr allein, auch finanziell etwas sorgloser, und ihr neuer Partner kümmerte sich sogar mit um das Kind und entlastete sie als Mutter.

Und nun kommt dieses Kind und stellt mit dem ungeheuerlichen Vorwurf des sexuellen Mißbrauchs ihren Partner und damit ihre Lebenssituation auf einmal in Frage. Es eröffnet ein schreckliches Geheimnis, von dem die Mutter vielleicht etwas wußte, ahnte oder das sie völlig überrumpelt. So kommt sie in eine Krise. Wenn sie wußte, was passiert – auch das kommt vor –, so hatte sie schwerwiegende subjektive Gründe, dagegen nichts zu unternehmen. Ein Grund ist häufig die zu große Angst vor einer Auseinandersetzung und letztlich Trennung vom Partner, auch wenn die Beziehung schwierig oder sogar zerstörerisch ist. Die Ursachen hierfür sind oft nichtverarbeitete traumatische Trennungserfahrungen in der eigenen Kindheit. Der Gedanke an eine erneute Trennung ist zu bedrohlich, die psychische und häufig auch die materielle Abhängigkeit ist zu groß.

Das Kind spürt die Ängste der Mutter. Es hat die Mutter allein und einsam erlebt und dann ihr Glück über die neue Partnerschaft, und es hat sich vielleicht auch selbst gefreut. Es weiß, daß es mit der Eröffnung des Mißbrauchs die Mutter unglücklich machen würde, und so trägt es das Geheimnis allein. Eine weitere Ursache kann sein, daß die

Mutter selbst in ihrer Kindheit sexuell mißbraucht worden war und den Mißbrauch verdrängt hat. Viele Mütter sexuell mißbrauchter Kinder haben diese Erfahrung gemacht, konnten sie nicht verarbeiten und wählen fatalerweise unbewußt Männer zum Partner, die eine ähnliche Struktur haben wie der Vater, der sie damals mißbraucht hat. Wenn ihr eigenes Kind dann Ähnliches erlebt, können sie das oft nicht frühzeitig erkennen und neigen zum Ausblenden oder Verharmlosen der folgenschweren sexuellen Übergriffe ihres Partners auf ihr Kind. Werden sie von Personen, die aufgrund von Verhaltensauffälligkeiten und Aussagen auf ihr Kind aufmerksam wurden, oder vom Kind selbst mit dem Mißbrauch konfrontiert, so reagieren sie nicht selten abwehrend oder sogar offen feindselig dem Kind gegenüber. Eine Mutter z. B., die mit ihrem Partner mit dessen Mißbrauch an ihrer 7jährigen Tochter konfrontiert wurde, schrie, als sie die eindeutigen Aussagen des Mädchens hörte: „Die lügt doch schon, seit sie klein war."

Man hat zu lange die Augen davor verschlossen, daß es Mütter gibt, die – wie die eben zitierte – im Bett daneben liegen, wenn der Partner ihr Kind sexuell mißbraucht. Diese Mütter sind Mitwisserinnen – im Unterschied zu einer Mittäterin, wie sie uns am Anfang dieses Kapitels begegnet ist –, sie wissen, was geschieht, und helfen nicht. In diesem Fall fühlt sich das Kind völlig allein – es hat nicht die geringste Hoffnung, daß die Mutter es schützen wird, denn sie ist ja scheinbar einverstanden mit den sexuellen Übergriffen.

Bei einer solchen Mutter-Kind-Beziehung spielt die Herkunftsfamilie der Mutter eine Rolle, wie wir aus Gesprächen mit Müttern wissen, die nicht in der Lage waren, ihr Kind in Schutz zu nehmen. Viele dieser Mütter haben von den eigenen Eltern nicht genügend Zuwendung erfahren, sie haben das Bedürfnis, beim Partner nachzuholen, was sie nicht bekommen haben. Der Partner hat ähnliche Defizite, und so suchen beide in ihrem Partner/ihrer Partnerin den „guten" Vater, die „gute" Mutter anstelle einer gleichberechtigen Bezugsperson. Daher kann die Mutter in einigen wesentlichen Aspekten ihre Mutterrolle nicht erfüllen; oft sind Depressionen, Tabletten- oder Alkoholabhängigkeit im Spiel. In diesem Falle erlebt das Kind die Mutter als hilflos und fühlt sich verantwortlich für die Vorgänge in der Familie, oft auch für den Schutz der Mutter vor dem Vater. Ein 9jähriges Mädchen, das aus einer solchen Familie kommt, zeigt in einer ihrer Inszenierungen in der Therapie sehr anschaulich, wie sie die Mutter erlebt hatte. Mir gab sie die Rolle des Mädchens, sie war die Mutter. Sie fesselte sich selbst mit einem langen Seil und war zum Schluß völlig darin verheddert. Sie rief: „Hilfe, ich komme nicht weg." Nachdem ich sie auf ihre Aufforderung hin befreit hatte, brachte sie sich von neuem in diese hilflose Situation, aus der sie von „ihrer Tochter" immer wieder gerettet werden wollte.

Kinder erleben eine Mutter, die zu sehr mit ihren eigenen Problemen beschäftigt ist, als abwesend oder hart. Die Fürsorge des Vaters wird dann besonders wichtig. Den sexuellen Mißbrauch durch den Vater kann das Kind der Mutter dann aus zwei Gründen nicht eröffnen: zum einen ist er gekoppelt mit körperlicher Zuwendung, die es genießt und nicht mehr verlieren will, zum anderen kann es sich nicht vorstellen, daß die Mutter die Übergriffe tatsächlich verhindern wird – das würde ja eine Aufmerksamkeit und eine Verantwortungsübernahme erfordern, die sie bis jetzt auch nicht leisten konnte.

Weibliche Opfer sexuellen Mißbrauchs erzählen mitunter auch von einer anderen verhängnisvollen Konstellation, die dasselbe Ergebnis begünstigen kann: eine Zuordnung der Kinder in Mutters Sohn und Vaters Tochter. Die Mutter habe, erzählen sie, sich sowieso mehr dem Bruder zugewandt, und so seien sie sich als Mädchen wertloser vorgekommen in den Augen der Mutter. Auf die enge Beziehung der Mutter zum Sohn (eine Ursache ist in der enttäuschenden Partnerbeziehung zu finden) sei auch der Vater eifersüchtig gewesen und habe sich als Reaktion darauf mehr der Tochter zugewandt. Diese hoffte nun, beim Vater die zärtliche Zuwendung zu bekommen, die die Mutter ihr versagte, worauf dieser statt dessen begann, sie sexuell zu mißbrauchen.

In dieser Konstellation stellt die Mutter fest, daß die Beziehung des Vaters zur Tochter intensiver wird, ahnt allerdings (meist) nicht, daß der sexuelle Mißbrauch begonnen hat, der ja geheimgehalten wird, und wird ihrerseits eifersüchtig, erlebt die Tochter als Konkurrentin. Die Geschenke, die der Tochter vom Vater gemacht werden, um das Geheimnis zu zementieren, tun ihr übriges. Dieser Teufelskreis führt dazu, daß die Tochter die Mutter als immer härter erlebt, der Graben zwischen beiden immer tiefer und die Hoffnung des Mädchens, die Mutter könne ihr helfen und den Mißbrauch beenden, immer geringer wird.

Auch wenn die Beziehung zwischen Mutter und Tochter liebevoll und die Mutter durchaus in der Lage ist, ihre Rolle dem Kind gegenüber wahrzunehmen, ist das noch keine Garantie dafür, daß das Kind der Mutter den sexuellen Mißbrauch mühelos eröffnen kann. Kinder denken viel häufiger, die Mutter wisse Bescheid über die Übergriffe des Vaters, als dies tatsächlich der Fall ist. Sie geben der Mutter vorsichtige Zeichen, die sie als Zeichen nicht registriert, wie z. B. einen Zungenkuß. Oder sie lassen nach dem sexuellen Mißbrauch durch den Vater ihre Unterwäsche auf dem Bett der Eltern zurück, sehen zu, wie die Mutter sie entdeckt und wegräumt, und denken: Jetzt weiß es die Mama. Auch Mütter, die bis zur Eröffnung nichts ahnten, erinnern sich im nachhinein an solche Situationen, die sie stutzen ließen, die sie aber wieder vergaßen (oder verdrängten), da sie sie nicht einordnen konnten, oder sie erzählen von etwas „Komischem", das in der Luft lag, das sie aber nicht fassen konnten.

Sind die Kinder noch klein, jünger als 5 Jahre, fällt es den Müttern oft leichter, das Unfaßbare zu glauben. Sie können sich dann häufiger versorgend, schützend verhalten, sind eher in der Lage, Verantwortung für das Kind zu übernehmen. Bei älteren Kindern, oft Mädchen, verhindert dies häufig die Rivalität. „Die ist ja auch so verführerisch", hört man mitunter von den Müttern älterer Töchter. Trotz alledem gibt es auch hier immer wieder Mütter, die verantwortlich handeln, sobald sie vom sexuellen Mißbrauch in Kenntnis gesetzt werden. Wie in anderem Zusammenhang schon angesprochen, kommen Mütter sexuell mißbrauchter Kinder, die sich im nachhinein mit dem Mißbrauch ihrer Tochter/ihres Sohnes auseinandersetzen, nicht daran vorbei, sich mit ihrer eigenen Kindheit zu beschäftigen. Manche erinnern sich erst dann wieder an das eigene Erleben – der weit weg gedrängte sexuelle Mißbrauch durch eine wichtige Bezugsperson wird aktualisiert –, und so fühlen sie sich oft verantwortlich – nicht nur für den Schutz des Kindes, sondern auch für den Mißbrauch, obwohl dafür allein der Mann die Verantwortung trägt. Aber sie haben häufig Schuldgefühle, weil sie einen solchen Mann überhaupt zum Partner gewählt haben; ähnlich wie die Kinder, die denken: wie schlecht muß ich sein, daß mein Vater so etwas mit mir macht, denken sie: was bin ich für eine Frau, daß ich mit so einem Mann zusammen war. Sie geben sich die Schuld, weil sie den Mißbrauch nicht erkannt haben, und halten sich für schlechte Mütter. Auch über Versagensgefühle als Partnerin sprechen sie im nachhinein, über die Kränkung, die der Partner ihnen zugefügt hat, ebenso über die Enttäuschung von diesem Partner, dem sie vertraut hatten. Durch ihre Auseinandersetzung mit der eigenen Kindheit zerbricht das Bild vom eigenen, vielleicht bisher idealisierten Vater und der eigenen Mutter, die sie nicht schützen konnte.

Vielen Müttern fällt es aus ganz unterschiedlichen Gründen schwer oder ist es sogar unmöglich, sich klar auf die Seite ihres Kindes zu stellen, wenn der sexuelle Mißbrauch durch den Mann begangen wurde, mit dem sie in einer Partnerschaft leben.

Zum Schutz des Kindes vor weiterem Mißbrauch ist die räumliche Trennung zwischen Kind und mißbrauchendem Erwachsenen notwendig; und so ist die Mutter in der schwierigen Lage, sich entscheiden zu müssen: Weist sie dem Mann die Tür – mit allen Konsequenzen, die das für die Partnerschaft nach sich zieht –, oder läßt sie zu, daß ihr Kind in einem Heim untergebracht wird. Mütter, die sich gerade in der Trennungsphase befinden oder den Bruch mit dem Partner schon hinter sich haben, können verständlicherweise eher glauben, daß der sexuelle Mißbrauch stattgefunden hat, und sich eindeutiger auf die Seite des Kindes stellen. Nicht selten beginnen sexuelle Übergriffe erst nach der Trennung der Eltern bei den Wochenend-Besuchen des Kindes beim Vater, und die Mutter wird aufgrund von Verhaltensauffälligkeiten des Kindes darauf aufmerksam.

Für viele Mütter sexuell mißbrauchter Kinder ist es wichtig, daß sie nach der Aufdeckung ihre Gefühle von Verlassensein, Enttäuschung, Verzweiflung und Wut in therapeutischer Begleitung aufarbeiten können.

Die beiden Jungen, 15 und 16 Jahre alt, die hier interviewt wurden, geben ihrer Wut gegen den Mann Ausdruck, der sie jahrelang sexuell mißbrauchte. Aufgrund ihres Alters und der begonnenen Verarbeitung ihrer Erfahrungen können sie diese Wut schon bewußt machen, sie benennen und mit ihr umgehen lernen.

Jüngere Kinder agieren Gefühle oft in Inszenierungen aus – zur therapeutischen Aufarbeitung gehört es, daß man sie ihnen bewußt macht, sie benennt –, übrigens auch andere, positive Gefühle, die sie fast immer dem mißbrauchenden Erwachsenen gegenüber haben und die ihnen auf keinen Fall verboten werden dürfen. Zur Veranschaulichung hier noch ein Beispiel aus der therapeutischen Arbeit: Sandra, die uns in diesem Kapitel schon einmal begegnet ist, kam eines Tages in ihre Therapiestunde, beklagte sich über Einschlafstörungen und ihre große Wut, die sie nicht abreagieren könne. Ich zeigte ihr kurz, daß man auf einer Matratze rumschlagen kann, und so schlug sie erst heftig auf diese ein, griff sich dann eine Puppe mit grauen Haaren (die Opa-Puppe, die dem Mann am ähnlichsten ist, der sie mißbraucht hatte) und traktierte sie fast die ganze Stunde über mit Worten und Schlägen und knallte sie gegen die Wand, daß die Fetzen flogen; zum Schluß waren ein Arm und ein Bein abgerissen. Beim nächsten Mal erzählte sie, daß die Einschlafstörungen seither nicht wiedergekommen seien.

Bis jetzt erleben leider wenig Kinder, daß sich der Vater – nach einiger Zeit therapeutischer Aufarbeitung, in der er erkannt hat, daß er alleindie Verantwortung für den sexuellen Mißbrauch trägt – vor der ganzen Familie zu seiner Tat bekennt; daß er dem Kind deutlich macht: Er weiß, was er zerstört hat, und es tut ihm leid. Erst auf diese Weise übernimmt er die Rolle des Erwachsenen und die Verantwortung und leistet einen entscheidenden Beitrag zur therapeutischen Verarbeitung.

Literatur

Ferenczi, S. (1932): *Sprachverwirrung zwischen den Erwachsenen und dem Kind.* In: Ferenczi: *Schriften zur Psychoanalyse.* Band 2, Frankfurt am Main 1972, S. 303–313.

Norman Marsh

Das Gefängnis. Die Dynamik der Beziehung zwischen Opfer und Täter

Wie beziehen sich Täter und Opfer während der Entwicklung und Fortsetzung des sexuellen Mißbrauchs aufeinander, und welche Bedingungen fördern die besondere Beziehungsdynamik, die sich dabei entfaltet?

Wir wissen, daß sich sexueller Mißbrauch in nach außen hin ganz normal erscheinenden Familien ereignet; wie jedoch steht es um die inneren Angelegenheiten dieser Familien?

Wie kommt es, daß in deren alltäglichen Beziehungen die persönlichen Grenzen verletzt werden und massive Grenzüberschreitungen stattfinden?

Vergegenwärtigen wir uns, daß die Grenzen in zwischenmenschlichen Beziehungen nicht starr, sondern fließend sind. Sie können deshalb sowohl ständig in Frage gestellt als auch immer neu ausgehandelt werden. Versuchen wir uns klarzumachen, welche Bedeutung Grenzen innerhalb der Familienbeziehungen haben und wie leicht deren Einhaltung von den Familienmitgliedern untereinander mißachtet werden kann, besonders von Erwachsenen gegenüber Kindern.

Wir alle kennen Situationen, in denen jeder aus seiner jeweiligen persönlichen Perspektive heraus ‚recht' zu haben meint; z. B. wenn wir unseren eigenen Standpunkt darlegen und unsere Bedürfnisse verwirklicht sehen wollen, oft genug auch gegen die Interessen des anderen. Diese Neigung, den Standpunkt des anderen dadurch zu entwerten, daß wir unsere eigenen Interessen durchsetzen, ohne die seinigen genügend zu berücksichtigen – was vielleicht gedankenlos oder unbewußt geschieht –, mag zwar eine Alltagserfahrung sein, bedeutet jedoch gleichzeitig eine Überschreitung der Grenze eben dieses anderen.

Beim sexuellen Mißbrauch gewinnt genau diese Dynamik der fortgesetzten Grenzüberschreitung eine zentrale Bedeutung. Der Täter setzt einen verhängnisvollen Kreislauf in Gang, aus dem sich das Opfer nur schwer befreien kann.

Gleichwohl beziehen sich beide in unheilvoller Weise aufeinander, jedoch aus ganz unterschiedlicher Perspektive. Anhand der folgenden Fallgeschichten und der anschließenden Ausführungen wollen wir versuchen, sowohl den Prozeß der permanenten Grenzüberschreitung nachzuvollziehen als auch die Beziehungsdynamik zwischen Täter und Opfer anschaulich zu machen. Dabei sollen die unterschiedlichen Sicht- und Erlebnisweisen des Erwachsenen bzw. des Kindes verdeutlicht und in Zusammenhang mit dem Mißbrauchsgeschehen gebracht werden.

In den Erlebnisberichten kommen zwei Frauen zu Wort, eine wurde als Mädchen von ihrem Vater sexuell mißbraucht; die zweite, eine Täterin, erinnert sich an ihre Beziehung zu ihrem Sohn.

Gefühlskarussell

Einmal habe ich im Fernsehen eine Sendung gesehen, die hieß, glaub ich, „Das war ihr Leben". Als ich den Titel im Vorspann sah, stellte ich mir spontan die Frage: Beantworte dir mit einem Wort: Wie war dein Leben bisher? „Gefühlskarussell" war der prompte Gedanke, der mein Gehirn durchfuhr. Ja, mein Leben war – und ist es eigentlich bis heute – ein einziges Gefühlskarussell.

Es vergeht kaum ein Tag, an dem ich nicht an meine Kindheit und Jugend erinnert werde. Neulich z. B. ging ich über den Wochenmarkt; neben mir in der Schlange standen zwei Mütter und unterhielten sich über ihre Kinder. Plötzlich sagte die eine: „Unser kleiner Prinz hat endlich einen Krippenplatz bekommen."

Zack, da war es wieder, dieses Gefühl. Kalte Schauer

liefen mir über den Rücken, der Kloß saß wieder im Hals, und der Film lief ab. Ich war an der Reihe. „Was wünschen Sie?“ Ich starrte den Verkäufer an: „Ach ja, ein Pfund Zwiebeln und ...“ Ich habe nun mal eine Aversion gegen Kosenamen; Vater redete mich höchst selten mit meinem Vornamen an; für ihn war ich „seine Prinzessin“.

Geboren wurde ich in einer Kleinstadt nahe der holländischen Grenze. Meine Eltern arbeiteten damals im Schichtdienst in einer Spinnerei. Als ich noch sehr klein war, paßten meine Tanten im Wechsel auf mich auf. Später kam ich in den Kindergarten. Gern bin ich dort nicht hingegangen, aber ich war ein einsichtiges Kind. Mutter hatte mir gleich klargemacht, wie wichtig es wäre, daß ich funktionierte: „Glaub mir, ich wäre auch lieber mit dir zusammen, als in diese Fabrik zu gehen und im Akkord zu arbeiten (was Akkord bedeutet, wußte ich schon früh), ich mache das nicht zum Spaß, sondern damit du es gut hast.“ Für mich war damit klar, Mutter arbeitet für mich. Sie tat mir so leid, und ich war dankbar, lieb und folgsam.

Bis ich in die Schule kam, hatte ich mich zu einem nicht nur vernünftigen, sondern auch verantwortungsbewußten Kind entwickelt. Ab der Schulzeit wurden mir klare Aufgaben zugeteilt: Feuer machen, Staubsaugen, Einkäufe machen etc. Und alles wurde von mir perfekt erledigt. Ich war genauso stolz wie mein Vater, wenn er unseren Verwandten gegenüber sagte: „Auf unsere Prinzessin kann man sich verlassen, die macht, was man ihr sagt, und das tipptopp.“

Überhaupt waren wir eine perfekte Familie. Mutter sprach immer von ihrem „Team“, bei dem alles „wie am Schnürchen liefe“. Wenn ich meine Mutter heute beschreiben soll, fallen mir Begriffe ein wie harmoniebedürftig (bloß keinen Streit), familienbezogen (wir müssen zusammenhalten, wenn die Welt schon so schlecht ist), ja, und ihr Pragmatismus, vor allem, was mich betraf, nach dem Motto „Kinder haben zu funktionieren: waschen, essen, ab ins Bett“, da machte sie nicht viel Federlesen.

Was meinen Vater betrifft, so paßte er genau in Mutters

Vorstellungen vom „Team". Er war, so würde man heute sagen, der geborene Hausmann. Für mich machte er die köstlichsten Bratkartoffeln der Welt, er konnte Strümpfe stopfen so gut wie eine Frau, Schnittmuster und Stoffe zuschneiden und selbstverständlich nähen, besser als meine Mutter. In der Verwandtschaft, zumindest unter den Frauen, galt mein Vater als vorbildlicher Ehemann, und sie beneideten Mutter; und Mutter und ich waren stolz auf ihn.

Hat Mutter mich in den Arm genommen und geküßt und gespaßt? – Ich glaube schon, ich kann mich wohl nicht mehr erinnern. Was ich aber noch weiß, ist, daß, wenn sie von der Tagschicht kam (das war, als ich schon zur Schule ging), sie sich dann müde in den Sessel setzte und ich ihr die Schuhe auszog. Dann habe ich einen Kaffee gekocht, und sie hat erzählt – meistens von ihrer Arbeit und dortigen Problemen. Ich massierte ihr die Füße und hörte geduldig zu.

Wann dieses Gefühlskarussell genau begann, weiß ich nicht mehr; ich weiß nur, daß ich schon zur Schule ging. Wegen der Schichtarbeit gaben sich ja meine Eltern die Klinke in die Hand: Kam der eine von der Schicht, mußte der andere gerade los. Zuerst war ich immer froh, wenn Mutter Spätschicht hatte. Wenn ich mit Vater zusammen war, war es irgendwie schöner; er war geduldig und verständnisvoll, lobte seine „Prinzessin" häufig, nahm mich in den Arm, schmuste mit mir und las mir Geschichten vor.

Bei uns zu Hause war es immer üblich, daß ich mit einem Elternteil badete. „Das spart kostbares Wasser", hieß es immer. Auch war es für meinen Vater jedenfalls üblich, mich dann zu waschen; selbst als ich größer wurde und protestierte, daß ich nun groß genug wäre, das alleine zu machen. „Keine Widerrede", sagte er, „wo gibt es denn so was, daß eine Prinzessin sich selber wäscht, dafür hat sie doch einen Diener." Also ließ ich es weiter zu, obwohl ich es immer unangenehmer fand; zumal Mutter an meine Vernunft appellierte: „Sei doch nicht so, laß ihm doch sein kleines Spielchen."

Wenn er mich wusch, erigierte sein Penis häufig. „Siehst

du“, sagte er dann, „er freut sich, weil er mit der Prinzessin baden darf.“ Oft hat er mich auch animiert, sein Glied anzufassen: „Du kannst ihn ruhig streicheln, das mag er besonders, wenn du es tust.“ Ich hab ihn auch einmal zögernd berührt – wohl aus Neugier –, meine Hand aber schnell wieder zurückgezogen.

Eines Tages verkündete Vater, daß ich nun endlich das längst versprochene Jungmädchenzimmer bekommen würde – mit einem richtigen Erwachsenenbett. Bis dato schlief ich immer auf einer schmalen Liege. Als es geliefert wurde, waren wir beide allein. Vater wirkte sehr vergnügt, bezog das Bett mit ganz neuer Bettwäsche, die ich mir vorher selbst aussuchen durfte, und sagte: „Heute weihen wir dein Bett ein.“

Nachdem wir wie immer zusammen gebadet hatten, zog er seinen Bademantel an, wickelte mich in ein Badetuch und trug mich zum Bett. Dann präsentierte er mir ein Körperöl, das wunderbar nach Rosen duftete. Während er meinen Körper damit einmassierte, meinte er, daß mich das wunderbar entspannen würde und wie auf Wolken würde ich in meinem neuen Bett einschlafen.

Ich muß auch darüber eingeschlafen sein. Als ich plötzlich aufwachte, lag er neben mir und meine Hand auf seinem Penis. Zunächst war ich nicht sehr erschrocken – ich kannte ja sein erigiertes Glied vom Baden her. Erschrocken hat mich diesmal, daß er meine Hand energisch festhielt, als ich sie zurückziehen wollte. Dabei bewegte er sich immer hin und her. Ich bekam große Angst und fing an zu weinen. Vater machte weiter und atmete tief. Plötzlich war es naß in meiner Hand, und er war still. Ich dachte: Jetzt ist er tot, was hast du gemacht?

Doch dann streichelte er mich und sagte: „Du bist eine brave und liebe Prinzessin, die ihren Papa und seinen kleinen Freund sehr glücklich gemacht hat. So etwas Schönes hat bestimmt noch niemand erlebt. Das ist jetzt unser kleines Geheimnis, das wir niemandem verraten dürfen, das müssen wir für uns behalten.“

Von diesem Tag an kam mein Vater häufig zu mir ins Bett, immer verbunden mit dem Ritual der Massage, die mich nicht entspannte, sondern verkrampfte. Und jedesmal hatte ich Herzklopfen, spürte eine immer größere Abneigung davor, ins Bett zu gehen, wenn Mutter zur Schicht ging.

Eines Tages schloß ich mich in meinem Zimmer ein. Vater stand vor der Tür und redete auf mich ein: „Willst du mich unglücklich machen? Ich brauche das, sonst werde ich krank." Er weinte, und ich ließ ihn ins Zimmer. Ich hatte meinen Vater noch nie weinend erlebt, und ich konnte es nicht ertragen, daß er so traurig war. Ich hatte ihn ja lieb, und er war doch eigentlich gut zu mir – also war ich lieb und streichelte seinen Penis.

Vater machte mir jetzt auch häufig Geschenke. Aha, dachte ich dann, heute ist es wieder soweit. Einerseits stieg mir ein Kloß im Hals hoch, andererseits freute ich mich über die Geschenke.

Im Laufe der Zeit, ich war wohl so 10 Jahre alt, habe ich mir eingeredet, daß das, was Papa mit mir macht, nichts mit mir zu tun hat. Wenn ich nämlich mit ihm allein im Bett lag, habe ich mir immer eingeredet: Keine Gefühle, nichts mehr denken, träume dich weg. Und irgendwann hat es dann wohl funktioniert. Ich hatte das Gefühl, daß mein Körper sich veränderte (vielleicht hat dieses Gefühl, das ich dabei empfand, auch etwas mit Schwerelosigkeit zu tun) und mein Kopf wegschwebte. Es ist wirklich sehr schwer, dieses Gefühl zu beschreiben. Heute würde ich sagen, daß ich neben mir stand, gefühlsmäßig natürlich. Ich habe mich immer und immer wieder in diesen Zustand versetzt, auch wenn Papa nicht kam. Und wenn er kam, war seine Prinzessin da, aber ich war gerettet. Ich habe mich einfach weggedacht.

In der Schule wurde ich immer stiller. Sprach der Lehrer mich an, suchte ich ständig nach Worten. Ich weiß nichts, ich weiß nichts, ratterte es dann in meinem Kopf. Als ich älter wurde, hat sich das noch verschlimmert. Selbst wenn ich was schreiben sollte, stellte sich ständig die Frage: Wie drück ich meine Gedanken nur aus?

Im Schreiben hatte ich immer die Note 1; aber eines Tages fielen meine Buchstaben buchstäblich um. Trotz aller Mühe gelang es mir nicht, das gewohnte Schriftbild zu Papier zu bringen. Mein Klassenlehrer sprach mich an: „Bettina, was ist denn los mit dir?" – Was sollte ich ihm sagen, ich schämte mich, war ich so schlecht?

Meine Eltern wurden in die Schule zitiert. Vater sagte zu Mutter: „Ich mach das schon." Der Lehrer wollte mit uns beiden sprechen, aber ich hätte mich am liebsten verkrochen, hatte Angst. Vater hat wohl irgendwas gemerkt und fragte: „Hast du dem Lehrer etwas von uns erzählt?" Ich sah ihn erschrocken an und sagte: „Nein, wieso?" – „Weil ich merke, daß du Angst hast. Wenn du nichts verraten hast, brauchst du auch keine Angst zu haben, weil dir dann nichts passieren kann."

Was im einzelnen besprochen wurde, weiß ich heute natürlich nicht mehr so genau. Ich weiß nur noch, daß Vater mich sehr gelobt hat und meinte: „Von meiner Tochter können sich andere Kinder eine Scheibe abschneiden, so vernünftig und selbständig wie sie ist. Außerdem ist sie zu Haus immer froh und munter, wir beschäftigen uns sehr viel mit ihr, ist ja auch die einzige. Vielleicht fühlt sie sich in der Schule zurückgesetzt."

Vater versprach dem Lehrer, mit mir Schreibübungen zu machen. Er sah meine Schultasche durch, griff das Religionsheft heraus und las mir die Gebote vor: Du sollst Vater und Mutter ehren, du sollst nicht stehlen, du sollst nicht töten. Diese Gebote mußte ich immer und immer wieder schreiben; so lange, bis ich die Buchstaben wieder gerade schrieb.

Als ich 12 Jahre alt war, ging das Chaos erst richtig los. Bis dahin hatte mein Vater sich immer an meinem Körper gerieben, oder ich befriedigte ihn mit der Hand. Nun wollte er mehr, und ich schämte mich zu Tode. Eines Tages sagte er: „Meine Prinzessin, du wirst langsam eine junge Dame. Ich muß dich doch mal untersuchen, um feststellen zu können, ob du dich auch richtig entwickelt hast."

Er streichelte meine Vagina, was zunächst nicht unangenehm war, weil mein Körper prickelte; doch als er seinen Finger in meine Scheide führen wollte, war es aus. Ich fing heftig an zu schluchzen und versuchte, meine Beine zusammenzudrücken. Ekel stieg in mir hoch. Vater ließ von mir ab, streichelte meinen Kopf und erklärte mir: „Ja, mein liebes Kind, wenn das so ist, muß ich mit dir zum Arzt gehen, und dann wird dieser fremde Mann dich untersuchen, um zu sehen, ob du richtig entwickelt bist."

Vater wußte ganz genau, wie groß meine Abneigung gegen Arztbesuche war – schon als Kind machte ich dort immer ein Riesentheater. Also willigte ich ein und ließ es mit mir geschehen. Es war furchtbar und tat weh. „Wenn ich es öfter mache", sagte Vater, „wirst du bald gar nichts mehr spüren – im Gegenteil, es wird dir Vergnügen bereiten." – „Lieber Gott", flehte ich still, „bitte, bitte hilf mir doch, laß mich sterben oder bring mich weg von hier."

Am nächsten Tag bekam ich wieder eine Überraschung – meine erste Schreibmaschine. War ich stolz! „Ist sie nicht ein bißchen zu klein dafür", meinte Mutter.

Ich hätte so gern mit meiner Mutter über alles gesprochen, ihr alles von meiner Not erzählt, aber ich traute mich nicht. Vater hatte mir oft gedroht: „Wenn du uns an Mutter verrätst, wird sie uns beide verlassen." Nein, das wollte ich auf keinen Fall. Mit ihm allein? – Niemals! Wenn sie da war, ließ er mich ja in Ruhe.

Einmal hab ich Mutter gefragt, wie lange sie noch in die Fabrik gehen müßte, andere Mütter blieben doch auch im Hause. Da ist sie richtig wütend geworden und hat gemeint: „Sei nicht so undankbar. Ich arbeite nicht zum Spaß, sondern für dich. Außerdem kümmern wir uns doch wohl genug um dich, vor allem Vater tut doch weiß Gott alles für dich, mehr als andere Väter." Mutter verstand mich nicht, ich fühlte mich allein und hilflos.

So mit 13, glaub ich, bekam ich häufig Migräneanfälle. Ich lag dann den ganzen Tag im verdunkelten Zimmer, und die Ärztin gab mir Spritzen. Daß der Arzt eine Frau war, dafür hat Vater gesorgt. Er wollte wohl, daß mich kein anderer

Mann anfaßt; und ich war auch sehr froh darüber. Die Frau Doktor war der Meinung, daß das mit der Pubertät zusammenhinge – ich leide allerdings noch heute unter Migräne.

Als die Anfälle sich dann häuften, meinte Vater, ich würde simulieren. So ein Anfall strengt unheimlich an, und hinterher ist man ganz erschöpft. Er kam dann aber trotzdem zu mir. Ich hab ihn sehr gehaßt, weil er sonst, wenn ich mal krank war, Rücksicht nahm und meinen Körper in Ruhe ließ. Ich hab deshalb oft gebetet, daß ich krank werde, weil er dann nur die Krankenschwester spielte – Prinzeßchen hier, Prinzeßchen da –, damit ich nur schnell wieder gesund würde. Nun war das anders. Sein Gejammer und Gebettel hat sonst immer mein Mitleid geweckt – „ich brauche dich, du gehörst mir, du bist mir das Liebste" und was er nicht alles sagte –, aber jetzt habe ich ihn nur noch gehaßt, weil er so rücksichtslos war.

Als er einmal nach einem solchen Anfall zu mir kam, hab ich wohl geschrien und um mich geschlagen. Da hat er mir eine geknallt und gesagt: „Du bist ja hysterisch", hat mich tagelang gemieden, kaum gesprochen, auch tagsüber. Diese Abweisung hat mich sehr verunsichert, so hatte er sich noch nie verhalten. Ich dachte: Wie kann ich das nur wiedergutmachen? und schlich immer um ihn rum. „Ich hoffe, du bist zur Vernunft gekommen", sagte er nach einigen Tagen ernst. „Kinder, die hysterisch werden, können im Heim landen, schreib dir das hinter die Ohren." Ich hab dann Susanne, meine Freundin, gefragt, ob sie wüßte, was Hysterie wäre. „Ja, ja, da kann man bei durchdrehen", meinte sie. Das hat mich sehr erschreckt.

Verglichen mit meinen Freundinnen hatte ich nicht sehr viel Freizeit, weil ich ja immer im Haushalt helfen mußte. Die Eltern waren sich da auch einig – nach dem Motto: Erst die Pflicht und dann das Vergnügen. So 'n richtiges Vergnügen war meine Freizeit auch nicht. Vater stellte immer tausend Fragen: „Wo geht ihr hin, was macht ihr?" usw., und wenn ich nach Hause kam, das gleiche von vorn: „Wo wart ihr?" usw. Je älter ich wurde, desto schlimmer wurde das mit der Fragerei – „Daß du mir ja die Jungs meidest“ – und so. Mich hat das tierisch angenervt, weil mich die Jungs überhaupt nicht interessierten. Er war so mißtrauisch und eifersüchtig, ich glaub, wenn Mutter nicht gewesen wäre, hätte er mich bestimmt nicht mehr aus dem Haus gelassen.

Nachdem er mich die paar Tage gemieden hatte, war ich richtig erleichtert, daß er mich jetzt wieder beachtete; und im Bett hab ich erstmal keine Zicken gemacht.

Einige Wochen nach meinem „hysterischen Anfall“ kam Mutter ins Krankenhaus – Krebsverdacht. Ich war sehr niedergeschlagen: „Meine arme Mutter, lieber Gott, mach, daß es kein Krebs ist.“ Dann der Gedanke: Jetzt kann er kommen, wann er will. Und so war es dann auch, jetzt ging er richtig zur Sache.

Er war total nett zu mir, die üblichen Geschenke – vor allem Klamotten (meine Freundinnen beneideten mich darum: immer das Neueste, immer das Feinste). „Mein lieber Schatz“, nannte er mich auf einmal, eigentlich war das der Kosename für Mutter. Worte sabbern an mir herunter wie: „Mein Gott, bist du schön geworden. Eine richtige kleine Dame. Und dein Busen, wie niedlich er gewachsen ist, meine kleine Frau.“ Ich sah mich im Spiegel und fand mich ekelhaft; zog jetzt die Schultern nach vorn, um die kleinen Brüste zu verstecken.

Wie schon gesagt, er kam zur Sache, er wollte mehr. Mit dem Befummeln usw. war es nicht genug. Er erklärte mir – da war er ja groß drin –, daß wir ein Liebespaar wären und daß wir zusammenhalten müßten und all so ’n Scheiß.

Ich stellte mich tot wie ein alter Lappen und ließ alles mit mir geschehen. Er legte mich auf den Bauch und schob seinen Penis in meine Scheide. Er bringt dich um, er bringt dich um, hämmerte es in meinem Kopf. Und dann sein Stöhnen, dieses widerliche Stöhnen – er bringt uns beide um, soll er doch, dann ist es endlich vorbei. Als alles vorbei war, hab ich mich zusammengerollt wie eine Kugel.

„Weißt du“, sagte er, „du hast mich sehr glücklich gemacht. Bald wird es dir auch Spaß machen, das ist dann wie

Lust auf Schokolade, die man unbedingt haben muß." Ich verstand nur Bahnhof: So was sollte Spaß machen, wenn man sich wie ein geprügelter Hund fühlt und schmutzig mit dem klebrigen Naß da unten? Ich fand mich schweinisch, besudelt.

Meine Migräneanfälle nahmen zu, mein Appetit ließ nach. Wenn wir Mutter im Krankenhaus besuchten, sagte sie einmal: „Kind, du siehst schlecht aus, so blaß und mager. Du hast jetzt auch viel mehr Arbeit. Wenn ich nach Hause komme, wird es viel besser für dich." Ach, Mutter, dachte ich, wenn du wüßtest ... Aber sie durfte sich ja nicht aufregen. Auch das hat Vater mir genau erklärt: „Wir dürfen sie auf gar keinen Fall aufregen, dann wird sie nie wieder gesund." Also beruhigte ich sie, Vater und ich würden uns doch die Hausarbeit teilen, was ja auch stimmte. Und Vater und ich berieselten uns gegenseitig mit Lobeshymnen. Mutter war beruhigt. Ich fand mich ganz schön verlogen, aber was sollte ich machen.

Als Mutter aus dem Krankenhaus kam, hatte sie nur noch eine Brust. Ich glaub, ein halbes Jahr blieb sie zu Hause. Vater war erst sehr nörgelig, fast unleidlich, jammerte mir immer vor, wie schwer es für ihn wäre mit einer kranken Frau, die sich nur noch als halbe Frau empfindet. Als er dann auch nachts, wenn sie schlief, zu mir kam, dachte ich: Tu es, mach es mit, sonst verliert Mutter auch noch ihre andere Brust. Prompt hörte sein Genörgel auch auf. Es gab Momente, wo ich dachte: Ich bring mich um, ich kann nicht mehr. Einmal kam mir sogar der Gedanke: Ich bring ihn um, aber da kam auch sofort der Gedanke: du Mörderin.

Als ich 15 oder 16 war, bin ich ein einziges Mal so richtig ausgeflippt. Ich hab ihn mit den übelsten Worten beschimpft. „Du bist eine Drecksau", hab ich gesagt, „ein Kinderschänder, du gehörst ins Zuchthaus!" Meine Worte haben mich selber erschrocken; ich dachte gleichzeitig: Wie redest du denn mit deinem Vater?

Da wurde er ganz blaß, starrte mich an. Als er sich wieder gefangen hatte, bekam ich es zurück: „Du willst uns also alle unglücklich machen. Weißt du, was das heißt, wenn ich ins Gefängnis komme; warst du da schon mal? Mutter wird das nicht überleben, und du kommst ins Heim, dann gnade dir Gott, das ist genauso schlimm wie im Gefängnis. Hab ich dich je geschlagen? Ich tu doch alles für dich, du kannst mir doch nicht sagen, daß dir unsere Spiele keinen Spaß machen. Du bist doch wie eine Erwachsene, guck dich doch an. Du genießt es doch, das sieht doch jeder. Ich hab immer gedacht, du liebst deinen Vater. Du Heuchlerin, willst du uns alle fertigmachen? Das glaubt dir doch sowieso keiner."

Eine riesige Welle überschwappte mich, riß mich auseinander. Ein Teil von mir floß mit der Welle weg, ein Teil klatschte auf den Boden und war Stein. Als ich zu mir kam, lag ich auf dem Bett. Ein kühles Tuch lag auf meiner Stirn, und ich hörte seine Stimme: „Prinzessin, ist ja alles gut. Ich verzeihe dir, und du verzeihst mir; wir müssen zusammenhalten."

Viele Jahre, schwere Jahre sind seitdem vergangen. Ich habe fast bis zum Abitur das alles über mich ergehen lassen. Ich hatte nur noch ein Ziel: weit, weit weg von Zuhause. Eine Uni, die gab es in unserer Stadt ja nicht. Bloß keine Lehre machen, dachte ich, die fesselt dich weiter ans Haus. Schule, lernen, lernen, Abi machen und dann weg. Mein Gott, hab ich gebüffelt. Es hat viel Mühe gekostet, meinen Wunsch zu studieren meinem Vater gegenüber durchzusetzen. Die „Flucht" konnte mein Elend jedoch nicht überdecken, und ohne Therapie hätte ich mein Leben wohl nie einigermaßen in den Griff gekriegt, denn die Vergangenheit holte mich immer wieder ein. Mißtrauen auf der ganzen Linie, sexuelle Schwierigkeiten, Angst – ich kann das gar nicht alles aufzählen.

Mein Vater war schon Rentner; alt, müde saß er mir gegenüber. Das war lange nach der Therapie. Mutter war gestorben, wir hatten sie gerade beerdigt. Ich habe meine ganze Kraft zusammengenommen und mir gesagt: Du mußt jetzt mit ihm reden. Es ist deine letzte Chance, sonst bleiben immer Fragen offen – warum hast du mir das angetan, warum? Ich wollte es wissen.

Unser Schweigen durchbrach er selbst: „Ich hatte immer Angst davor, allein zu sein, und jetzt ist es passiert: Mutter hat mich verlassen. Mein Gott, es ist albern, ich fühle mich wie ein Kind – völlig hilflos.“ – „Weißt du denn überhaupt, wie das ist, wenn man sich als Kind völlig hilflos fühlt?“ fragte ich ihn. Er sah mich erstaunt an und antwortete: „Ich war ja schließlich auch mal Kind. Ja, meine Kindheit war kein Zuckerschlecken. Acht Kinder waren wir. Ich kam gleich nach dem ersten Weltkrieg zur Welt. Gehungert haben wir, es gab ja nichts zu essen. Steckrüben, nichts als Steckrüben, das kann sich heute keiner mehr vorstellen. Mein Vater war oft besoffen, wenn er nach Hause kam. Dann gab es meist Randale, vor allem mit uns Kindern. Mutter ist auch mal dazwischen gegangen und hat ein blaues Auge kassiert. Wenn er nachts kam, konnte man ihn schon von weitem hören; dann kam Mutter zu uns ins Kinderzimmer und legte sich zu uns Jüngsten ins Bett. Vorher hat sie immer die Tür verriegelt, und er stand dann davor und hat wie ein Stier rumgewütet. Wenn er seinen Rausch ausgeschlafen hatte, war er dann ganz normal. Ich war ja mit der Kleinste; meine älteren Brüder haben mich immer vorgeschoben: Herbert, mach dies und das. Wir wurden ja alle eingespannt, Kohlen schleppen und so. Mit meiner Schwester Grete bin ich öfter abgehauen, in den Wald Holz sammeln. Dann haben wir erst mal gespielt. Wir beide haben uns sowieso am besten verstanden und viel Schabernack getrieben, haben zusammengehalten wie Pech und Schwefel. Ja, wir haben uns richtige Blutsbrüderschaft geschworen, mit allem Drum und Dran, Haut einritzen und so.“

Ein wahrhaft hilfloses Kind, dachte ich sarkastisch. Ich stoppte ihn in seinem Redefluß: „Zurück zu dem hilflosen Kind: Ich fühlte mich als Kind hilflos, ausgenutzt und mißbraucht. Wie stehst du dazu?“

„Was willst du von mir? Ich hab dich geliebt; du warst alles, was ich hatte. So was gab es bei uns zu Hause nicht – bei acht Kindern, woher auch? Ich war dein Freund, ja, wie ein Partner, und dir fehlte es an nichts. Hast du gehungert, so wie ich? Hast du mich jemals betrunken erlebt, so wie ich meinen Vater? Hab ich Mutter und dich jemals geschlagen? Wenn ich die anderen Männer sehe, was haben die denn schon ihren Frauen geholfen? – Einen Scheißdreck haben sie getan. Und deine Tanten? Wie oft waren sie denn hier und haben sich bei Mutter über ihre Männer beklagt? – Die waren doch voller Neid auf Mutter; mit Kußhand hätten die mich zum Ehemann genommen. Wenn ich es richtig betrachte, war ich doch ein Haustrottel, mit dem man alles machen konnte."

Ich verlor langsam die Fassung. Dieses miese Schwein, dachte ich, stellt sich hier als Unschuldsengel dar, der nur ausgenutzt wurde. Gleichzeitig spielt er den Helden und lieben Vater, um den alle Frauen meine Mutter beneideten. Jetzt wurde ich massiv: „Du hast mich als Kind sexuell mißbraucht. Warum hast du mir das angetan, will ich von dir wissen?"

„Mißbraucht? Ich hab dich doch gebraucht, und du hast mich gebraucht. Ich hab dir nie weh getan, ich bin doch kein Gewaltmensch. Du warst mir viel zu lieb und teuer, du warst meine Geliebte. Hast doch alles mitgemacht. Ich hab immer gedacht, dir macht das Spaß. Wir waren doch zärtlich miteinander. Wer hätte dir das besser beibringen können als ich? Irgendein hergelaufener Junge von der Straße? – Dazu warst du mir zu schade."

Ich dachte: Jetzt mußt du kotzen, auf der Stelle. Vor mir sah ich einen riesigen Haufen Fäkalien, und es brach aus mir heraus: „Du hast einen Haufen Scheiße aus mir gemacht und mehr nicht!"

Er sackte in sich zusammen, als wollte er sich verkriechen, wie ich es als Kind immer tat. Seine Stimme klang ganz dünn, als er sagte: „Vielleicht habe ich dich zu sehr geliebt."

Ich sprang hoch, schmiß das Geschirr vom Tisch, packte ihn beim Kragen und schüttelte ihn, immer wieder. Ich weiß nicht, was ich dabei geschrien habe, ich weiß nur, daß ich ihn irgendwann fallen ließ und aus dem Haus stürzte.

Trauer, Ohnmacht und Haß – ein Karussell der Gefühle

auf der Heimfahrt. Zu einer Aussprache wird es nie kommen, das war mir jetzt klar. Trotz allem fühlte ich einen Hauch von Erleichterung, meine Angst ihm gegenüber war verschwunden. Zum ersten Mal in meinem Leben hatte ich ihn herausgefordert, Stellung zu beziehen – wenn auch erfolglos. Um so mehr überraschte mich sein Brief, den ich einige Wochen später erhielt:

„... Seit unserer letzten Begegnung bin ich sehr traurig und unruhig. Ich habe in der Zwischenzeit über vieles nachgedacht, insbesondere was Dich und mich betrifft. Jetzt bin ich ein alter Mann, das Leben liegt hinter mir, und alles, was mir lieb und teuer war, hab ich verloren. Schon damals, als Du Dein Elternhaus verlassen hast, ahnte ich, wollte es mir aber nie so richtig eingestehen, daß Du mich für immer verlassen hast. Dein Besuch hat mir diese Tatsache erst richtig vor Augen geführt. Ich habe ein beklemmendes Gefühl, das ich nicht mit ins Grab nehmen möchte ... Bitte komm, ich muß mit Dir noch einmal reden ...“

Auszüge aus dem zweiten Gespräch, das ich mit seinem Einverständnis als Tonbandprotokoll aufzeichnete:

Bettina: Wie war eigentlich dein Verhältnis zu Mutter?

Vater: Deine Mutter hab ich immer bewundert. Nein, das ist nicht ganz richtig, ich hab sie wohl eher beneidet. Sie war eine ganz starke Persönlichkeit, konnte viel besser mit Problemen umgehen als ich. Selbst ihre Krankheit – weißt du noch, wie sie das damals gemeistert hat? Aus heutiger Sicht hat mich ihre Stärke wohl manchmal beängstigt, ich fühlte mich überfordert. Sie war so praktisch, vielleicht hatte sie deshalb auch wenig Sinn für Zärtlichkeiten. Das hat mir schon gefehlt.

Bettina: Und da hast du dir gedacht, nehm ich doch die Tochter?

Vater: Wie du das sagst. Natürlich hab ich mit Mutter Zärtlichkeiten ausgetauscht. Aber mit dir, das war etwas ganz anderes; da fühlte ich mich so wohl und sicher. Wie soll ich sagen, wie ein Liebhaber, so verspielt war das, und wir brauchten uns doch beide. Mutter wäre auch alleine klargekommen.

Bettina: Ich brauchte dich als Vater, nicht als Liebhaber. Hast du nie darüber nachgedacht, daß du mein Leben zerstört hast?

Vater: Niemals hab ich das gewollt. Ich hab dich geliebt wie keinen anderen Menschen. Bin immer zärtlich und behutsam mit dir umgegangen, ja hab dich verwöhnt, mit Geschenken. Mein Gott, du warst so vernünftig, wie eine kleine Erwachsene, hast auch immer zu mir gehalten, dich nie beklagt. Nein, manchmal hast du mich schon abgewiesen, das machte mich ganz ohnmächtig; ich dachte, ich könnte dich verlieren. Das war ein furchtbarer Gedanke, du warst doch mein Leben. Es tut mir so leid, glaub mir, ich wollt nicht dein Leben zerstören, das hab ich nicht gewollt.

Bettina: Hast du Mutter und mir gegenüber nie ein schlechtes Gewissen gehabt?

Vater: Da hab ich wohl viel verdrängt, aber ich glaub schon. War ja, wenn man's richtig bedenkt, wie ein Ehebruch.

Bettina: Also war dir doch sehr wohl bewußt, daß du etwas Unrechtes mit mir gemacht hast?

Vater: Ich will ehrlich sein, manchmal hatte ich das Gefühl: Mensch, du bist ja nicht normal. Was machst du da? Du bist krank im Kopf. Wenn das rauskommt, wirst du gelyncht, dann bist du fertig. Verdammt, da war große Angst bei mir, alles, dich verlieren, Mutter verlieren, Knast, alles geht kaputt. Als du älter wurdest, war diese Spannung nicht mehr so groß. Wir waren ja wie verbündete, wie ein Liebespaar: Das macht ja vieles im verborgenen, was andere nicht mitkriegen sollen, verstehst du?

Bettina: Wie hast du mich als kleines Kind gesehen, wenn ich dich befummeln mußte?

Vater: Ich schäme mich, wenn ich heute drüber nachdenke. Ich war wohl sehr kindisch. Oft hab ich gedacht: Mensch, Bettina sieht aus wie Grete, du weißt, meine Schwester.

Wenn ich dann mit dir gespielt habe, war das wie früher, wie mit Grete. Mein Gott, das klingt so bescheuert, aber so war's.

Bettina: Auch wenn ich dich befriedigen mußte, hast du an Grete gedacht?

Vater: Kann sein, wir haben ja als Kinder auch „Doktorspiele" gemacht, Grete und ich.

Bettina: Dann waren das also „Doktorspiele", die du mit mir gemacht hast?

Vater: Vielleicht fühlte ich mich in meine Kindheit zurückversetzt, und in meiner Phantasie waren das „Doktorspiele" – Gott, ein erwachsener Mensch, der sich wie ein Kind benimmt.

Ohne Therapie hätte ich mich dieser Konfrontation gar nicht stellen können. Es erforderte unheimlich Kraft, sachlich zu bleiben. Immer kreiste es in meinem Kopf: Bleib ruhig, verlier nicht die Nerven. Zwischendurch übermannten mich dann doch die Gefühle, und ich vergoß Tränen über Tränen. Es war für uns beide sehr anstrengend. Er fummelte ständig mit den Händen, stöhnte beim Reden, als würde ihm etwas die Luft abschneiden. Dann wieder rieb er seinen Nacken.

Als ich ging, war ich beides, erleichtert und unzufrieden. Das Tonband hab' ich dann erst mal einige Tage beiseite gelegt, denn ich brauchte Abstand. Als ich es mir dann anhörte, dachte ich: Das kann doch nicht wahr sein. Wie ist das möglich, daß ein Mensch so verdrängen kann, sich ein Bild vom lieben Vater zaubert, der nur in seine Tochter verliebt ist und dies bis ins kleinste sexuelle Detail auslebt, ohne Rücksicht auf mich und meine Gefühle. Der seiner ach so starken Frau nicht gewachsen ist und sie als Sündenbock auch noch herhalten muß. Ja, wenn er das nur geahnt hätte, daß es mir hätte schaden können, wäre ihm das natürlich nicht passiert.

Wie einfach macht es sich dieser niederträchtige Mensch, mein Vater, der sich hinter der Fassade eines kleinen Jungen versteckt, dem man keine Verantwortung zuschreiben kann. Was nutzen mir da noch seine Worte: „Es tut mir leid ..." versöhnt mich das? Das Unrecht hat er für sich in ein Recht umgedeutet: „Ich brauche dich doch." Warum? Ist das Selbstschutz oder was? Kann man ein schlechtes Gewissen auf diese Weise in ein gutes Gewissen ummünzen, oder ist dieser Mensch krank? Fragen, die auf Antworten warten.

Soll ich froh sein, daß er überhaupt geredet und nicht alles abgestritten hat, nach dem Motto: Sie hat mich verführt, ich bin unschuldig, Herr Richter. Auch das wäre möglich gewesen. Er hat's, Gott sei Dank, nicht bestritten, denn dann wären meine mühsam abgebauten Schuldgefühle wieder bis ins Unermeßliche in mir hochgestiegen. Das hatte ich im Verlauf der Therapie allmählich begriffen: Nicht ich war schuldig, sondern einzig und allein mein Vater. Er trägt die Verantwortung für das, was er mir angetan hat, nicht ich.

War er dazu bereit? – Es wäre an der Zeit.

Erinnerungen aus dem Leben einer mißbrauchenden Mutter

Als mein Sohn geboren wurde, war ich noch sehr jung. Ich kann nicht sagen, daß ich mir das Kind gewünscht hatte, es war einfach so: Ich war schwanger, eine Abtreibung kam mir nicht in den Sinn, und letztlich war ich froh, daß wir heirateten, auch wenn es in der Beziehung schon kriselte und mein Mann viel älter war als ich. Endlich kam ich aus meinem Heimatdorf heraus, in die Großstadt, weg von meiner Familie. Ich wollte was erleben, was sehen von der Welt.

Ich wünschte mir ein Mädchen, Mädchen kannte ich, Jungen und Männer waren mir immer fremd und unheimlich geblieben. Aber nun, es war ein Junge. Mir ging es schlecht nach der Geburt. Ich bekam eine Brustentzündung und konnte das Kind nicht stillen. Meine ältere Schwester kümmerte sich um ihn. Mir war das recht; das Kind war mir fremd, und wenn es schlief, mochte ich es am liebsten. Vielleicht habe ich es damals versäumt, in meine Mutterrolle reinzuwachsen.

Mein Mann hatte zu dieser Zeit schon die Bar gekauft, war fast die ganze Nacht nicht zu Hause. Ich wußte nicht so genau, was er da trieb mit den Frauen, jedenfalls kam er immer erst gegen Morgen nach Hause.

Als es mir besser ging, fing ich an, in der Bar zu arbeiten. Es machte mir Spaß, von den Männern bewundert zu werden, zu flirten, zu kokettieren. Ich trank auch schon mal ein Gläschen mit. Mein Mann reagierte zwiespältig – einerseits war er eifersüchtig, andererseits stolz auf seine junge hübsche Frau. Er war ja immerhin schon fast fünfzig.

Irgendwann veränderte sich die Situation, kippte um. Ein Gast hatte meinem Mann angeboten, daß er für Geld mit mir schlafen wollte – mein Mann sagte ja. Ich war entsetzt und fasziniert zugleich von dem Gedanken. Mein Mann redete mir zu, er wäre ja dabei. Ja, und so war's dann auch, er schaute zu. Ich hatte mich mit Alkohol ein bißchen betäubt, ließ alles mit mir geschehen, und trotz aller Schuldgefühle fand ich es irgendwie pervers geil. Ich hatte einen Orgasmus.

Als meine Schwester – mein Sohn war ungefähr ein halbes Jahr alt – wegzog, war der Junge mit in der Bar. Wo sollte ich ihn denn auch lassen? Er schlief im Hinterzimmer, wo auch der Sex, jetzt fast jeden Abend, mit Fremden und meinem Mann stattfand.

Wenn ich morgens mit dem Kind nach Hause ging, fühlte ich mich deprimiert und beschmutzt. Mein Sohn war der einzige Mensch, den ich dann hatte. Ich war sehr zärtlich zu ihm, küßte und streichelte ihn, sprach mit ihm, der ja selbst noch gar nichts sagen konnte. Wenn ich seinen kleinen Pimmel sah, wünschte ich, daß er einmal als großer Mann nicht so eine schmutzige Sexualität haben sollte. Ich versuchte, ihm eine liebevolle Mutter zu sein. Das nahm ich mir auch für die Zukunft vor.

Als mein Sohn ungefähr 3 Jahre alt war, merkte ich immer mehr, daß ich raus wollte aus der Bar. Mein Mann hatte andere Frauen, aber mich wollte er nicht weglassen; er verdiente ja auch eine Menge Geld durch mich. Ich wußte ja auch gar nicht, wohin. Gelernt hatte ich nichts, und mein Sohn war auch noch zu klein, um alleine bleiben zu können. Er hatte wohl auch schon was mitgekriegt im Hinterzimmer. Ein paarmal war er wach geworden und hatte nach mir gerufen und entsetzlich gebrüllt, wenn ich dort mit den Männern zusammen war.

Ich hatte einen Mann kennengelernt, der oft in die Bar kam. Er sprach viel mit mir. Ich wußte, er würde in vier Wochen wieder ins Ausland gehen. Er wollte mich mitnehmen, mich und das Kind. Nach einem Streit mit meinem Mann nahm ich mein Kind unter den Arm und ging. Wir verließen Deutschland; ich wünschte mir, jetzt endlich ein glückliches Familienleben führen zu können.

Na ja, ich war immer noch jung und naiv. Auch meine zweite Ehe war eine Enttäuschung, mein Mann war beruflich viel unterwegs, und wenn er da war, gab es Fernsehen, und er schlief oft genug ein. Ich lebte sehr isoliert, die fremde Sprache machte mir darüber hinaus auch noch Schwierigkeiten, mit meinem Mann verstand ich mich nicht, so blieb nur noch mein Sohn.

Ich gab ihm all meine Liebe und Zuneigung, mit ihm konnte ich deutsch sprechen. Ja, im nachhinein weiß ich, daß er für mich auch die Heimat verkörperte. Ich schenkte ihm Lederhosen, mir gefiel er so gut darin; ich bedachte nicht, daß seine Mitschüler ihn vielleicht auslachen könnten wegen seiner Kleidung. Er war doch das Zentrum meines Lebens, und ich war froh darüber, daß er so gerne bei mir war und nur selten mit den anderen Kindern zum Spielen ging.

Wenn ich heute darüber nachdenke, dann weiß ich gar nicht so genau, wann der Zeitpunkt war, wo das erotische, sexuelle Moment in unsere Beziehung kam. Für mich blieb mein Sohn immer mein Sohn, niemals wäre ich auf den

Gedanken gekommen, daß ich in ihm eine Art Liebhaber sehen könnte. Das war doch alles nur Spiel.

Da saß ich nun allein. Die Sprache konnte ich nicht gut genug, um Freunde zu finden, mein Mann war viel unterwegs, und wenn er da war, dann verstanden wir uns nicht mehr. Sexuell lief auch nichts, er konnte mich überhaupt nicht erregen. Von den Männern war ich bedient, enttäuscht.

Ich hatte nur noch meinen Jungen, mit dem ich mich gut verstand. Bei ihm konnte ich sicher sein, daß er zu mir hielt. Abends, wenn mein Mann auf Geschäftsreise war, war es am schönsten. Dann spielten wir zusammen: Mein Sohn war mein Kavalier, der mich ausführte, mich mit Champagner verwöhnte. Ich saß im Nobelhotel an der Bar, nicht in so einem Drecksloch wie B. Ja, ich machte mich schick, mein „Freund" verwöhnte mich, streichelte zärtlich meinen Rükken. Manchmal durfte er auch meine Brüste streicheln und meinen Mund küssen. Mein Sohn freute sich immer auf die Abende; davon erzählten wir auch meinem Mann nichts, die gehörten nur uns.

Später brachte ich ihn dann ins Bett, wusch ihn und streichelte dabei seinen kleinen Pimmel, der schon steif war wie bei einem Großen. Wenn er dann schlief, blieb ich allein im Wohnzimmer vor dem Fernsehapparat. In dieser Zeit begann ich, mehr zu trinken.

Irgendwie wußte ich: Da stimmt was nicht. Ich sollte in meinem Leben etwas ändern, vielleicht in meiner Ehe. Jetzt ging mein Sohn ja schon lange zur Schule, ich hätte eine Ausbildung machen können. Aber dazu fehlte mir die Kraft. Ich hatte Sehnsucht nach Deutschland, nach meiner Familie. Die einzige Beziehung, die ich hatte und die mich froh machte, war die zu meinem Sohn.

Es war eine zärtliche Beziehung. Morgens weckte ich ihn, und erst heute weiß ich, daß es mich sexuell erregt hat, wenn z. B. sein Pimmel steif war. Wir gingen immer gemeinsam ins Bad, und oft habe ich mich so bewegt, daß er meine Möse sehen konnte. Mein Sohn kam in die Pubertät, die Schamhaare begannen zu wachsen. Unsere Intimität blieb.

Ich habe oft darüber nachgedacht, wie wohl alles weitergegangen wäre. Unsere Lebensumstände änderten sich jedoch, wir gingen zurück nach Deutschland. Zuerst lebten wir bei meinen Eltern im Dorf, wo P. die Schule besuchte. Mein Mann bekam eine Stelle in H. Mein Sohn blieb, weil er nicht noch mal die Schule wechseln wollte, bei seinen Großeltern.

Mit sechzehn Jahren kam er wieder zu uns; er begann eine Berufsausbildung. Ich hatte mich sehr darauf gefreut, daß er wieder bei mir leben würde. Aber unsere alte Beziehung gab es nicht mehr. Er sonderte sich von mir ab, distanzierte sich von mir; und noch vor Beendigung der Ausbildung zog er aus.

Noch heute haben wir ein distanziertes Verhältnis. Seit ich weiß, daß meine damaligen Gefühle ihm gegenüber nicht nur mütterliche waren, habe ich es nie gewagt, mit ihm über die Vergangenheit zu sprechen. Ich weiß nicht, ob ich es jemals tun werde.

Bis heute weiß ich nicht genug über meine Sexualität. Wie war es bei mir zu Hause, bei meinen Eltern? Weshalb habe ich so einen alten Mann gewählt und mich nicht gewehrt, meinen Körper zu verkaufen? Weshalb konnte ich nur im Verbotenen Lust empfinden?

Weshalb das alles so ist, kann ich bis heute nicht genau sagen.

Die beiden Falldarstellungen vermitteln uns unterschiedliche Eindrücke. Sie spiegeln weniger Unterschiede in den Mißbrauchsformen wider – einmal geht es um den Mißbrauch eines Mädchens durch einen Mann und das andere Mal um den Mißbrauch eines Jungen durch eine Frau –, sondern vielmehr die unterschiedliche Perspektive: einmal die Darstellung des Mißbrauchs durch das Opfer, das andere Mal durch den Täter (bzw. die Täterin).

Die Bilder zeigen nicht, daß der Mißbrauch eines Jungen durch eine Frau für das Opfer weniger schlimm, brutal, zerstörerisch ist als der Mißbrauch des Mädchens durch den Mann. Sie zeigen vielmehr, daß der Täter (bzw. die Täterin) eine andere Sichtweise auf den Mißbrauch hat als das Opfer. Der Täter sieht nicht, was er anrichtet. Er kennt nur seine Wünsche und stellt sich selbst als Opfer dar.

Hier soll es um diese beiden Perspektiven, um die beiden Erlebnisweisen des Mißbrauchs gehen und darum, wie sich beide Perspektiven ineinander verknoten, d. h., wie das Opfer immer wieder dazu gebracht wird, die Sichtweise des Täters einzunehmen, ihn zu verstehen, und wie es dabei sich selbst immer mehr aufgibt. Wie das Opfer immer wieder versucht, sich aus dem Geschehen herauszuziehen und dabei zu Spaltungen gezwungen wird und wie auf der anderen Seite der Täter das Kind immer weiter in den Mißbrauch hineinzieht und gleichzeitig sich selbst immer mehr verstrickt.

Dieses Hineinziehen ist zugleich eine ständige Grenzverletzung. Kehren wir zum „Gefühlskarussell" zurück: Obwohl Bettina protestierte, daß der Vater sie immer noch waschen wollte, sie groß genug war, das allein zu machen, überging er ihren Protest mit seinem Befehl „Keine Widerrede" und hüllte diesen dann noch in die einschmeichelnde Formulierung: „Wo gibt es denn so was, daß eine Prinzessin sich selber wäscht, dafür hat sie doch einen Diener." Dem hatte sie nichts mehr entgegenzusetzen.

Eine Grenzüberschreitung bedeutet für das Opfer zumeist die Erfahrung der Mißachtung und Verletzung der körperlich-seelischen Unversehrtheit oder auch das Erlebnis körperlich-seelischer Gewaltanwendung. Obgleich Bettina die Annäherungen ihres Vaters Unbehagen bereiteten, reagierte sie, wie ihr Vater es von ihr erwartete. Sie wollte seine Zuwendung, auf die sie angewiesen war, nicht verlieren und konnte deshalb zunächst noch nicht wirklich erkennen und glauben, daß ihr Vater begonnen hatte, sie für seine Bedürfnisse auszunutzen. Ihren anfänglichen Protest, der durch die väterliche Autorität im Keim erstickt wurde, konnte sie nicht mehr aufrechterhalten, ihr unbehagliches Gefühl nicht mehr in Worte kleiden.

Als Erwachsene können wir uns sicher gut vorstellen, wie relativ einfach ein von der Familie abhängiges Kind von unseren Bedürfnissen gelenkt werden kann, ohne daß dieser Umstand uns oder dem Kind immer klar vor Augen ist. Wir pochen dabei oft genug auf unsere elterliche Machtposition und nehmen dem Kind damit die Möglichkeit, seinen Interessen Ausdruck zu verleihen, sich abzugrenzen, eine „kleine Persönlichkeit" zu werden. Bettinas Vater, den wir Herrn Meier nennen wollen, wußte um seine überlegene Position seiner Tochter gegenüber. Er spürte, daß er sie nach seinen Bedürfnissen lenken konnte.

Die Aushandlungsprozesse um die Grenzen basieren also auf der grundsätzlichen Ungleichheit von Kind und Erwachsenem, d. h., die Eltern nehmen immer eine überlegene Position ihren Kindern gegenüber ein. Sie verfügen über mehr Wissen, Lebenserfahrung und vor allem Macht, sind natürlich viel eher in der Lage, die Grenzen ihrer Kinder zu überschreiten, als umgekehrt. Mit den Worten: „Er freut sich", führte Herr Meier der Tochter beim Baden seinen erigierten Penis vor. Seine scheinbar harmlose Formulierung war tatsächlich eine Strategie der Verführung und Überrumpelung. Als Bettina schließlich das Glied ihres Vaters berührte, „wohl aus Neugier", wie sie sich erinnerte, konnte sie noch nicht erkennen, was ihr Vater im Schilde führte. Sie konnte also nicht wirklich einwilligen in ein Geschehen, dessen Auswirkungen sie nicht zu beurteilen vermochte.

Auch die mißbrauchende Mutter, Frau Thoma, berichtet von Formen der Grenzüberschreitung, wenngleich diese uns zunächst weniger offensichtlich erscheinen: „Ich schenkte ihm Lederhosen ... ich bedachte nicht, daß seine Mitschüler ihn vielleicht auslachen könnten wegen seiner Kleidung. Er war doch das Zentrum meines Lebens ..." Gedankenlos machte Frau Thoma ihrem Sohn ein Geschenk, das *ihr* gefiel, sie wollte ihn verstärkt an sich binden. Seine Interessen, vielleicht mit Jeans und T-Shirt im Ausland aufzuwachsen und dort *seine* Heimat zu finden, ignorierte sie, nahm sie kaum wahr. Ihre Einsamkeit führte dazu, daß sie ihren Sohn nicht gehen lassen konnte, nicht einmal zum Spielen.

Beim sexuellen Mißbrauch nutzen Erwachsene ihre Vormachtstellung Kindern gegenüber aus. Der Verlauf des Miteinander-Verhandelns ist in seiner Form verändert, gestört und erstarrt. Vereinbarungen werden von seiten des Erwachsenen erzwungen, dem Kind aufgezwungen. Daraus entwickelt sich ein einseitiger Prozeß der Verführung bzw. Erzwingung und Überrumpelung.

Dieser Umstand ist dem mißbrauchenden Erwachsenen jedoch nicht immer voll bewußt. Entweder vermag er nicht zu erkennen, daß er die Grenze zwischen sich und dem mißbrauchten Kind überschreitet, oder er will es nicht sehen. Diese Erwachsenen haben oft nicht gelernt, die Grenzen anderer wahrzunehmen und zu akzeptieren, sie können sich deshalb nur ungenügend in die Bedürfnisse ihrer Kinder einfühlen. Und doch glauben sie meist, ihren Kindern gute Eltern zu sein. Auch Herr Meier mochte sich wie ein guter Vater vorgekommen sein, der für seine Tochter sorgte, indem er sie beschenkte und verwöhnte.

Wie kommt es, daß Eltern, die ihre Kinder lieben und gute Mütter und Väter sein wollen, ihre Töchter und Söhne durch Mißachtung der Grenzen schließlich mißbrauchen können?

Erinnern wir uns daran, wie leicht wir bei relativ „harmlosen" Grenzverletzungen dazu neigen, diese zu verdrängen bzw. nicht wahrhaben zu wollen. Ist es doch scheinbar viel einfacher, wegzusehen, als einen eventuell anstehenden Konflikt zur Kenntnis zu nehmen und sich gegebenenfalls mit den unterschiedlichen Interessen und Bedürfnissen auseinanderzusetzen.

Der entscheidende Mechanismus, der hier wirksam wird, ist der der Verleugnung. Sein subjektiver Sinn besteht darin, die eigene Wahrnehmung so zu verändern, daß sie weniger bedrohlich wird und dadurch erträglich bleibt. Dieser Vorgang mag uns einleuchtend erscheinen, doch welches ist sein Preis?

Wenn die Realität abgewehrt, d. h. als solche nicht mehr gänzlich wahrgenommen werden kann, so muß etwas anderes an ihre Stelle treten, etwa eine Form von „Nicht-Realität"? Bereits die erste Grenzüberschreitung, die das Mißbrauchsgeschehen einleitet, geht einher mit der Tendenz zur Verleugnung und Umdeutung eben dieser Überschreitung. Herr Meier, der Bettinas Körper mit Rosenöl einmassierte, nachdem beide zusammen gebadet hatten, mag sich eingeredet haben, besonders fürsorglich mit ihr umgegangen zu sein. Um dieses Bild für sich selbst aufrechtzuerhalten, mußte er seine Gewissensbisse abtöten, indem er sein mißbrauchendes Tun verdrängte und als solches nicht mehr wahrnehmen mußte.

Frau Thoma, die inzwischen weiß, daß die Beziehung zu ihrem Sohn auch erotisch-sexuelle Momente beinhaltete, wäre früher nie auf den Gedanken gekommen, daß sie in ihrem Sohn eine Art Liebhaber gesehen hatte. „Das war doch alles nur Spiel", behauptete sie.

Das Spiel, das sie inszeniert hatte, mußte das Kind mitspielen; sie war Regisseurin und Hauptakteurin zugleich. Das Kind bekam seinen Part zugewiesen. Aufgrund seiner Isolation spielte es kaum mit anderen Kindern – es spielte mit der Mutter „Erwachsensein" und „Kavalier", war der Beschützer der Mutter. Wie der Junge mit dieser Rolle zurechtgekommen ist, wissen wir nicht. Uns ist nur bekannt, daß er sich später von der Mutter zurückzog. Sie registriert die Distanz, über die Gefühle ihres Sohnes stellt sie jedoch keine Vermutungen an, zumindest finden wir keine entsprechenden Äußerungen. Sie fragt nicht, ob oder inwieweit ihm die „Spiele" geschadet haben. Scheinbar ist sie „geständig", möchte aber ihr Verhalten letztendlich doch nicht als Mißbrauch sehen.

Es handelt sich dabei in der Regel um eine fortschreitende Entwicklung, denn im Prozeß der Grenzüberschreitung verschiebt der Erwachsene die Grenze immer weiter. War z. B. die ursprüngliche Grenze der Liebkosung am Tabu der Berührung der Genitalien festgemacht, so wird im Verlauf des Mißbrauchsgeschehens diese Grenze immer weiter verschoben, und die Genitalien werden allmählich in die Berührung mit einbezogen.

Dabei verändert sich die Wahrnehmung, die sich durch Ausblendung des tatsächlichen Sachverhaltes dem neuen Grenzverlauf anpaßt. Der Unterschied zwischen den für das Kind lebensnotwendigen Zärtlichkeiten und der sexuellen Erregung bezieht sich auf die Qualität der Berührung selbst. Diese Berührung durch den Erwachsenen mag vielleicht zunächst kurz, zaghaft und zurückhaltend sein; wenn jedoch auch diese Grenzverschiebung vom Erwachsenen als „normal“ akzeptiert worden und zur Gewohnheit geworden ist, liegt die neue Grenze etwa beim massiven, erregenden Streicheln usw.

Diesen Prozeß können wir auch bei Herrn Meier und Bettina nachvollziehen. Bettina, die beim Anblick des erigierten Penis ihres Vaters „nicht mehr erschrocken“ war, da sie entsprechende Situationen nun schon kannte und sich daran „gewöhnt“ hatte, machte eine erneut beängstigende Erfahrung, als ihre Hand vom Vater gewaltsam an seinem Penis festgehalten wurde. Bettina mußte nun miterleben, wie sich ihr stöhnender Vater selbst befriedigte. Dieses erschreckende Erlebnis ging über ihre bisherige Erfahrung hinaus, mit der sie zu leben gelernt hatte. Bettinas Verwirrung muß unermeßlich gewesen sein, als sie befürchtete, daß ihr Vater nun tot und sie möglicherweise dafür verantwortlich wäre.

Hier handelt es sich um einen Prozeß aufeinanderfolgender Schritte, durch die die jeweils bestehende Grenze vom Erwachsenen verschoben wird. Aufgrund ständiger Umdeutung und Verdrängung löst nur die letzte Grenzüberschreitung Schuldgefühle beim Täter aus, nicht das Mißbrauchsgeschehen im ganzen. Über diese Schuldgefühle jedoch setzt er sich hinweg, indem er versucht, sie aus seinem Bewußtsein zu verdrängen. Das gelingt ihm aber nicht vollständig.

Diese Grenzverschiebungen und Wahrnehmungsanpassungen gehen mit der Errichtung eines Systems von Verleugnungen einher, das sich oft in Form von typischen Behauptungen und Argumenten bemerkbar macht. Das Mißbrauchsgeschehen wird vom Täter entweder als in erzieherische Maßnahmen eingebettete Fürsorge begriffen, als Gesundheits- und Pflegeverhalten mißverstanden oder gar zum natürlichen Bedürfnis des Opfers verdreht.

Frau Thomas Sohn „freute sich auf diese Abende", so sagte sie. Also: Wie kann dann etwas „schlecht" sein, das auch dem Bedürfnis des Kindes entspricht? Von der Mutter erfahren wir: Ihr Sohn durfte ihre Brüste streicheln und sie küssen. Warum sollte das ein Kind denn nicht tun? Zärtlichkeiten und körperliche Nähe sind doch lebensnotwendig für ein Kind.

Wie schon gesagt, liegt der Unterschied in der Qualität der Berührung. Frau Thoma benutzte ihr Kind, um sich von ihm sexuell erregen zu lassen. Sie bot ihm ihre Brüste und ihren Mund, um Lust zu empfinden. Bewundernd schaute sie auf sein steifes Glied, das sie noch fürsorglich wusch, als die Schamhaare zu wachsen begannen. Sie war erregt davon, daß ihr Sohn – scheinbar zufällig – ihr Geschlecht sehen konnte. Aber eigentlich passierte doch gar nichts, was nicht zwischen Mutter und Sohn geschehen darf. Oder doch?

Das Mißbrauchsgeschehen wird ständig umgedeutet und im Sinne des Bildes interpretiert, das der mißbrauchende Erwachsene von seinem Tun hat. Verleugnung durch den mißbrauchenden Erwachsenen bedeutet also, daß er die Realität des Mißbrauchs kontinuierlich abwehrt, umdeutet und neu interpretiert.

Statt der so verdrängten Realität schafft der Täter sich eine Scheinwelt, in der seine Tat kein Mißbrauch ist, sondern eher als „gute" Beziehung zu dem Kind erscheint.

Seine Wunschphantasie entspricht häufig dem Bild vom Kind als Partner(in) und Geliebte(r), der/die sich heimlich im verborgenen mit ihm „verabredet" und verbotene Gefühle mit ihm teilt. Der Täter selbst mag sich vorkommen wie ein strahlender Ritter mit seiner Braut, der gegenüber er allmächtige Phantasien der Überlegenheit, Stärke, Macht, Freiheit und Männlichkeit entwickelt und die er gegen den Rest der feindlichen Außenwelt schützt.

Herr Meier täuscht eine Märchenwelt vor. Eine Welt, in der die Prinzessinnen den Prinzen zur Verfügung stehen und in der sexuelle Ausbeutung nicht existiert. Selbst als alter Mann verklärt er die Mißbrauchsbeziehung zu seiner Tochter: „Ich hab immer gedacht, dir macht das Spaß. Wir waren doch zärtlich miteinander."

Doch der Schein trügt. Seine Allmachtsphantasien schützen den Täter vor der Wahrnehmung seiner wirklichen und echten Gefühle und Bedürfnisse, vor denen er Angst hat und die er sich nicht einzugestehen vermag, weil sie ihn bedrohen. Er kann es sich nicht leisten, seine Wünsche nach Nähe, Schutz vor der bedrohlichen Welt, Genährt-Werden, Schwach- und Abhängig-Sein anzunehmen. Sein Selbstbild würde zusammenbrechen, sich auflösen. Erst nach Jahren und nachdem Bettina ihn konfrontiert hatte, hören wir von Herrn Meier: „Ich hatte immer Angst davor, allein zu sein ..." Im Gespräch mit Bettina gibt Herr Meier unter anderem seine eigenen Gefühle der Hilflosigkeit preis. Seine Kindheitserinnerungen lassen ahnen, er ist ein bedürftiger Mensch geblieben.

Da diese abgewehrten Bedürfnisse in der Mißbrauchsbeziehung zum Kind teilweise befriedigt werden, besteht aus der Perspektive der persönlichen Gefühlslage des Mißbrauchenden keine zwingende Notwendigkeit, den Mißbrauch zu beenden, anders ausgedrückt, hat der Täter sogar eine Reihe von Gründen, das System des Mißbrauchs aufrechtzuerhalten, und das tut er in den meisten Fällen auch. Was hier als Pseudo-Realität, als Scheinwelt, beschrieben wird, hat auch Frau Thoma sich geschaffen: Sie sah sich als Partnerin und Geliebte ihres Sohnes in einer häuslichen Zweisamkeit.

Ihre realen Bedürfnisse, ihre Enttäuschung über ihre Beziehungen zu Männern, ihre Unfähigkeit, sich aus ihrer Ehe zu lösen, überdeckt sie mit der besonderen Beziehung zu ihrem Kind, zunehmend auch mit Alkohol. Würde sie diese Beziehung nicht aufrechterhalten können, müßte sie sich andere Lebensinhalte suchen, d.h. ihre Wirklichkeit wahrnehmen. Dazu ist sie, so scheint es, nicht in der Lage. Sie kann ihre Scheinwelt nicht verlassen.

Doch wie ist es möglich, den Mißbrauch, oft über Jahre hinweg, fortzusetzen? Mit der ersten Grenzüberschreitung, verbunden mit der Tendenz zur Verleugnung und Umdeutung, wird bereits der Eckpfeiler für die Errichtung einer Schweigemauer erstellt. Die Umdeutungsprozesse dienen dem Selbstschutz, d.h. der Abwehr von Bedrohung, damit Angst, Scham und Schuldgefühle erst gar nicht in Erscheinung treten bzw. wahrgenommen werden müssen. Gleichzeitig sind die „erfundenen" Argumente der mißbrauchenden Erwachsenen, mit denen sie ihr Tun vor sich selbst zu rechtfertigen versuchen, in gewissem Sinne vorgeschoben; sie dienen ihnen als Stütze, damit ihr aus Verleugnungen gebautes, wackeliges Kartenhaus nicht einstürzt.

Sexueller Mißbrauch als solcher unterliegt der Tabuisierung und folglich auch der Verheimlichung. So entsteht für Täter und Opfer zugleich der Druck zur möglichst vollständigen Geheimhaltung vor den übrigen Familienmitgliedern, vor der Umwelt. Beide haben, zumindest unbewußt, fast immer diffuse Schuldgefühle und Strafängste. Das Ausmaß der Angst vor möglicher Strafe und Vergeltung entspricht dabei dem des – vom Bewußtsein meist abgewehrten – Gefühls der Schuld. Auch die „brave und liebe Prinzessin, die ihren Papa und seinen kleinen Freund sehr glücklich gemacht hat", durfte nicht preisgeben, was ihr geschehen war.

Die Dynamik zwischen Täter und Opfer wird maßgeblich durch diesen Druck zur Geheimhaltung des Mißbrauchsgeschehens bestimmt. Das Geheimnis wird zum Bindeglied zwischen Täter und Opfer. Es fesselt sie in unheilvoller Weise aneinander, das Netz von Verstrickungen wird immer enger geflochten. Während Bettina das Geheimnis wahrte, fanden die Übergriffe durch ihren Vater immer häufiger statt. Sie „spürte eine immer größere Abneigung davor, ins Bett zu gehen", wurde jedoch mit jedem Mal weiter in das Geschehen hineingezogen.

Als Bettina sich zu schützen versuchte und sich in ihr Zimmer einschloß, warf der Vater ihr vor, sie würde ihn durch ihre Verweigerung krank machen. Dadurch verstärkte er ihre Schuldgefühle und weinte sogar und erregte mit seiner Hilflosigkeit und seiner zur Schau gestellten Bedürftigkeit das Mitleid seiner noch nicht einmal zehnjährigen Tochter. Bettina „konnte es nicht ertragen, daß er so traurig war". Wieder einmal gab sie ihm nach, „war ... lieb und streichelte seinen Penis".

Sind schon im Vorfeld (d. h. im Prozeß der aufeinanderfolgenden Grenzüberschreitungen mit zunehmender Sexualisierung der Beziehung) des eigentlichen Mißbrauchs Geheimnistuerei, Verleugnung und Ausblendung der Realität selbstverständlich geworden, so scheint mit der Einführung des „besonderen" Geheimnisses die Mauer des Schweigens endgültig errichtet, der Entwurf einer „verwirrenden doppelten" Realität gelungen zu sein.

Was nun geschieht im Gefängnis des Schweigens, und wie lebt es sich in zwei Welten? Wie wirkt sich vor allem die Bedingung des Geheimnisses auf die Beziehung zwischen Täter und Opfer aus, d. h. wie beziehen sich beide aufeinander aus ihrer im Mißbrauch gemeinsamen, ansonsten jedoch unterschiedlichen Perspektive?

Unter dem Druck der Geheimhaltung gewinnt die Beziehung zwischen Täter und Opfer eine zusätzliche Qualität, die in ihrer Wesensart einem Pakt gleicht. Dieses „Beziehungsarrangement" betrifft sowohl die Dynamik zwischen Täter und Opfer als auch die Notwendigkeit der Abschirmung gegenüber den übrigen Familienmitgliedern und der Außenwelt. Durch das Geheimnis wird die Beziehung zwischen dem Kind und dem Erwachsenen zunehmend vergiftet.

Immer wieder wurde Bettinas Vertrauen mißbraucht. Sie unternahm viele Versuche, sich zu wehren. Doch sie wurde fast jedes Mal wieder dazu gebracht, sich den Wünschen ihres Vaters zu fügen, obgleich ihr das zunehmend schwerer fiel. Als ihr Vater seinen Finger in ihre Scheide stecken wollte, preßte sie in ihrer Verzweiflung die Beine zusammen und begann zu schluchzen. Bettina erinnert sich: „Ekel stieg in mir hoch. Vater ließ von mir ab, streichelte meinen Kopf und erklärte mir, daß er mit mir zu einem Arzt gehen müßte und dieser ‚fremde Mann' dann feststellen würde, ob ich richtig entwickelt sei."

Herrn Meiers Drohungen wurden immer massiver und brutaler. Indem er ihre Angstgefühle gegenüber Ärzten ausnutzte, brachte er sie dazu, sich erneut aufzugeben. „Es war furchtbar und tat weh", erinnert sich Bettina. Doch sie bekam in ihrer Not von ihrem Vater zu hören: „Wenn ich es öfter mache, wirst du bald gar nichts mehr spüren – im Gegenteil, es wird dir Vergnügen bereiten."

Gerne hätte sich Bettina ihrer Mutter anvertraut, doch war sie ja von ihrem Vater oft genug gewarnt worden: „Wenn du uns an Mutter verrätst, wird sie uns beide verlassen." Das mißbrauchte Mädchen, dem auch noch die Verantwortung für den Zusammenhalt der Familie aufgebürdet wurde, konnte – voller Angst und von Schuldgefühlen belastet – jetzt erst recht nicht das inzwischen schon nicht mehr so „kleine Geheimnis" preisgeben. Sie war somit zum Schweigen verurteilt.

Trifft dieser Sachverhalt auch auf Frau Thoma zu? Ist die Beziehung zu ihrem Sohn vergiftet? Es ist doch eigentlich gar nichts geschehen, kein Geschlechtsverkehr, der Sohn hat das Geschlechtsteil der Mutter nur gesehen, nicht berührt.

Wenn dem so ist: Warum blieb der sexuell-erotisch besetzte Teil ihrer Beziehung ein Geheimnis? Darin waren sie sich einig, der Ehemann und der Vater durften davon nichts erfahren. Haben sie ein „gutes" Geheimnis zusammen, dessen Aufdeckung ihnen Freude bereiten würde? Oder ist es etwas Verbotenes, das sie verbindet? Frau Thoma sagt, daß sie bis heute ein Gespräch über die Vergangenheit mit ihrem Sohn vermieden hat und nicht weiß, ob sie jemals den Mut hätte, darüber zu reden. Damit hat sie die Antwort selbst gegeben.

Ein „gutes" Geheimnis ist eines, von dem jeder der Geheimnisträger erwartet, daß es schließlich aufgedeckt werden wird. Es ist von Anfang an auf seine Enthüllung angelegt. Das Vergnügen an der allmählichen Aufdeckung gehört gerade zum Wesen des „guten" Geheimnisses. Ganz anders verhält es sich beim „schlechten" Geheimnis: Weil hier die Preisgabe unbedingt verboten ist, entsteht ein psychischer Druck, der nicht, wie beim „guten" Geheimnis, abgeführt werden kann, sondern das Selbst allmählich vergiftet – gleich einer zersetzenden Krankheit, gegen die sich der Körper nicht zu wehren vermag. Vielmehr werden auch diejenigen Kräfte zersetzt, die nötig wären, um sich aus diesem Gefängnis zu befreien.

Zur Geheimhaltung trägt außerdem bei, daß der mißbrauchende Erwachsene sein Mißbrauchsverhalten ritualisert. Er stellt, wie der Kinderarzt Fürniss beschreibt, eine besondere Situation her: oft eine Situation des völligen Schweigens und der Dunkelheit, mit zugezogenen Vorhängen. Selten findet Augenkontakt statt. Der Mißbraucher baut einen Zusammenhang auf, der die Realität des Mißbrauchs abspaltet, sie ungeschehen macht.

„Das spart kostbares Wasser", bekam Bettina zu hören, als sie stets mit einem Elternteil zusammen baden mußte. Dieses an sich einleuchtende Argument wurde von Herrn Meier dazu benutzt, ein Ritual einzuleiten, dem dann die sexuellen Handlungen folgten. Durch das „Badewannen-Ritual" wurde eine Situation geschaffen, in der der inzwischen begonnene Mißbrauch stattfand, aber gleichzeitig umgedeutet und aus dem Bewußtsein ausgeblendet wurde.

Es finden also Prozesse der Umdeutung und entsprechende Wahrnehmungsverschiebungen statt, die als psychologische Anpassungsprozesse an eine verzerrte Realität, an die Realität „des Unerlaubten" verstanden werden können.

Der Entwurf dieser Schein-Realität wird verständlicher, wenn man sich die seelischen Vorgänge beim Kind und Erwachsenem klarzumachen versucht. Im Verlauf der Wahrnehmungsveränderungen finden bei beiden innere und äußere Anpassungsprozesse statt. Mechanismen der Abspaltung und des Ungeschehen-Machens verändern, verdrehen das jeweilige Bild der Realität.

Ein neues System von Regeln wird erschaffen, mögen diese ausgesprochen sein oder nicht. Dieses Regelsystem hat die Aufgabe, den Mißbrauch gewissermaßen zu „legalisieren", sowohl nach innen als auch nach außen.

Während des Mißbrauchs darf das Kind das Geschehen nicht wahrnehmen. Diese Versuche der Abspaltung bedeuten für das Kind maximale Verwirrung und Verunsicherung. Es erlebt eine „doppelte" Realität, seine Wahrnehmung ist gespalten. Als frühzeitig sexuell stimulierter Schein-Partner und zugleich abhängiges Kind erlebt es die körperliche Nähe und sexuelle Handlungen in direktem Widerspruch zum Abstreiten der Realität.

Bettinas Erinnerung: „Ich habe mich einfach weggedacht" zeigt, wie sehr sie sich bemühte, diese leidvolle Erfahrung nicht als die ihre zu betrachten.

Die zweite Ebene des Ungeschehen-Machens durch Abspaltung betrifft die Verwandlung des Täters während der Mißhandlung. War er noch eben der geliebte Vater, so verändert er sich jetzt zu einer bedrohlichen „anderen Person", zu einer dem Kind fremden Person. Es ist für das sprach- und wehrlose Kind beängstigend und verwirrend, erleben zu müssen, wie ein und dieselbe Person sich so widersprüchlich verhält. Während verschiedener Phasen der sexuellen Erregung verändern sich Stimme, Gesten und Gebärden dieser Person, von der das Kind sonst ein ganz anderes Bild hat.

Während des Mißbrauchs an sich versuchen die Täter meistens, die reale sexuelle Beziehungsebene zu verleugnen oder zu verdrehen. Es ist so, als würden sie dem Kind ins Gesicht sagen: Was ist? Es passiert doch nichts, oder?, während gleichzeitig die sexuellen Handlungen stattfinden.

Ein weiteres Mittel des Ungeschehen-Machens betrifft die Einleitung und Beendigung des eigentlichen Mißbrauchsgeschehens: Es werden zu Beginn und zum Schluß der sexuellen Handlungen bestimmte Rituale eingesetzt. Das Anfangsritual dient dazu, eine gewöhnliche Vater-Kind-Beziehung in eine besondere „Andere Person"-Kind-Beziehung zu verwandeln, ohne daß dieser Vorgang benannt wird.

Das scheinbar fürsorgliche Ritual der Massage, das Bettina entspannen sollte, diente der Vorbereitung des Mißbrauchsgeschehens. Bettina hatte dabei „jedesmal ... Herzklopfen, spürte eine immer größere Abneigung davor, ins Bett zu gehen, wenn Mutter zur Schicht ging".

Das Endritual dient dem Abschluß der Situation, in der die sexuelle Handlung stattfindet. Gleichzeitig verwandelt sich die „andere Person" wieder in den Vater, der dem Kind bekannt ist. Derselbe Mensch mag ein fürsorglicher Vater sein; doch für das Opfer wird er zum Ungeheuer, während der Mißbrauch stattfindet.

Das Ungeschehen-Machen durch Abspaltung betrifft auch die Zeitspanne, die zwischen Anfang und Ende der sexuellen Handlung vergeht. Diese Spanne erscheint wie eine Lücke, als wäre die Zeit, in der der Mißbrauch stattfand, „verlorengegangen" (vgl. Fürniss, 1991, S. 25 ff.).

Bettina beschreibt ihr Erleben während des Mißbrauchs z.T. als schwer zu bestimmendes Körpergefühl, das sie selbst herbeizuführen vermochte. Sie hatte dann die Empfindung, daß ihr „Kopf wegschwebte" und sie gefühlsmäßig „neben sich stand", als sei sie eine fremde Beobachterin des Geschehens. So konnte sie in die Rolle der „Prinzessin" schlüpfen und ihr eigenes Selbst retten.

In seiner Beziehung zum Opfer ensteht beim Täter eine Abhängigkeit, die sich mit Suchtverhalten vergleichen läßt, ähnlich wie bei einem Alkoholiker. Diese Sucht wird dadurch verstärkt, daß er die sexuellen Handlungen ständig wiederholt, immer neu inszeniert. Es fällt ihm deshalb zunehmend schwerer, den Mißbrauch zu beenden. Seine „Droge“ ist jedoch das Kind, das er nicht als Kind wahrnimmt, dessen Bedürfnisse nach Zuneigung und Aufmerksamkeit er ausbeutet, indem er es mißbraucht.

Herr Meier wies auf diesen Aspekt hin, nachdem er seinen Penis in Bettinas Scheide geschoben hatte: „Bald wird es dir auch Spaß machen, das ist dann wie Lust auf Schokolade, die man unbedingt haben muß.“

Das Schweigen bzw. die Aufrechterhaltung des Geheimnisses bekommt einen Sinn, wenn wir uns das Ausmaß der Bedrohung vergegenwärtigen. Da sich Täter und Opfer vor der Aufdeckung ihrer Handlungen fürchten, erfüllt das gemeinsam geteilte Geheimnis auch die Funktion der Angstreduzierung, wenngleich aus unterschiedlichen Gründen.

Aus der Perspektive des Täters kann es die Angst vor gerichtlicher Verfolgung, Haftstrafe und Verlust des Arbeitsplatzes sein, aber auch die Angst vor Konflikten, Auseinandersetzungen und dem Auseinanderbrechen der Familie. Weiterhin spielt die Angst vor der Schuld, Scham und Gefühlen der Wertlosigkeit infolge der Tabuverletzung eine Rolle.

In der zweiten Konfrontation mit seiner Tochter gab Herr Meier seine Angst zu.

Aus der Perspektive des Opfers werden ganz andere Ängste deutlich. Da das Kind meistens eine gute und vertrauensvolle Beziehung zu dem Mißbraucher hatte, übernimmt es, ohne es zu merken, auf dem Wege der inneren Unterwerfung auch die Schuldgefühle des Täters. Das Kind kommt sich selbst schlecht vor, da es oft glaubt, daß es den Mißbrauch gewissermaßen selbst zu verantworten hat. Schon deshalb ist es ihm kaum möglich, sein Geheimnis anderen mitzuteilen.

Es gibt jedoch weitere Gründe für das Schweigen des Opfers. Manchmal wird es vom Täter in massiver Weise mit Gewalt bedroht. Dem Kind wird suggeriert, wenn das Geheimnis bekannt werden sollte, hätte dies für es selbst und die ganze Familie schlimme Folgen. Auf diese Weise wird es zur Loyalität mit dem Mißbraucher und den anderen Familienmitgliedern verpflichtet und selbst zum Schuldigen gemacht.

Das Kind hat vielleicht auch Angst, auf Zärtlichkeiten, Zuwendung oder Privilegien, z. B. in Form von Geschenken oder Geld, verzichten zu müssen. Außerdem fürchtet es sich davor, als Lügner dazustehen; das Kind kann es ja fast selber nicht glauben.

Wegen der Teilnahme an den verbotenen sexuellen Handlungen mag es tiefe Scham empfinden. Auch Schuldgefühle gegenüber der Mutter mögen eine Rolle spielen. Bei jüngeren Kindern kommt hinzu, daß sie in hohem Maße verwirrt sind und überhaupt nicht einordnen und benennen können, was ihnen widerfährt. Oft können sie die sexuellen Absichten des Erwachsenen nicht als solche erkennen.

Es gibt also aus der jeweiligen Perspektive des Täters und des Opfers eine Reihe von Gründen, ihr Geheimnis zu schützen und nicht preiszugeben. Das Geheimnis bindet die vielfältigen Ängste und übernimmt dabei eine stabilisierende Funktion im psychischen Haushalt der Beteiligten; in besonderem Maße für den mißbrauchenden Erwachsenen. Sein ganzes Tun, sein Leben ist auf die Aufrechterhaltung dieses Geheimnisses ausgerichtet.

Klaus-Jürgen Bruder

Der gute Vater. Das Selbstbild des Mißbrauchers

Im folgenden Kapitel soll dargestellt werden, wie der mißbrauchende Erwachsene selbst den Mißbrauch seines Kindes sieht. Diese Sichtweise ist verwoben mit dem Bild, das er von sich selbst hat, seinem Selbstbild als „guter Vater". Er sieht sich als den, der das Kind wirklich liebt, als den einzigen, der es versteht. Er verleugnet den Mißbrauch, er rationalisiert ihn als eine besondere Form väterlicher Fürsorge, Zärtlichkeit, er verkehrt ihn ins Gegenteil. Aber selbst darin wäre sein Selbstbild noch dem Bild vergleichbar, das das Kind von ihm hat. Es sieht den mißbrauchenden Vater zugleich als den guten Vater, ein aus Trauer über die unerträgliche Realität idealisiertes Bild. Hat auch der Mißbraucher zwei einander widersprechende Bilder von sich selbst?

Der Mißbraucher zeigt uns die Bilder von sich selbst nicht unmittelbar, wir müssen sie aus seiner Darstellungsweise erschließen. Diese Darstellung entspricht sicher nicht vollkommen den Selbstbildern, die er in sich trägt. Sie zeigt zunächst, was er uns vermitteln *will*. In diese Darstellung gehen seine Hypothesen über das Bild ein, das er bei anderen vermutet. Er nimmt sich dabei die Bilder zu Hilfe, die es in der Öffentlichkeit über den Mißbraucher gibt – soweit er sie kennt. Diese Bilder möchte er vielleicht korrigieren – und sein eigenes dagegensetzen. Aus den Versuchen, sich darzustellen, erfahren wir etwas über ihn, über seine Bilder von seiner Umwelt und von sich selbst.

Versuchen wir, diese Darstellung nachzuzeichnen. Zu diesem Zweck rekonstruieren wir den Prozeß vom ersten Moment an, in dem er sich an uns wendet, er: ein Vater, der seine Tochter sexuell mißbraucht hat. Nennen wir ihn Herrn Schuster.

Herr Schuster ruft in der Beratungsstelle an, er habe seine

Tochter Anja, 8 Jahre, sexuell mißbraucht. Jugendamt und Polizei seien gestern in der Wohnung gewesen und hätten das Mädchen abgeholt. Es gibt noch eine jüngere Schwester. In drei Tagen habe er ein Gespräch im Jugendamt. Er mache seit zwei Jahren Therapie. (Mitteilung der Kollegin, die den Telefondienst übernommen hatte)

Was erfahren wir bereits aus diesen Angaben über Herrn Schuster? Wir haben nicht seine Mitteilung, sondern die Formulierung der Kollegin des Telefondienstes. Solche Mitteilungen sind immer knapp, weil sie präzise sein sollen. Trotzdem können wir bereits einiges über Herrn Schuster feststellen. Er *selbst* ist es, der anruft, er versteckt sich nicht hinter einem anderen, den oder die er für sich anrufen läßt. Er *nennt* den Mißbrauch beim Namen, versucht nicht, durch eine andere Bezeichnung auszuweichen, und er sagt, daß er seine Tocher mißbraucht habe, er versteckt sich nicht hinter dem Verdacht oder der Behauptung einer anderen Person; aber er sagt *nicht*, *wie* der Mißbrauch stattgefunden hat.

Aber er sagt noch etwas anderes: „Jugendamt und Polizei sind in der Wohnung gewesen und haben das Mädchen abgeholt." Er spricht von einem Überfall, dem er wehrlos ausgeliefert war. Sogar die Polizei sei beteiligt gewesen, wie bei einem Schwerverbrecher. Er charakterisiert damit das Vorgehen als unverhältnismäßig. Mit seinem Anruf bei der Beratungsstelle erbittet er also auch als ein wehrlos Überfallener um Hilfe. Das bestätigt der nächste Satz, in dem die jüngere Schwester ins Spiel gebracht wird. Auch diese ist nicht sicher, möchte er uns damit sagen. Darüber habe er in drei Tagen ein Gespräch im Jugendamt. Für dieses Gespräch sucht er vermutlich unsere Unterstützung, mit unserer Hilfe möchte er sich darauf vorbereiten. Und schließlich: er mache seit 2 Jahren eine Therapie. Damit stellt er sich als jemand dar, der sich von selbst bereits um die Bearbeitung seines Mißbrauchsproblems gekümmert hat. Er kommt also nicht erst, wenn er durch Jugendamt und Polizei dazu gezwungen wird, womit er zugleich noch einmal das Unangemessene des Überfalls unterstreicht.

Ich rufe zurück. Herr Schuster präzisiert, daß er seine Tochter mißbraucht habe. Er habe Anja „unten angefaßt und sich dabei befriedigt". Er benennt also die beiden entscheidenden Momente sexuellen Mißbrauchs: die Grenzverletzung im – von ihm mit „unten" diffus-schamhaft umschriebenen – Genitalbereich und seine sexuelle Befriedigung. Er verharmlost den Mißbrauch nicht, und er übernimmt die Rolle des Täters. Er wolle alles unternehmen, um davon loszukommen. Dann kommt er auf die Therapie zu sprechen und bekennt, daß er dort nicht darüber gesprochen habe, „anfangs schon, aber dann nicht mehr". Er stellt also dar, daß er bereits von sich aus etwas unternommen, dieses Unternehmen aber dann selbst boykottiert habe. Er führt damit zugleich vor, womit der nächste Therapeut, also ich, zu rechnen haben wird. Indem er mir das jetzt schon sagt, gibt er mir die Verantwortung für das Gelingen der Therapie: wenn er wieder nicht sprechen wird, dann werde ich es sein, der dies zugelassen haben wird. Seine Übernahme der Verantwortung ist also sehr eingeschränkt, sie geht nur so weit, daß er sich an uns um Hilfe wendet: er übernimmt (noch) nicht die Verantwortung dafür, daß der Mißbrauch nicht mehr stattfindet, und auch nicht die Verantwortung für sich selbst. Er ist deshalb (noch) weit davon entfernt, die Verantwortung für seine Tocher zu übernehmen, dafür, daß sie aus den zerstörerischen Folgen der Mißbrauchserfahrung befreit wird.

Bis gestern habe er es vor seiner Partnerin verheimlicht. Seine Partnerin vermute, daß „es weiter gegangen" sei. „Meine Partnerin hält zu mir, sie will sich nicht von mir trennen." Mit dieser Aussage über die Verheimlichung verbindet er beide, die Partnerin und den Therapeuten. „Weiter gegangen" ist „es" ja auch in der Therapie, aber die Vermutung der Partnerin bezieht sich nicht auf die zeitliche Weiterführung, sondern auf die inhaltliche. Sie vermutet wohl, daß es nicht beim „unten anfassen" geblieben ist. Aber trotzdem hält sie zu ihm. Das ist zugleich eine Forderung: Die Partnerin muß zu ihm halten, darin erfüllt sie ihre

Definition (Aufgabe) als Partnerin. Das braucht er zu seiner Stabilisierung, aber er sagt uns damit zugleich, daß seine Partnerin ihn für wert befindet, bei ihm zu bleiben. Damit will er auf eine Basis verweisen, auf die sich die Therapie stützen kann. Eine Art Empfehlung für die Therapie.

Beide haben ein gemeinsames Kind, 9 Monate. Es wird in seiner Darstellung wie ein Unterpfand des Zusammenhaltens eingeführt. Die Partnerin befürchte, daß ihnen dieses Kind ebenfalls weggenommen werde, weil für sie eine Trennung vom Mann nicht in Frage käme. Nicht er befürchtet dies, sondern die Partnerin. Diese Furcht wird also auch noch mit in die Therapie gebracht. Die Therapie wird damit von ihm als das gemeinsame Projekt von Herrn Schuster und mir definiert, der Partnerin – nicht ihm – zu helfen. Und zwar zu helfen im gemeinsamen heroischen Kampf gegen das Amt, das ihr – und nicht ihm – das Kind wegnehmen möchte.

Nach diesem Gespräch ruft die Sozialarbeiterin, die das Kind zusammen mit der Polizei aus der Wohnung abgeholt hatte, in der Beratungsstelle an und versucht, mich davon zu überzeugen, daß auch das jüngste Kind mißbraucht werde. Sie gründet diesen Verdacht auf verschiedene Indizien: Tamara habe beim Hausbesuch mit einem Schlüssel gespielt und die Ältere habe dabei zum Vater gesagt: „Die macht das anders als ich." Für die Sozialarbeiterin ergibt sich die Interpretation dieser Situation von selbst, sie muß nur „Schlüssel" durch „Penis" übersetzen. Die 8jährige habe der Kleinen sodann einen Luftballon vors Gesicht gehalten, der wie ein Penis ausgesehen habe, woraufhin die Kleine sich angeekelt abgewandt habe. Dies ist für die Sozialarbeiterin ausreichend, um ihren Verdacht zur Gewißheit werden zu lassen. Statt die Indizien aufmerksam zu überprüfen und behutsam die nötigen Schritte vorzubereiten, handelte sie sofort. Sie wird einen zweiten „Überfall" einleiten. Die Mutter sei nicht in der Lage, das Kind zu schützen, denn sie habe ja bisher zugesehen. Sie ist davon überzeugt, daß das Kind aus der Familie genommen werden muß.

Durch das rigorose Vorgehen der Sozialarbeiterin wird das Bild, das Herr Schuster von seiner Umwelt und von sich selbst hat, durchaus bestätigt, wenn nicht sogar mitproduziert.

Schließlich ruft auch noch der bisherige Therapeut an. Er ist zutiefst darüber empört, daß Herr Schuster während der Therapie seine Tochter weiter mißbraucht hat. Er weiß nicht, daß er sich selbst mit der Hoffnung überfordert hat, den Mißbrauch *durch* Therapie beenden zu können. Der Mißbrauch muß beendet sein, *bevor* die Therapie überhaupt beginnen kann.

Die Tochter Anja war ebenfalls bei ihm in Therapie gewesen, aber auch sie hat nie etwas davon erzählt. Wie sollte sie? Der Therapeut war in erster Linie der Therapeut des Vaters, zu dem sie den Vater ebenso begleitet hatte wie dieser sie. Der Therapeut denkt an Anzeige. Natürlich könne er die Therapie nicht fortsetzen. Er will Herrn Schuster in die Männer-Gruppe unserer Beratungsstelle abgeben. Die Sozialarbeiterin sollte entsprechenden Druck auf Herrn Schuster ausüben. Daß wir in der Beratungsstelle keine Schweigepflicht hätten, darüber habe er Herrn Schuster nicht extra aufgeklärt. Sollte die Unwahrhaftigkeit des Klienten mit der des Therapeuten abgegolten werden?

Das ist die Ausgangssituation. Mit großem Aufwand wird Herr Schuster bei der Beratungsstelle eingeführt. Der Mißbrauch ist der Fürsorgestelle zu Ohren gekommen, die entschlossen und unnachgiebig handelt. Das Kind muß aus der Familie genommen werden, die dafür notwendige Handhabe steht zur Verfügung. Die Mutter könne das Kind ohnehin nicht schützen. Die Beratungsstelle wird vor vollendete Tatsachen gestellt, in die Pflicht genommen, aber zugleich in ihrem Handlungsspielraum eingeschränkt.

Die Enttäuschung läßt den Therapeuten ebenfalls zum letzten Mittel (Anzeige) greifen bzw. an eine solche denken. Es ist in seinen Augen der Gipfel der Infamie, daß der Mißbrauch während der Therapie weitergegangen ist.

Die Überreaktion der Helfer, die Herr Schuster als unangemessen erlebt bzw. darstellt, sagt auch etwas über ihn aus. Er hat sie selber mit hervorgerufen: Beim Therapeuten hat er sich als „braver Junge" eingeführt, und die Sozialarbeiterin hat er schon einmal ins Leere laufen lassen. Er ist ihrem Zugriff schon einmal entkommen.

Herr Schuster und seine Partnerin kommen zum Erstgespräch: Er, Mitte Dreißig, hat etwas Unterwürfiges in der Körperhaltung, aber sein Händedruck ist fest zupackend. Sein Blick wirkt scheu, seine kleinen Augen sind hinter dicken Brillengläsern versteckt, man kann nicht genau sehen, wenn ihm die Tränen kommen. Zwischendurch blitzt etwas Schelmisches in seinen Augen auf. Er redet leise, etwas quengelig, nörgelnd. „Ich komme wegen Kindesmißbrauch" – das also ist *seine* Formulierung. Es gehe um seine 8jährige Tochter Anja. Treuherzig-bieder bekennt er, schon beim Anwalt gewesen zu sein, der ihm geraten habe, sich schuldig zu bekennen. Sein Kommen erfüllt diesen Ratschlag.

Auf die Frage, wie er seine Tochter mißbraucht habe, gibt er an, sie angefaßt und geleckt und sich selbst dabei befriedigt zu haben. Eine nicht unwesentliche Nuance fügt er also seiner bisherigen Darstellung hinzu, die den Kindsmißbrauch als sexuellen präzisiert, dennoch erübrigt sich weiteres Nachfragen nicht. Er ist vorsichtig. Der Anwalt hat ihm geraten, sich schuldig zu bekennen, aber nicht mehr zu sagen als nötig. Er stellt sich auf Ausfragen ein. Die Körperhaltung, die er dabei einnimmt, ist die des Schuld bekennenden kleinen Jungen. Die Geschichte weitet sich aus. Er habe 3 Töchter, zwei davon aus der ersten Beziehung. Mit Sonja sei es '84 losgegangen. Sie habe er ebenfalls, wie später Anja, geleckt und sich dabei befriedigt. Er habe mit ihr Fangen gespielt, sie unter den Tisch verfolgt. Dabei habe er sie zwischen den Beinen zu fassen bekommen. Das habe ihn sehr erregt. Er habe sie dann zu sich herangezogen und auf die Scheide geküßt und geleckt. Sonja habe es dann bei Anja versucht, worauf sich seine erste Partnerin ans Jugendamt um Hilfe gewendet habe. Er habe damals alles abgestritten.

Dies also ist der Grund für das unerbittliche Vorgehen der Sozialarbeiterin: Der Mann ist bereits „einschlägig“ bekannt. Wenn wir das Vorgehen der Sozialarbeiterin aus dem Gefühl verstehen, jetzt endlich den schon mal Ausgewischten packen zu können, so ist dieses damit doch nicht zu rechtfertigen. Herr Schuster schafft sich, wie man sieht, seine Feinde, und er schafft es, sie in Rage zu bringen. Und er sieht sich selbst immer als das hilflose verfolgte Opfer.

Drei Jahre später ('90) sei er dann in die Therapie gegangen, „aus Angst, daß ich Anja vergewaltige“. Der Therapeut sollte ihm helfen, davon loszukommen. „Mit einemmal ging es wieder los.“ Auf die Frage, wie, antwortet er, er habe Anja mit Spielsachen erpreßt oder mit dem Versprechen, runtergehen zu dürfen. Er sieht also durchaus, daß er Anja erpreßt hat, daß er es war, der wieder angefangen hat, aber er steht diesem Geschehen wie einem Ich-fremden Prozeß gegenüber, der wieder in Gang gekommen ist.

Auf meine Nachfrage, worin seine Angst, Anja zu vergewaltigen, begründet gewesen sei, antwortet er nicht direkt, sondern sagt, es sei losgegangen, als beide gemeinsam in der Badewanne waren. Beim Abtrocknen habe er sie geleckt, dann sein Glied an ihrer Scheide gerieben. Später habe er sie zum Nacktbaden mitgenommen. Dabei sei aber nichts passiert. Es habe ihn befriedigt, sie nackt sehen zu können. Dann habe er Fotos von ihr gemacht, „weil ich davon loskommen wollte. Wenn du Fotos von ihr hast, brauchst du nicht sie anzusehen.“ Es habe aber alles nichts geholfen. „Wenn ich Anja gesehen habe, war alles wieder vergessen.“ Einmal, als sie beide beim Segeln waren, habe Anja gesagt, sie habe ihrer Klassenkameradin davon erzählt. Ihn habe danach die Angst gepackt, denn der Vater dieser Klassenkameradin sei Staatsanwalt. Er sei daraufhin zur Therapie gegangen. Das ist eine andere Erklärung als die anfangs gegebene, bzw. die eine interpretiert die andere: Die Angst vor Aufdeckung (und Strafverfolgung) ist der Motor für den geäußerten Therapiewunsch.

Er geht zur Therapie, um „davon“ loszukommen, aber er

verheimlicht es seinem Therapeuten, daß „es wieder losgegangen" ist. Mit derselben Begründung, nämlich um „davon loszukommen", macht er Photos von Anja, aber die Betrachtung der Fotos erregt ihn. Sucht er sich Wege, um gerade das zu vermeiden, was er zu wollen behauptet, um vielmehr weitermachen zu können? Die Fotos und der Therapeut erklären sich in ihrer Bedeutung für ihn gegenseitig, und dadurch bekommen wir einen näheren Zugang zu seiner Strategie: Auf der einen Ebene nimmt er sich vor, davon loszukommen, auf der anderen Ebene hält er so das Objekt seiner Begierde ständig gegenwärtig. Ein Stellvertreter nimmt den Platz des Objekt ein und hält damit den Wunsch danach immer wach.

Der Therapeut wird in Herrn Schusters Vorstellung in die Verantwortung genommen: Er weiß vom Mißbrauch, aber er greift nicht ein. Er glaubt an seinen guten Willen, bleibt „gutgläubig" und hält auf diese Weise, ebenso wie die Fotos, die Perspektive der Befriedigung offen.

Natürlich weiß Herr Schuster, daß dies nicht Aufgabe des Therapeuten ist, aber in seinem Skript, in seinem Spiel spielt der Therapeut diese Rolle. Er wolle „davon loskommen", diese Behauptung scheint für ihn die Bedeutung einer Eintrittskarte für die Therapie zu haben. Die Tochter geht mit zu seinem Therapeuten. Wenn es weitergeht, geht es unter den (geschlossenen) Augen des gutmütigen Therapeuten weiter, also, so schlußfolgert er, mit dessen Erlaubnis. Und mit der Erlaubnis des Kindes, mit dessen Einverständnis, denn das Mädchen erzählt ja nichts in der Therapie. Anja hält sich an das Schweigegebot. Dadurch rechtfertigt sie den weiteren Mißbrauch – in den Augen des Vaters.

Er weiß, er hat Anja „erpreßt": mit Spielsachen, mit Vergünstigungen [auf die Straße gehen dürfen], mit Geschenken. Sie sind für ihn Ausdruck väterlicher Liebe und Zuneigung. Er schenkt dem Kind, was es sich wünscht, darin stellt er sich als der „gute Vater" dar. Er weiß, daß er kein guter Vater ist, wenn er an den Mißbrauch denkt, aber dabei fühlt er sich selber als Opfer, das mit allen Mitteln gegen etwas ankämpft, wovon es nicht loskommt. Und wie soll er das schaffen, wo doch nicht einmal der Therapeut es schafft, ihn zu befreien, ihn zu schützen?

Er war erst zum Therapeuten gegangen, als er befürchten mußte, der Mißbrauch könne ans Licht der Öffentlichkeit kommen. Der Therapeut dient also noch einem anderen Schutz: dem Schutz vor dem Staatsanwalt, vor der Strafverfolgung. Denn falls er überführt wird, kann er dann darauf verweisen, daß er etwas zu unternehmen versuchte. Und eben deshalb geht es ja auch nach einem Monat weiter. Die Angst, vom Staatsanwalt, dem Vater der Freundin seiner Tochter, angezeigt zu werden, ist verflogen, es war nichts erfolgt, also hat der Therapeut seine Funktion verloren, ihn vor den Verfolgungen der Öffenlichkeit zu schützen. „Es" kann wieder beginnen, d. h. er. Damit bestätigt er: Nicht so sehr vor dem Mißbrauch sollte der Therapeut ihn schützen, sondern vor den Folgen der Entdeckung, den Reaktionen der anderen, vielleicht auch vor denen seiner Tochter.

Die Tochter sollte zugleich mit der Therapie die Möglichkeit bekommen, sich auszusprechen, damit sie nicht mehr die Freundin braucht, die es ja weitererzählen könnte. Der Therapeut darf nicht weitererzählen, er ist durch die Schweigepflicht gebunden, er schützt ihn, wenn andere darüber reden sollten.

Bisher steht die schlaue Kalkulation im Vordergrund, das Schelmische, das in Herrn Schusters Augen aufblitzte. Und die Strategie ist ja durch die Äußerung, der Anwalt habe ihm geraten, sich schuldig zu bekennen, von ihm als bewußte Strategie eingeführt worden. Es ist aber nicht bloß durchtriebenes Spiel, es entspricht seinem Bild von sich selbst: der von anderen Getretene muß sich vor diesen schützen, und er kann dies, wenn er schlau ist: er ist nicht nur der getretene Hund, er ist vielmehr der schlaue Fuchs. Verschlagenheit ist die Waffe des Geschlagenen.

Auf die Frage, wie es denn um Tamara stehe und was er zum Verdacht der Sozialarbeiterin sage, antwortet er:

„Meine Partnerin würde mich sofort verlassen." Wir wissen bereits, daß sie ihn nicht verlassen „darf", weil er sie braucht zur Stabilisierung seines Selbstbildes und damit des Bildes, das er seiner Umwelt vermitteln will. Er kann zugleich meinen: Deshalb darf darüber auf keinen Fall etwas herauskommen – eine typische Haltung Verdächtigter. Unter Umständen fügt er deshalb hinzu: „Ich liebe Tamara anders als Anja. Anja habe ich als Freundin geliebt, Tamara liebe ich als Kind." Vielleicht überzeugt das.

Meine Frage sagt ihm, daß mich das nicht überzeugt: „Wie schützen Sie sich davor, daß Tamara nicht auch zur ‚Freundin' wird, daß Sie Tamara nicht auch mißbrauchen?"

„Das beste wäre, zu verhindern, daß ich mit Tamara allein bin." – „Zu verhindern?" Wer kann das verhindern? Wie kann das verhindert werden? Was kann er dafür tun? Es gibt kein Ausweichen mehr. „Das Sicherste wäre z. Zt. die Nervenklinik." Gibt er sich damit geschlagen?

Herr Schuster kennt die Nervenklinik bereits, dort hat er seine jetzige Partnerin kennengelernt, eine in ihrer Stabilität geschwächte, drogengefährdete Frau.

In die Klinik gehen zu wollen ist also ein Angebot mit doppelter Botschaft: Um Tamara zu schützen, würde er auch das, das letzte, auf sich nehmen. Zugleich stellt er sich mit diesem Angebot als selbst hilfsbedürftig dar, dem Zusammenbruch nahe. Damit hätte er die Verantwortung, Tamara zu schützen, in ein Schutzbedürfnis seiner Person umgewandelt: Um *ihn* muß man sich kümmern, sorgen. Dort werde ich Zuflucht finden, scheint er sagen zu wollen. Zugleich aber auch: Ihr könnt mir das nicht zumuten, nicht antun.

Herr Schuster läßt sich darauf ein, eine Wohnung zu suchen; im Ostteil der Stadt wird es billige Zimmer geben.

Noch bevor es dazu kommt, hat die Sozialarbeiterin Tamara aus der Familie genommen: an dem Tag, als die Eltern in der Beratungsstelle waren. Sie begründet diese unabgesprochene Aktion damit, daß KiZ doch nicht „die Lösung" fände. Herr Schuster sei „eine langfristige Sache", er dürfe seine Kinder nicht mehr sehen, bis sie 16 geworden sind. Deshalb habe sie das Gespräch in der Beratungsstelle nicht abgewartet. Sie hat damit mich, die Beratungsstelle, brüskiert: In den Augen der Familie müssen wir an diesem heimtückischen Überfall beteiligt gewesen sein, zumindest dazu beigetragen haben, diese Aktion zu ermöglichen. Absprachen über Tamaras Schutz, die wir mit der Familie getroffen hatten, sind dadurch zu leerem Gerede worden. Kein guter Anfang für eine therapeutische Arbeit. Natürlich gehe ich ins Amt, um der Sozialarbeiterin das zu sagen, aber es ist schon zu spät, um mehr als meinen Ärger loszuwerden.

Am selben Tag ruft Herr Schuster an, um mir von seinen erfolgreichen Bemühungen zu berichten und zu zeigen, wie ernst er unsere Absprachen nehme: Er habe bereits eine Wohnung in der Schönhauser Allee in Ostberlin. Gleichzeitig sagt er, die Sozialarbeiterin habe schon Anzeige gegen ihn erstattet. Ich kann ihm nur beteuern, daß das nicht unseren Vorstellungen entspricht. Ich hoffe, damit die noch wenig belastbare Beziehung zu ihm zu retten, aber um den Preis, daß ich der Rolle seines Verbündeten gegen das Amt gefährlich nahe komme.

Zwei Tage später ruft Herr Schuster empört an. Er vermutet, ich hätte seine neue Adresse ans Jugendamt gegeben. Dort habe sich die Sozialarbeiterin gemeldet und dann die Vermieterin über Herrn Schuster aufgeklärt. Die habe ihm die Wohnung daraufhin wieder weggenommen. Der Kampf der Sozialarbeiterin gegen Herrn Schuster nimmt die bedrohlichen Dimensionen einer Verfolgung an. Ob ihr klar ist, was sie damit tut? Sicher denkt sie, nur so sei einem Mißbraucher beizukommen, und hat die Vorstellung, gegen Mißbraucher Krieg führen zu müssen. Für den Mißbraucher bestätigt sich damit seine Angst, es handle sich um eine Verfolgung, mag diese Sichtweise auch eine Umkehrung der tatsächlichen Zusammenhänge sein. Es wird ihm nicht erleichtert, diese Umkehrung zu erkennen. Das Verhalten der anderen bestätigt seine Sichtweise und hindert ihn somit, diese aufzugeben. Er trifft auf eine nur noch feindliche Welt, vor der er sich in acht nehmen muß. Er wird nichts mehr sagen und weiterhin versuchen, sich mit dem fatalen Mittel der Verleugnung zu schützen.

Worin kann unsere Arbeit mit ihm bestehen? Wir müssen den Mißbrauch ins Zentrum unserer Arbeit stellen. Aber: Ist das jetzt sein Problem? Jetzt muß er sich damit herumschlagen, was das Amt ihm angetan hat und wie es ihn weiter verfolgt. Das heißt aber, er wird sich nicht seinem Mißbrauch zuwenden, nicht Verantwortung dafür übernehmen, denn jetzt muß er alle Kräfte mobilisieren, um sich vor dem drohenden Zusammenbruch zu schützen.

Er muß seine Partnerin für sich behalten. Auch ihr darf er nicht mehr sagen, als sie ohnehin weiß, denn das Amt übt Druck auf sie aus, sie solle sich von ihm trennen. Er wird sich darauf konzentrieren müssen, das Geschehene zu verharmlosen, seine Schwäche in Hilfe umzuwandeln. Und er wird Verbündete dafür suchen müssen. Sind wir solche Verbündeten? Nur dann könnte er sich auf unser Hilfsangebot einlassen. Aber unserer Arbeit wird der Boden entzogen, wenn wir seine Verbündeten im Kampf gegen die anderen sein müssen. Sind wir es nicht, können wir von vornherein alles aufgeben.

Herrn Schusters Partnerin wird von der Sozialarbeiterin vor die Alternative gestellt, sich entweder von Herrn Schuster zu trennen oder auf ihre Tochter Tamara zu verzichten. Herr Schuster „möchte nicht, daß seine Partnerin für ihn büßen muß". Er schließt aber die Augen davor, daß nur er das verhindern kann. Er schiebt damit die Verantwortung ab, denn büßen muß ja tatsächlich sie, da ihr die Tochter genommen wurde. Wenn er ihr sagt, er möchte nicht, daß sie für ihn büßen muß, sagt er nicht, er helfe ihr, sich von ihm zu trennen. Das will er nicht. Im Gegenteil, er erwartet von ihr, daß sie bei ihm bleibt. Auch die Trennung wird durch das Verhalten der Sozialarbeiterin verhindert. Eine Trennung käme der Unterwerfung unter die Forderung der Sozialarbeiterin gleich und wäre gleichbedeutend mit einem Verrat an ihm, an ihrer Beziehung. So wird das Paar daran gehindert, die gemeinsame Verantwortung für das Kind zu übernehmen.

Im zweiten Gespräch, dem Vorgespräch für die Männergruppe, das ich mit meiner Kollegin führe, begründet Herr Schuster, warum er in der Therapie nicht mehr über den Mißbrauch an seiner Tochter Anja gesprochen hat: Probleme am Arbeitsplatz seien in den Vordergrund getreten. Er sagt nicht, er habe diese Probleme in den Vordergrund geschoben, das ist ihm vielleicht auch gar nicht so klar. Die Probleme in der Firma bedrängen ihn. Seine leitende Funktion wurde ihm entzogen, weil er Alkoholprobleme hatte. Ist das Alkoholproblem ein – regressiver – Lösungsversuch? Er schiebt die Verantwortung ab, nicht direkt auf den Therapeuten, sondern auf den Arbeitsplatz. Und doch sind seine Probleme dort das Ergebnis seines Versuchs, den Grund für die Annahme der Therapie, in regressiver Weise zu vernebeln. Er betrinkt sich, um sich nicht eingestehen zu müssen, was er getan hat. Er bekommt Probleme am Arbeitsplatz und kann sich nun diesen zuwenden bzw. den Therapeuten damit beschäftigen. Er kann damit auch die (mütterliche) Vater-Rolle, die er in dem Therapeuten sucht, besser herausfordern, als wenn er mit diesem über sein Mißbrauchsproblem spricht. Daß der Therapeut sich darauf einläßt, ist sicher problematisch, aber wichtig ist hier, daß Herr Schuster es schafft, ihn zu verführen.

Da er in diesem zweiten Gespräch die Möglichkeit hat, zum zweiten Mal über den Beginn des Mißbrauchs zu berichten, erhält er die Gelegenheit, seiner Geschichte einige andere Facetten zu geben. Es begann 1987 auf Borkum. Seine Tochter Anja und er waren zusammen in der Badewanne, er habe sein Glied in ihren Mund gesteckt, „aber nur einmal“, betont er. Er läßt die „Vorgeschichte“ mit Sonja weg, bringt das neue Detail der fellatioähnlichen Befriedigung und beteuert zugleich die Einmaligkeit. Ist das Ausdruck einer Konzentration auf das für ihn Wesentliche oder des Versuchs, die Geschichte zu reduzieren, mit der Absicht, sie harmloser erscheinen zu lassen als beim ersten Gespräch? Zunächst erzählt er die Geschichte folgendermaßen weiter: Bald danach, im August, sei er in eine Krise gekommen. Wir erfahren nicht, wodurch diese Krise tatsächlich ausgelöst worden war, aber in seiner Darstellung folgt der Zusammenbruch auf die Nennung des Mißbrauchs. Er arbeitet damit die Erschütterung über den – einmaligen, wie er beteuerte – Mißbrauch grell heraus, die Katastrophe, in die ihn der Mißbrauch geführt habe.

Er sei in die Krisenstation gegangen. Dort habe er seine jetzige Partnerin kennengelernt. Seine erste Partnerin habe er in einer Tagesklinik kennengelernt. Sie habe nach der Trennung Selbstmord verübt. Durch die neue Beziehung habe er den Mißbrauch überwinden wollen. Aber es sei nicht gegangen.

Hier ist noch einmal die Darstellung des Versuchs, den Mißbrauch mit Hilfe einer Beziehung zu einem anderen Menschen zu überwinden, eingebettet in die Andeutung einer Schuldübernahme für den Selbstmord der ersten Partnerin. Er sagt der zweiten Partnerin nicht, welche Aufgabe er ihr zuschreibt, welche Hoffnung er an sie knüpft. Zugleich bindet er sie in seiner Phantasie in die Überwindung des Mißbrauchs und damit in den Mißbrauch selber ein, denn sie kann ihm ja nicht helfen, wenn sie nicht weiß, wobei sie ihm helfen soll. Daß er seine Partnerin in der Krisenstation sucht, heißt, daß er diesen Wunsch nach Hilfe in die Form eines eigenen Hilfsangebots kleidet. Der Versuch, sich gegenseitig zu stützen, muß scheitern, weil keiner die Kraft hat, die der andere braucht. In dieses Hilfsangebot verpackt, wird zugleich die Verantwortung für den Mißbrauch abgegeben und nicht übernommen.

Der Mißbrauch der Tochter Anja wird in seiner Darstellung eingebettet in eine lange Mißbrauchsgeschichte, die er bis in die eigene Kindheit zurückführt. Im Alter von 7 Jahren hatte Herr Schuster Kontakt mit einer gleichaltrigen Schulkameradin. Er bezeichnet ihn als „Doktorspiel". Er habe ihr den Penis in den Mund gesteckt. Er wurde von dem Bruder des Mädchens überrascht. Später, im Alter von 14, hat er einen solchen Kontakt mit der damals 5jährigen eigenen Schwester. Dieses Mal wurde er vom eigenen Bruder gestört. Er wurde von der Mutter zur Rede gestellt, habe alles abgestritten; weil er ohnehin von den Eltern geschlagen wurde, sei er ins Heim gekommen.

Der wichtige Grund für diese zweite Fassung der Geschichte ist die Zurückführung auf die eigene Kindheit und frühe Jugend. Diese hat sicher die Funktion der Entlastung. Er zeigt damit, wie er den Mißbrauch an seiner Tochter erlebt: als Wiederholung. Er reinszeniert bis ins fellatioartige Detail die Situation des kleinen Jungen, der „Doktorspiele" ausprobiert. Zugleich wird dieser Mißbrauch als Tröstung gedeutet und erlebt. Er habe sich mit seiner Tochter trösten wollen, so wie er dies in der Jugend, als geschlagenes Kind, getan habe, als er sich mit der eigenen Schwester sexuell zu trösten versuchte. Die Strafe (der Eltern, die ihn ins Heim verstoßen hatten) machte es ihm unmöglich, die Verantwortung für seine Tat zu übernehmen. Um sein Selbstwertgefühl zu schützen, mußte er sein Tun idealisieren, als Tröstung eines Geschlagenen durfte er sich sein Vergehen nicht eingestehen.

Aber zugleich gibt Herr Schuster dieser Reinszenierung der Mißbrauchssituation der eigenen Kindheit und Jugend das Etikett der Sucht: er komme nicht davon los, obwohl er sich darum bemühe.

Seine Selbstdarstellung als Opfer hat zwei Ebenen. Opfer unverhältnismäßiger Verfolgung(en) und Opfer eigener, unbezähmbarer Sucht. Zwiefach getreten: im aussichtslosen Kampf gegen seine Triebe nicht nur allein gelassen, sondern obendrein noch bestraft und verstoßen. Auch seine Beziehungen zu seinen Partnerinnen kleidet er in diese Opferrolle. Hilfsbedürftig, wie er sie auswählt, opfert er sich für sie auf. Dieses Opfer-Selbstbild ist nicht nur (bloße) Verkehrung der tatsächlichen Täterrolle in ihr Gegenteil, sondern – in ihrem Charakter der Reinszenierung seiner Kindheit, der Wiederholung seiner Kindheitserinnerungen – tatsächlich erlebt, es spiegelt seine Selbstsicht als Opfer von Schlägen und von Mißbrauch als zwanghafte Wiederholung seiner Kindheitserfahrung. Indem er seiner Tochter den Penis „in den Mund steckt", wird er in seiner Phantasie zum kleinen Jungen von 7 Jahren und sie zu seiner Schulkameradin – er meint sie, wenn er sagt, er liebe Anja wie eine „Freundin".

Wird diese Opferhaltung zur Falle der Therapie werden? Gleichgültig, ob ich sie ihm zugestehe oder nicht, ich werde ihm in beiden Fällen nicht gerecht, entscheidender: ich verstehe ihn nicht, und das heißt: ich kann ihm nicht helfen. Die Opferrolle kann nur insofern das Thema der Therapie sein, als er in dieser Opferrolle andere zum Opfer gemacht hat. In dieser Rolle hat er seine Tochter mißbraucht, ist er Täter gewesen. Seine Umwelt, oder genauer, die dafür zuständige Instanz der Familienfürsorge, des Therapeuten behandeln ihn als Täter und machen ihn, so wie sie es tun, (erneut) zum Opfer. Diese Art, ihn als Täter zu behandeln, dürfen wir nicht übernehmen. Aber geben diese Instanzen uns Zeit, in anderer Weise mit der Täter-Rolle umzugehen, so daß ihm seine Inszenierung deutlich werden kann?

Aber vergessen wir nicht den Schalk in seinen Augenwinkeln, die ironische Distanz, die er zu dem, was er sagt, herstellt. Diese – zumindest die Möglichkeit – könnte auch ausdrücken, daß er zu sich selbst, zu dem, was er tut, in Distanz geht, sich selbst schonungslos betrachtet und sieht, daß er etwas inszeniert, daß er es ist, der inzeniert, daß er sich zum Opfer – von Verfolgung und Wiederholungszwang – macht. Können wir darauf ein therapeutisches Arbeitsbündnis aufbauen?

Zum Schluß charakterisiert er seine Sexualität mit seiner Partnerin als aggressiv, er tue ihr weh. Ist das für ihn die Möglichkeit, aus seiner Opferrolle herauszukommen, indem er sich – uns gegenüber – als männlich darstellt? Ist ihm das Gewand des Büßers zu eng geworden? Gibt er es an seine Partnerin weiter? Auch darin bliebe er der Mißbraucher. Und: er fordert unsere Mißbilligung heraus. Auch darin ist er der Verführer. In letzter Zeit sei der sexuelle Kontakt zur Partnerin reduziert. Er sagt nicht: durch den Mißbrauch – das wird er erst in der Therapie sagen können.

Soweit die Geschichte von Herrn Schuster, *seine* Darstellung seiner Geschichte – *unsere* Wahrnehmung. Die Geschichte eines konkreten Vaters, der seine Tochter sexuell mißbraucht hat. Inwieweit ist sie zu verallgemeinern? Wir fragen nach den individuell-konkreten Besonderheiten, in die die Darstellung der Geschichte eines Mißbrauchs gekleidet ist.

In Darstellung wie Erleben geht immer die Auseinandersetzung mit der gesellschaftlichen Ächtung des Mißbrauchs ein. Der Mißbraucher ist ein Paria in den Augen der Öffentlichkeit – und in seinen eigenen: Denn wir sehen uns immer auch mit den Augen der anderen, auch wenn wir uns – und den anderen – dabei etwas vormachen. Sich mit den Augen der anderen zu sehen, sich mit ihrer Verachtung auseinandersetzen zu müssen ist für den Mißbraucher beschämend. Und diese Scham versucht er abzuwehren. Die undifferenzierteste Form dieser Abwehr ist die Verleugnung. Verleugne ich die beschämende Tat, so muß ich gar nicht erst beschämt sein. In diesem strikten Sinn verleugnet Herr Schuster nicht, daß er seine Tochter sexuell mißbraucht hat. Aber er stellt den Mißbrauch sich und uns zunächst nicht in dem ganzen grauenvollen Ausmaß dar, in dem er ihn seiner Tochter angetan hat. Er sieht ihn mit *seinen* Augen. Und in seinen Augen sieht er ihn als „Sucht". Und sein Tun als „Sucht" darstellen heißt, die Verantwortung abzuschieben.

Er schiebt die Verantwortung für sein Tun als Erwachsener an das Kind ab, das er nicht mehr ist, er verlegt den Anfang und damit den Grund seines Mißbrauchs in seine Kindheit, schreibt die Verantwortung dafür seiner Mutter, seinem Vater zu. Dieses Abschieben entspricht (auch) seinem Erleben. Es ist nicht nur bewußte Strategie, sondern gleichzeitig unbewußte, es ist in das Erleben seines Tuns verwoben. Warum er das tut, ist ihm nicht bewußt. Das getretene Kind hatte Trost gesucht in der Nähe zu einem anderen. Indem sie etwas Verbotenes getan haben, haben sie die aufregende Erfahrung ihrer Autonomie gemacht: Wir können uns das geben, was die Erwachsenen uns vorenthalten. Aber diese Erfahrung war zugleich vergiftet, wie die in eigener Regie entdeckte sexuelle Erfahrung von Kindern vergiftet wird durch das Verbot der Erwachsenen, durch den Zwang zur Verheimlichung.

Als Kind konnte er sich trösten und mußte sich in diesem Trost zugleich als verworfen erleben, konstituieren. Als Erwachsener muß er anders können. Als Erwachsener ist er verantwortlich für das, was er tut. Er muß die Verantwortung für etwas übernehmen, für das er als Kind keine Verantwortung übernommen hatte. Er muß die Verantwortung für den übernehmen, zu dem man ihn als Kind gemacht hatte. Damit überwände er seine Opferrolle.

Er will nicht, er will nicht anders können, er will nicht erwachsen werden. Aber dafür ist er verantwortlich.

Dieses Abschieben der Verantwortung – auf Mutter, Vater, Kindheit – ist nur zum Teil bewußte Strategie. Sie ist (noch) nicht bewußt in den Teilen, die er (noch) nicht darstellen, (noch) nicht in seine Geschichte integrieren kann. Das wird vor allem deutlich in seiner Abwehr der Verfolgung durch die anderen. Ihm ist nur zum Teil bewußt, daß und inwieweit er diesen Kampf selber bestimmt, selber initiiert, an ihm beteiligt ist. Ihm ist nicht bewußt, daß er mit diesem Kampf von seinem Mißbrauch ablenkt, sich seiner Verantwortung nicht stellt, sondern sich gegen seine Verfolger stemmt.

Es ist ihm auch nicht bewußt, daß er bereits mit der Wahl der – hilfsbedürftigen – Partnerin von seiner Verantwortung für seinen Mißbrauch und für das mißbrauchte Kind ablenkt.

Es ist ihm nicht (voll) bewußt in der Beziehung zum Kind. Auch an diese schiebt er Schuld und Verantwortung ab, indem er das Kind als Objekt seiner mißbräuchlichen Begierde betrachtet.

Dieses Abschieben der Verantwortung ist die zentrale Verarbeitungsform in jedem Mißbrauch, also etwas Allgemeingültiges. Herr Schuster wählt eine eher passive Form, nicht die des undurchdringlichen Ableugnens, sondern der stillschweigenden Weigerung, die Verantwortung für den Mißbrauch in seinem vollen Umfang zu übernehmen.

Ziel dieses Abschiebens der Verantwortung ist die Abwehr von Beschämung. Jeder Mißbraucher versucht, den Mißbrauch zu leugnen, zu rationalisieren. Herr Schuster tut auch dies nicht in der krudesten Form, er stellt den Mißbrauch seiner Tochter nicht als Ausdruck besonderer Liebe, als besondere Form von Zärtlichkeit dar. Er sieht ihn durchaus als Mißbrauch. Aber er sieht nicht, daß er mit diesem Mißbrauch die Beziehung zu seiner Tochter diametral und grundlegend in das Gegenteil einer liebevollen und zärtlichen Beziehung eines Vaters zu seiner Tochter verkehrt. Er macht aus ihr eine Ausbeutungsbeziehung, eine Mißbrauchsbeziehung. Er liebt Anja nicht, *weil* er sie mißbraucht. Das sieht er nicht, kann er nicht sehen, will er nicht sehen. Er isoliert den Mißbrauch als Übergriff innerhalb einer ansonsten guten Beziehung. Er spaltet diese Beziehung in zwei, die unverbunden nebeneinander stehen (so wie auch das Kind spaltet zwischen dem guten Vater und dem mißbrauchenden, bösen).

Herr Schuster verleugnet den Mißbrauch nicht, sagten wir. Aber er tut es doch. Er sagt wie jeder überführte Mißbraucher: „Es war nur einmal." Einmal ist keinmal. Er verleugnet damit die weiteren Male, die diesem einen Male folgten, und vor allem die vorangegangenen. Vielleicht ist ihm dieses eine Mal in Erinnerung geblieben, weil es die letzte Stufe des Mißbrauchs, des lange Zeit zurückreichenden Prozesses war, die er erreicht hatte, bevor dieser gestoppt werden konnte, vielleicht (eher) weil dieses Mal sich mit Erschrecken oder Lust in seine Erinnerung eingebrannt hat, weil das Schuldgefühl nicht mehr abzuweisen war. Den gesamten Prozeß von der ersten eigenen Erregung, der er nachgegeben hatte – die erotisch aufgeladene Spannung, in die er sich seit dem immer wieder versetzt hat, die begehrlichen Blicke, mit denen er das Kind ausgezogen hat, die gierige, geile Berührung, mit der er die Tochter bedrängt hat –, diesen gesamten Prozeß der Gestaltung der Beziehung als Mißbrauchsbeziehung verleugnet er.

Verleugnung ist der psychologische Kern des Umgangs mit dem sexuellen Mißbrauch, der Abwehr von Beschämung, Schuld und Verantwortung. Wir finden diesen Kern auch in der Geschichte von Herrn Schuster unter der Oberfläche des bereitwilligen Eingeständnisses. Verleugnung ist ein unbewußter Prozeß der Abwehr bedrohlicher Affekte, die das Selbst(bild) demütigen. Deshalb würde Herr Schuster dieser Analyse auch nicht in allen Punkten zustimmen können. Sein Selbst-Bild, das durch diese Abwehr geschützt werden soll, würde das nicht zulassen.

Elisabeth Bingel

Suche nach Zärtlichkeit und Selbstbestätigung? Bedürfnis nach Rache? Motive des Mißbrauchers

Im vorangegangenen Kapitel haben wir das Bild beschrieben, das Herr Schuster, der zwei seiner kleinen Töchter über längere Zeit hinweg sexuell mißbraucht hat, von sich selbst zu entwerfen sucht: Er ist zwar bereit anzuerkennen, daß an seinem Verhalten etwas nicht ganz richtig war – dennoch sieht er sich nicht nur als Täter, sondern auch als Opfer, das Hilfe und Unterstützung benötigt. Er ist das Opfer der Verhältnisse in seinem Elternhaus, Mutter hat ihn geschlagen; für harmlose Doktorspiele wurde er hart zur Rede gestellt und anschließend ins Heim eingewiesen; auch später wird er immer wieder zum Opfer unangemessener Verfolgung für ein Verhalten, das ihn ohnedies schon in tiefe Krisen stürzt und dessen er, selbst mit Hilfe eines Therapeuten, nicht Herr zu werden vermag. In der aktuellen Situation versuchen Polizei, Gericht und Jugendamt ihn zu vernichten, zerstören seine Partnerschaft, nehmen ihm die Kinder und schließlich sogar das Dach über dem Kopf, obwohl er sich doch einsichtig und bereit zur Kooperation gezeigt hat.

Diese Selbstdarstellung des Herrn Schuster ist sicher nicht gespielt, in ihr spiegeln sich sein augenblickliches Erleben, seine Gefühle von Angst, Ohnmacht und Hilflosigkeit. Zugleich ergibt sich aber eine Reihe von Fragen: Wie kommt es, daß er sich in dieser Position des Opfers so häuslich eingerichtet hat? Als kleiner Junge wollte er doch sicher – wie alle Jungen – groß, stark und eigenständig werden. Was hat ihn so anfällig gemacht für Beschämungen, daß er sich der tatsächlichen Bedeutung seines Verhaltens für seine Tochter nicht bewußt werden darf und es folglich auch nicht kritisch reflektieren und schließlich verändern kann? Wie kommt es, daß er nur scheinbar Verantwortung übernimmt und sie zugleich, wie wir gesehen haben, an den Therapeuten, die Beratungsstelle delegiert?

Herrn Schusters Erklärungen geben uns zu diesen Fragen keine Auskunft, und wenn wir sie an ihn richteten, könnte er sie uns nicht zufriedenstellend beantworten. Könnte er es, hätte er seine Töchter nicht sexuell mißbraucht oder sich gleich beim Verspüren entsprechenden Verlangens wirksamen Schutz und Hilfe geholt. Mit anderen Worten: Obwohl er sich der Unrechtmäßigkeit seiner sexuellen Handlungen mit den Töchtern sogar ansatzweise bewußt ist, war die Angst vor einer Entdeckung und deren möglichen Folgen immer noch geringer als der augenblickliche Gewinn. Wirksame äußere Hindernisse waren ebenfalls nicht gegeben, so daß sein momentanes Verlangen und der Drang, es zu befriedigen, stärker wurden als seine Fähigkeiten und wahrscheinlich auch seine Bereitschaft, diese Wünsche zu kontrollieren. Dennoch blieb ihm das Verbotene seines Handelns sehr wohl spürbar. Er gleicht insofern einem Alkoholiker, der in nüchternem Zustand durchaus weiß, daß er sich und seine Familie durch das Trinken schädigt. Der Kreislauf der Sucht schließt zugleich die meist unbewußte Entledigung von der Verantwortung für das eigene Tun ein. Selbstmitleid und Größenwahn dienen der Verleugnung der eigenen Abhängigkeit und wechseln einander ab: „Wenn die Partnerin, die Kinder, der Chef nicht so schrecklich wären, würde ich natürlich nicht trinken, mit irgend etwas muß ich mich ja trösten, entspannen, abschalten ...“ – „Natürlich kann ich jederzeit aufhören zu trinken, wenn ich wirklich will, aber warum soll ich denn, warum soll ich mir wenigstens dieses Vergnügen nicht gönnen!“ – „Nur dieses eine Mal noch, weil heute schönes Wetter ist, weil schlechtes Wetter ist, weil ich mich gut fühle, weil ich mich schlecht fühle ...“ – so etwa lauten die Entschuldigungen eines Alkoholikers vor sich selbst und anderen. Ähnlich haben denn auch die Rechtfertigungen des Herrn Schuster geklungen. Gleichzeitig legt er ein oberflächlich wirkendes Schuldeingeständnis ab, das aber wohl eher auf Mitleid und

Absolution wie in der Beichte abzielt, als daß es seine Bereitschaft und Fähigkeit zur tatsächlichen Übernahme von Verantwortung für seine Handlungen enthielte. Noch leugnet er vor sich selbst das Ausmaß seiner Nicht-Verantwortlichkeit. Wie aber entstehen solche Manöver, mit denen er sich selbst und andere täuscht? Von Herrn Schuster wissen wir bisher nur, daß er als Kind geschlagen und mit 14 Jahren in ein Heim eingewiesen wurde. Von seinen sexuellen Übergriffen gegenüber einer Schulkameradin und später gegenüber seiner erheblich jüngeren Schwester berichtet er. Lassen schon diese Übergriffe ihn als späteren Mißbraucher seiner Töchter erkennen? Wie kam es dazu? Was ist ihnen vorausgegangen? Mit Herrn Schuster konnten wir noch nicht darüber sprechen. Von anderen Männern, die in unsere Beratungsstelle kamen, haben wir aber im Laufe der therapeutischen Arbeit erfahren, daß sie häufig schon als Kinder oder Jugendliche anderen Kindern, vor allem kleineren, ihre sexuellen Wünsche und Spiele aufzwangen, so daß gerade das Spielerische, das das wechselseitige sexuelle Erkunden in Form von Doktorspielen harmlos und lustvoll für alle Beteiligten sein läßt, verlorengeht. Welche (unbewußten) Motive bringen aber ein Kind oder einen Jugendlichen dazu, Macht über andere auszuüben, und noch dazu im Bereich der Sexualität?

Machtkämpfe, Machtspiele, das Aushandeln, wer das Sagen hat, wer bestimmt, sind auch unter Kindern nichts Ungewöhnliches. Es gehört sogar zu einer gesunden Entwicklung, angemessene Strategien zu erlernen und zu erproben, mit Hilfe derer die eigenen Interessen verfolgt und auch durchgesetzt werden können. Etwas anderes ist es aber, andere zu unterwerfen, sie zum Opfer zu machen, die eigene Stärke gegenüber Schwächeren rücksichtslos zu gebrauchen. Von der Psychoanalyse, die sich mit der Erforschung der unbewußten Beweggründe menschlichen Handelns beschäftigt, haben wir gelernt, daß sowohl Verwöhnung wie auch die weitgehende Unterdrückung der Wünsche und Bedürfnisse eines Kindes negative Folgen haben kann. Grenzenlosigkeit, aber auch ein Zuviel an Einengung und Begrenzung verhindern, daß ein Kind lernt, mit den eigenen Möglichkeiten und Grenzen und denen anderer Personen angemessen und verantwortlich umzugehen, sie zu respektieren, Ärger und Enttäuschungen zu ertragen oder nach anderen Wegen zu suchen, das Gewünschte zu erlangen, die Begrenzung zu überwinden und so den Ärger produktiv zu nutzen. Dabei benötigt das Kind die einfühlsame Hilfe und die Unterstützung der Eltern oder anderer Personen. Ohne diese kann es Begrenzungen nur als Beweis eigener Ohnmacht oder eigenen Scheiterns erfahren, durch die sein erst entstehendes Selbstwertgefühl empfindlich verletzt werden kann. Beschämung statt Trost, wenn das Kind an seine Grenzen stößt, oder auch die wiederholte Erfahrung, für die Eltern nicht wichtig, ihnen ohnmächtig ausgeliefert zu sein, kein Gehör zu finden, bringen das Kind in eine hilflose Position gegenüber den als übermächtig erlebten Erwachsenen. Was es bei ihnen nur passiv erleiden kann, wird es bei nächster Gelegenheit aktiv wiederholen, an Schwächeren, um sich endlich auch einmal stark wie die Eltern fühlen zu können. Geschieht dies in Form von offener Aggression und Gewalt, etwa innerhalb einer Kindergruppe, im Kindergarten oder in der Schulklasse, werden wahrscheinlich wieder Erwachsene einschreiten, um das schwächere, unterlegene Kind zu schützen. Wer aber kümmert sich um den Angreifer und seine Not, die ihn zum Täter hat werden lassen? In der Gegenwehr gegen die von ihm ausgeübte Gewalt wird er wieder zum Opfer, wiederholt sich die Erfahrung der Ohnmacht, für deren Unerträglichkeit er doch gerade einen Ausgleich gesucht hatte. Für manche Kinder steckt selbst in den von ihnen hervorgerufenen Strafmaßnahmen eine Befriedigung und das ersehnte Gefühl, endlich etwas bewirken zu können: Wenigstens im Negativen erreichen sie Aufmerksamkeit und Beachtung. Sie erleben Stärke und Macht über das Ausmaß der Ablehnung, das sie hervorrufen können – und zugleich sind sie wieder Opfer, Gefangene in einem verhängnisvollen Kreislauf von Unterdrückungen, Macht und Ohnmacht. Ein positives Gefühl von sich selbst und von anderen wird ein solches Kind kaum entwikkeln.

Aber auch das Fehlen von Grenzen in den Beziehungen des Kindes zu seinen Eltern und anderen Bezugspersonen kann durchaus ähnliche Folgen haben, wie schon erwähnt. Nur indem ein Kind erfährt, daß seine Wünsche und Bedürfnisse mit denen seiner Eltern in Konflikt geraten können, also durch die Wünsche der anderen begrenzt werden, lernt es, zwischen sich und anderen zu unterscheiden. Allmählich kann so die Wahrnehmung von sich selbst als einzigartiger Person entstehen, einer Person, die einmal mit der Mutter, dem Vater, den Geschwistern und Freunden in Verbindung ist, weil sie sich in deren Wünsche und Bedürfnisse einfühlen kann, so wie sie auch erlebt, daß diese sich in sie hineinversetzen. Verhaltensauffälligkeiten, gerade von aggressiven Kindern, sind insofern oft als der verzweifelte Versuch zu verstehen, endlich Grenzen zu erfahren und darüber mit sich selbst und anderen in Kontakt zu kommen.

Gegenseitige Achtung und Respekt beruhen auf der Anerkennung der Verschiedenheit. Für das kleine Kind ist es zunächst sehr schmerzlich, zu erleben, daß die Mutter auch mal allein oder mit ihrem Partner zusammen sein will und noch anderen Dingen nachgeht, anstatt verfügbar zu sein, wann immer es nach ihr verlangt. Auch für die Mutter oder andere Bezugspersonen des Kindes ist es nicht einfach, den Protest und die Enttäuschung des Kindes auszuhalten, ohne es dafür zu bestrafen, weil sie selbst dadurch in innere Bedrängnis geraten. Wenn alles gut geht, kann die Mutter das Kind trösten, ohne ihre eigenen Wünsche aufzugeben. Sie kann ihm zeigen, daß sie seine Enttäuschung versteht, aber dennoch jetzt für sich sein will, etwas im Haushalt zu tun hat, den eigenen Interessen folgt. So ermöglicht sie dem Kind die Erfahrung von Einfühlung und Kontakt in seine und ihre Gefühle wie auch von Trennung und Unterscheidung seiner und ihrer Bedürfnisse. Sie zeigt ihm, daß es möglich ist, trotz ihrer Verschiedenheit in Verbindung zu bleiben. Sie liefert ihm ein Modell für die Entwicklung von Einfühlung (Empathie) in sich selbst und andere.

Das ist natürlich leichter gesagt als getan. Welche Mutter, welcher Vater hat schon in der eigenen Kindheit immer derartige Achtung und Selbstachtung von den Eltern und anderen Erwachsenen erfahren? Und welcher Vater, welche Mutter kann so einfach ihre eigenen Interessen gegenüber einem protestierenden Kind vertreten, ohne Schuldgefühle zu entwickeln, die sich dann in Wutausbrüchen und Ärger gegen das Kind, das diese hervorgerufen hat, entladen? Viele Eltern wissen auch gar nicht, was sie von ihren Kindern in welchem Alter verlangen können: Kann einem Zweijährigen das Abstillen zugemutet werden, wenn es doch immer noch nach der Brust verlangt? Kann ein dreijähriges Kind allein in der Wohnung bleiben, wenn es verstanden hat, wie die Eltern telefonisch herbeizurufen wären? Muß ein fünfjähriges Kind regelmäßig den Mülleimer hinuntertragen und für die Ordnung seiner Spielsachen allein sorgen? Kann ein zwölfjähriges Kind den eigenen Körper sauberhalten, oder müssen Mutter oder Vater kontrollieren, ob es sich auch „untenrum" ordentlich wäscht? Was ist zu viel, was zu wenig an Grenzen, an Erwartungen und Forderungen? In den letzten Jahren ist eine Vielzahl von Erziehungsratgebern und Elternbüchern erschienen, die manche dieser Fragen beantworten helfen und Orientierungen an die Hand geben. Der gefühlsmäßige Kontakt und Austausch mit sich selbst und dem eigenen Kind, die Fähigkeit zu Beziehungsaufnahme entsteht aber nur aus der lebendigen Erfahrung mit anderen Menschen.

Kehren wir zurück zu Herrn Schuster. Wir wissen kaum etwas von seiner Kindheit. Aber wir wissen, daß er zwei seiner Töchter als kleine Mädchen zur Befriedigung seiner sexuellen Bedürfnisse mißbraucht hat. Er beweist damit, daß er wenig Einfühlungsvermögen in die innere Situation der Mädchen besitzt, daß er zwischen seinen Gefühlen und Wünschen und denen der Kinder nicht sicher unterscheiden kann. Die Grenze zwischen den Generationen, zwischen sich selbst als Vater und den Töchtern als Kindern wird in der Mißbrauchshandlung aufgehoben. Ausbeutung und die Durchsetzung seiner Interessen auf Kosten der Entwicklungsmöglichkeiten seiner Töchter werden von Herrn Schuster mit Liebe verwechselt. Liebe beruht aber auf wechselseitiger Achtung und der Wahrnehmung und Anerkennung von Verschiedenheit der Bedürfnisse. Gerade dazu ist Herr Schuster nicht in der Lage. Indem er weder für sich selbst noch für seine Töchter Verantwortung übernimmt, wird deutlich, daß auch mit ihm als Kind nicht achtungs- und verantwortungsvoll umgegangen worden ist. Seine vermutlich zutreffenden Hinweise auf die eigene Geschichte als Entschuldigung für sein derzeitiges Handeln wiederholen dieses Muster: Er stellt sich dar als jemanden, der nur begrenzt zurechnungsfähig ist, wie ein Kind, das noch nicht alle Folgen seines Tuns übersieht und daher nicht voll zur Rechenschaft gezogen werden kann. Insofern steht er entwicklungsmäßig auf einer Stufe mit seinen Töchtern, die er zu seinen sexuellen Partnerinnen gemacht hat. Er ist aber tatsächlich kein Kind mehr. Er muß für die Folgen seiner Handlungen einstehen.

Eine verzerrte Wahrnehmung der Gefühle und Bedürfnisse des mißbrauchten Kindes zugunsten eigener, dringend benötigter Befriedigung – welcher Art ist aber die Befriedigung, die Herr Schuster erlangt, wenn er seinen kleinen Töchtern den Penis in den Mund steckt, ihre Genitalien leckt und selbst dabei masturbiert? Ist es allein die sexuelle Erregung und Befriedigung, die ihn süchtig anzieht, so daß er ihr nicht widerstehen kann, wider besseres Wissen? Er selbst stellt es so dar. Warum findet er aber diese Art der Erregung und Befriedigung nicht mit seiner erwachsenen Partnerin oder auch mit einer anderen Frau? Ist es der Reiz des Verbotenen, der ihn scheinbar wehrlos macht? Den könnte er auch in einer heimlichen, außerehelichen Beziehung finden. Aus seiner Geschichte wissen wir, daß er mit sechs Jahren einer vermutlich gleichaltrigen Schulkameradin und mit 15 Jahren seiner um 10 Jahre jüngeren Schwester ebenfalls sein Glied in den Mund geschoben hat. Seine Schilderung dieser Begebenheiten und ihrer für ihn negativen Folgen scheint nahezulegen, daß vor allem die Tabuisierung von Sexualität durch die Familie der Schulkameradin wie auch durch seinen Bruder sowie seine Mutter entscheidend für deren heftige Reaktionen war. Diese Einschätzung ist wahrscheinlich richtig, denn über Sexualität und gar die Sexualität unter Kindern wird nicht offen gesprochen. Vielleicht ist das grundsätzlich nicht möglich, denn es geht dabei um heftige, intime Gefühle. Deshalb eignen sich sexuelle Handlungen, denen schon als solchen etwas Anstößiges anzuhaften scheint, besonders gut als Mittel der Machtausübung. Wie sich etwa in Vergewaltigungsprozessen immer wieder gezeigt hat, erscheinen die Opfer allein durch ihre Teilnahme am Sexualakt, auch wenn sie mit der Bedrohung des Lebens erzwungen wurde, als mitschuldig, sie sind zu Mittätern geworden. Der Angriff ist also nicht allein ein körperlicher, sexueller. Die persönliche Integrität der Frau ist grundlegend in Frage gestellt, denn sie müßte vor sich selbst und gegenüber Dritten beweisen, daß sie nicht Teil der sexuellen Handlung gewesen ist. Nur so könnte ihre „Unschuld" wieder hergestellt werden. Dies ist aber unmöglich, die Vergewaltigung kann nicht ungeschehen gemacht werden.

Nicht grundsätzlich anders ist es bei sexuellen Handlungen zwischen Kindern, bei denen eines zum Opfer wird. Sich gegen sexuelle Angriffe und Demütigungen zu wehren beinhaltet noch immer die Gefahr neuer Verletzungen. Die aktive Wiederholung der erlittenen Demütigung mit anderen Personen oder die Reinszenierung der eigenen Verletzung ist Ausdruck der ohne therapeutische Hilfe kaum aufzulösenden Verstrickung, in der Täter und Opfer letztlich auch verschiedene Anteile ein und derselben Person verkörpern. Die Geschichte des Herrn Schuster zeigt ihn deutlich als Täter und Opfer zugleich. Diese innere Situation und ihre ständige Wiederherstellung in der äußeren Realität kann nur durch die Entwicklung von Verantwortung für die beiden Seiten innerhalb der eigenen Person überwunden werden. Wie im vorangehenden Kapitel beschrieben, ist der Weg dahin mühevoll und schmerzhaft.

Es sind also nicht nur sexuelle Bedürfnisse, die beim sexuellen Mißbrauch befriedigt werden. Es geht auch um die Erfahrung von Macht und Stärke, um den Wunsch, andere zu kontrollieren, zu demütigen als Ausgleich für selbst erlittene Kränkungen, für Erfahrungen von Ohnmacht und Ausgeliefertsein. Solche Erfahrungen haben die meisten Menschen irgendwann einmal machen müssen, ohne daß sie sich dafür in der Form des sexuellen Mißbrauchs an Kindern rächen. Gibt es etwas Besonderes, wodurch sich die Geschichte von mißbrauchenden Erwachsenen von solchen unterscheidet, die nicht zu Tätern in diesem Sinne werden? Schauen wir uns die Biographie von Herrn Müller etwas genauer an, der zu „Kind im Zentrum“ in die Beratungsstelle kam.

Herr Müller bat um ein Vorgespräch für eine Paarberatung, da seine Frau sich von ihm trennen wolle. Auf meine Frage, ob er wisse, daß „Kind im Zentrum“ eine Beratungsstelle für sexuell mißbrauchte Kinder und deren Familien sei, antwortete er, daß es auch um entsprechende Anschuldigungen gegen ihn gehe.

Im ersten Gespräch ist er voller Vorwürfe und Verbitterung gegen seine Ehefrau, die ihn völlig fertiggemacht habe – wie auch schon die anderen Männer, mit denen sie vor ihm zusammengewesen sei. Ihre pubertierende Tochter aus erster Ehe habe nach einem Streit mit ihm der Mutter erzählt, daß er sie sexuell mißbraucht habe. Daraufhin haben sich Mutter und Tochter an das Jugendamt gewandt um Hilfe, und seine Frau habe die Scheidung eingereicht. Probleme gebe es zwischen ihnen aber schon seit geraumer Zeit. Er habe ihr deshalb auch schon öfter vorgeschlagen, eine Eheberatung in Anspruch zu nehmen. Diesen Vorschlag habe sie immer abgelehnt. Aus der gemeinsamen Ehe stammt ein fünfjähriger Junge, an dem er sehr hänge. Er habe ihn auch größtenteils aufgezogen, da er wegen eines körperlichen Leidens frühberentet sei. Seine Frau sei in den letzten Jahren kaum noch zu Hause gewesen, sondern habe sich vor allem ihrer beruflichen Tätigkeit gewidmet. Eigentlich sei sie aber sehr unselbständig, und er müsse sehr darauf achten, daß sie ihre Papiere in Ordnung halte.

Der Kontakt mit ihm während dieses ersten Gespräches ist schwankend: Mal wirkt er wie ein kleiner Junge, der völlig verzweifelt ist und dringend nach Hilfe verlangt, dann wieder fühle ich mich von ihm vereinnahmt, angegriffen und von Kontaktabbruch bedroht, wenn ich unbequeme Fragen stelle oder mich nicht sofort und vorbehaltlos seiner Darstellung und Sichtweise der häuslichen Situation anschließe. In der zweiten Stunde ist dieses Schwanken noch ausgeprägter. Er macht mehrere Male Anstalten zu gehen, setzt sich dann aber doch immer wieder in den Stuhl zurück. Er wirkt abgerissen und verwahrlost. Er erzählt, daß seine Frau ihn aus der gemeinsamen Wohnung hinausgeworfen habe und er jetzt mal hier, mal dort wohne. Insofern gebe es ja auch gar nichts mehr zu bereden. Er wechselt zwischen Prahlereien, daß er trotz seiner Erwerbsunfähigkeit finanziell unabhängig von seiner Frau sei, weil er mit entsprechenden Versicherungen vorgesorgt habe, und Selbstmitleid, verbunden mit Vorwürfen an seine Frau: Sie werde ihn zum Sozialhilfeempfänger machen, wenn sie ihn verlasse. Außerdem betrinke sie sich häufig und rauche zuviel, und sie könne es ohne ihn gar nicht aushalten. Während einer kurbedingten längeren Abwesenheit von ihm sei sie völlig durchgedreht. Andererseits betreibe sie jetzt die Scheidung, weil ihre Freundinnen ebenfalls zwei- bis dreimal geschieden seien und ihre Männer „mordeten". Aufgrund seiner wiederholten Bemerkungen, daß diese Frauen ihre Männer „mordeten", entsteht bei mir die Vermutung, daß er vielleicht mit dem Gedanken spielt, sich selbst umzubringen, gewissermaßen aus Rache an seiner Frau, von der er sich so schlecht behandelt fühlt. Erst als ich ihm diese Frage direkt stelle, wird er ruhiger und ist nicht mehr ständig auf dem Sprung zur Tür. Wir sprechen anschließend noch über das Verhältnis zu seiner Stieftochter und den Vorwurf des sexuellen Mißbrauchs. Er gibt zu, daß es Zärtlichkeiten zwischen ihm und der Fünfzehnjährigen gegeben habe, die aber nicht über das „normale Maß“ hinausgegangen seien. Er habe keinen Widerstand bei ihr überwinden müssen, sie sei ihm sogar entgegengekommen. Inzwischen habe er sich viel mit dem Thema beschäftigt und wisse daher, daß die Erwachsenen die Grenzen setzen müßten. Dennoch habe er nichts anderes gemacht als sein Vater mit seinen Schwestern, nämlich, sie zärtlich umarmt. Die Schwestern haben das auch gern gemocht.

Wie schon Herr Schuster leugnet auch Herr Müller nicht vollständig, daß es so etwas wie sexuellen Mißbrauch von seiner Seite gegeben hat; er sucht bewußt eine Beratungsstelle auf, die sich mit diesem Problem beschäftigt. Ebenso wie Herr Schuster versucht er aber im Gespräch, seine Verantwortlichkeit abzuschieben: Es seien nur „normale Zärtlichkeiten“ gewesen, gegen die die Stieftochter grundsätzlich nichts einzuwenden gehabt hätte und die dem entsprächen, was er vom Umgang seines Vaters mit den Schwestern kenne. Die eigentlichen Probleme liegen bei seiner Frau, die er als alkohol- und nikotinsüchtig beschreibt und die, entgegen ihrer Selbsteinschätzung, wie sie sich in dem Scheidungsbegehren dokumentiert, ohne ihn gar nicht lebensfähig sei. Er selbst habe ihr schon wiederholt nahegelegt, ärztliche und psychotherapeutische Hilfe in Anspruch zu nehmen, auch eine Paarberatung habe er ihr vorgeschlagen, zur Lösung der Schwierigkeiten in ihrer Beziehung. Er stellt sich also als jemand dar, der durchaus über ein Bewußtsein für vorhandene Schwierigkeiten verfügt. Ohne die Mitarbeit seiner Frau, allein, kann er aber nichts ändern. Er ist insofern Opfer ihrer mangelnden Einsichtsfähigkeit. Weitere Entlastung von seiner Verantwortlichkeit für das Verhalten gegenüber seiner Stieftochter, das, wie er selbst einräumt, eventuell als sexuelle Grenzüberschreitung angesehen werden könnte, findet er in dem Vorbild seines Vaters. Hat also auch schon sein Vater die eigenen Töchter, die Schwestern des Herrn Müller, sexuell mißbraucht? Ist Herr

Müller innerlich noch so eng mit seinem Vater verbunden, hat er sich so weit mit ihm identifiziert, daß er – jetzt selbst Vater – in seine Fußstapfen tritt?

In den folgenden Gesprächen erfährt diese erste Darstellung einige Veränderungen. Es ist nun nicht mehr ein Streit, in dem sich die Stieftochter in einem Racheakt gegen Herrn Müller wendet und die sonst als harmlos und normal anzusehenden Zärtlichkeiten zu sexuellem Mißbrauch umdeutet. Vielmehr habe er sie häufig dann, wenn sie eben doch nicht seinen sexuellen Wünschen Folge leisten wollte, in die Brust gekniffen. Zufällig sei die Ehefrau, die er betrunken auf dem Sofa im Wohnzimmer schlafend wähnte, Zeugin eines Wortwechsels zwischen Herrn Müller und der Tochter Nicole im angrenzenden Zimmer geworden, wo sie sich seinen Annäherungsversuchen mit den Worten: „Jetzt nicht!" entzogen habe. Die Ehefrau sei eingeschritten, habe beide zur Rede gestellt, und Nicole habe ihr dann alles erzählt. Daß dieses „alles" schließlich weit über „normale väterliche Zärtlichkeit" hinausging und Geschlechtsverkehr unter Gewaltandrohung umfaßte, erfahren wir erst von Nicole. Wie war es dazu gekommen?

Über die Geschichte seiner Ehe berichtet Herr Müller bereitwillig: Er habe seine Frau kennengelernt, als Nicole, deren Vater sich bald nach der Geburt der Tochter aus dem Staube gemacht habe, fünfeinhalb Jahre alt war. Danach habe die Mutter das Kind überwiegend durch ihre eigenen Eltern versorgen lassen, da sie selbst noch studierte. Abends sei sie viel mit verschiedenen Männern herumgezogen, die sie fast wie eine Nutte behandelt hätten, ihr auf Parties öffentlich auf den Po geklatscht und die Brust betatscht hätten. Einer von diesen säße inzwischen wegen Zuhälterei im Gefängnis. Aus diesem Milieu habe er sie herausgeholt, gerettet. Allerdings habe ihr dieser Umgang wohl doch so grundlegend geschadet, daß die sexuelle Beziehung zwischen ihnen von Anfang an schwierig gewesen sei. Sie sei nie zu einem Orgasmus gekommen, habe oft mittendrin angefangen zu weinen und sich ihm nach der

Geburt des gemeinsamen Sohnes zunehmend verweigert. Zugleich habe sie ihm vorgeworfen, daß er zu wenig liebevoll mit ihr sei. Er habe es ihr aber nicht recht machen können, trotz großer Bemühungen von seiner Seite. Inzwischen sei sie sehr eifersüchtig auf den jetzt fünfjährigen Sohn und seinen herzlichen, unkomplizierten, auch körperlich engen Kontakt zu diesem. Da er ja berentet und überwiegend zu Hause sei, während sie sich in ihre außerhäusliche Berufstätigkeit von ihm und von der Familie zurückgezogen habe, verbringe er natürlich viel mehr Zeit mit ihm.

In dieser Darstellung, die Herr Müller am Anfang der Beratungsgespräche gibt, zeigt er sich als der geduldige, verständnisvolle Ehemann, der seine Frau vor schädlichen Einflüssen schützt und ihr Halt zu geben versucht. Aus seinem körperlichen Leiden hat er das Beste gemacht, indem er die Versorgung des gemeinsamen Sohnes und der Stieftochter sowie die Rolle des Hausmannes übernommen hat, während sie das Geld verdiente. Dieses für sich so positiv gezeichnete Bild entsteht aber in hohem Maße über die Abwertung seiner Frau, von der er sich auf diese Weise deutlich unterscheidet: Sie habe vor ihm mit zweifelhaften Typen Umgang gehabt, ihre Mutterpflichten an die eigenen Eltern abgetreten, sexuell versagt und sei schließlich dem Alkohol und dem Nikotin verfallen. Der Schwarze Peter liegt also eindeutig bei ihr, zumal sie auch seine Hilfsangebote sämtlich zurückgewiesen hat. Ähnliche Strategien der Selbstentlastung kennen wir schon von Herrn Schuster. Will Herr Müller uns also auch glauben machen, daß ihm die Stieftochter Trost bei diesen vielen Enttäuschungen gespendet habe? Wie beschreibt er selbst seine Beziehung zu ihr?

Zunächst läßt er ja den Eindruck eines normalen, väterlich-zärtlichen Kontaktes entstehen, mit üblichen, während der Pubertät auftauchenden Spannungen und Auseinandersetzungen. Bei näherem Hinsehen verändert sich auch dieses Bild. Herr Müller berichtet, daß es immer sehr schwierig zwischen ihm und Nicole gewesen sei, da sein Erscheinen bei der Mutter für sie mit dem Verlust der Beziehung zu den Großeltern verbunden gewesen sei, bei denen sie sich sehr wohl gefühlt habe. Er habe sich zwar sehr bemüht, ihre Zuneigung zu gewinnen, aber sie habe ihn immer abgelehnt. Manchmal sei er darüber ganz verzweifelt gewesen. Bei seiner Frau habe er allerdings auch hierin keine Unterstützung gefunden, da sie für Nicoles Zurückweisung immer Verständnis gezeigt habe. Schließlich habe er sie gewaltsam zu den so sehr gewünschten Zärtlichkeiten gezwungen, Zärtlichkeiten, mit denen er sich, jedenfalls vorübergehend, für die dauernde Kränkung seines Selbstwertgefühls als liebender, zugewandter Ersatzvater zu entschädigen trachtete. Wir erfahren an dieser Stelle nicht von Herrn Müller, daß es sich bei diesen „Zärtlichkeiten" um wechselseitige Masturbation und später auch Geschlechtsverkehr handelte. Wenn Nicole ihn schon nicht in der Rolle des Ersatzvaters akzeptierte, sollte sie wenigstens spüren, daß er die väterliche Macht hatte, und das in dem Bereich, wo ihre Ablehnung ihn am schmerzlichsten getroffen hatte. Er rächte sich an der Stieftochter, indem er sie seinerseits demütigte, sexuell mißbrauchte und ihr Recht auf körperliche und seelische Unversehrtheit mißachtete. Sein (möglicherweise unbewußtes) Motiv für den Mißbrauch ist Rache, anders als bei Herrn Schuster, der seinem Begehren nach der Tochter nicht widerstehen zu können glaubte. Zielt diese Rache aber tatsächlich nur auf seine Stieftochter? Herr Müller beklagt sich, daß seine Frau ihn bei Nicole nie unterstützt habe, daß sie sexuell gehemmt sei und sich ihm schließlich ganz verweigert habe. Indem er ihre Tochter sexuell mißbraucht, demütigt er auch sie als Frau und als Mutter. Zugleich zeigt er sich als jemand, dessen männliches Selbstwertgefühl und Identität sehr brüchig sind, so daß er sich für die vorenthaltene Befriedigung innerhalb der Beziehung rächen muß, anstatt sich zu trennen und nach möglicherweise geeigneteren Partnerinnen Ausschau zu halten. Vielleicht ahnt er aber auch instinktiv, daß er einer gleichberechtigten Partnerschaft nicht gewachsen wäre und daß er zu seiner eigenen Sicherheit einer Sexualpartnerin bedarf, ob Ehefrau oder Tochter, der er sich doch überlegen fühlen kann: Seine abwertenden Klagen über Frau und Stieftochter bei gleichzeitiger Beteuerung seiner Liebe zu beiden deuten darauf hin. Nur in solchen ungleichen Beziehungen kann er sich genügend machtvoll erleben und seine eigene Verletzlichkeit verbergen. Erst im Zusammenbruch des Beziehungsgebäudes wird diese wieder offenbar.

Über den sexuellen Mißbrauch hatte er die Stieftochter von der Mutter entfernt und sich mit ihr verbündet. Hatte er keine Angst, daß sie bei der Mutter Schutz suchen, sich ihr anvertrauen würde? Wäre dies nicht auch der Weg gewesen, um den lästigen Eindringling endlich wieder loszuwerden, als den Nicole den Stiefvater nach dessen eigenen Worten immer empfunden hat?

Der Beginn der sexuellen Handlungen fiel nach den später durch Nicole bestätigten Berichten des Herrn Müller in eine Zeit, als zwischen allen Familienmitgliedern die Atmosphäre durch Eifersucht und Haß vergiftet war, eine Atmosphäre, die auf wechselseitig unerfüllten, enttäuschten Liebeswünschen und solchen nach Bestätigung und Anerkennung beruhte: Herr Müller war durch sein körperliches Leiden und den Verlust seiner Arbeitsfähigkeit in seinem männlichen Selbstwertgefühl ein weiteres Mal empfindlich getroffen und versuchte, diese Kränkung auf sexueller Ebene mit seiner Frau und durch eine enge Bindung des Sohnes an sich auszugleichen. Frau Müller fühlte sich durch die sexuellen Wünsche ihres Ehemannes zunehmend überfordert und war eifersüchtig auf die sie ausschließende Beziehung zwischen Vater und Sohn. Sie suchte daher vermehrt Anerkennung und Befriedigung in ihrer beruflichen Tätigkeit außer Haus; schließlich mußte sie ja nun auch die Rolle der Ernährerin der Familie übernehmen. Nicole haßte den jüngeren Stiefbruder als weiteren Rivalen im Kampf um die Gunst der Mutter. Die sexuelle Beziehung zwischen Stiefvater und Tochter bot insofern beiden ein Ventil für die aufgestauten Gefühle gegenüber Ehefrau, Mutter und Bruder. Zugleich verstärkte sie die bestehende Entfremdung und Feindseligkeit wie auch die schuldhafte Verstrickung und Abhängigkeit aller Beteiligten voneinander. Sexualität wird in den Dienst ganz anderer, nicht in erster Linie sexueller Wünsche gestellt. Es geht vielmehr um Bedürfnisse, sich mächtig und stark erleben zu können nach vorangegangener Entwertung, um die aktive Wiederholung zuvor passiv erlittener Kränkungen. Es geht um den verzweifelten Versuch, das zerstörte Selbstwertgefühl zu reparieren und das grundlegende, quälende Verlangen nach Bestätigung, Zuwendung und Nähe wenigstens ansatzweise zu erfüllen. In Verbindung mit der gleichzeitigen sexuellen Erregung und körperlichen Befriedigung entsteht so ein verhängnisvoller Kreislauf, der sich selbst erhält und verstärkt und ohne Hilfe von außen meist nicht unterbrochen werden kann.

Dies gilt nicht nur für den Erwachsenen, der den sexuellen Mißbrauch bei einer geeigneten Gelegenheit aktiv beginnt und, von dieser Form der Bewältigung innerer Spannungen abhängig geworden, immer weiter ausdehnt. Die innere Situation des mißbrauchten Kindes ist der des Erwachsenen, wie sie dem Mißbrauch vorausgeht, oft sehr ähnlich. Auf der Ebene der grundlegenden Bedürftigkeit „verstehen" die beiden sich auch, und das Kind kann sich nicht wehren. Von Nicole wissen wir, daß sie zunächst bei den Großeltern aufgewachsen ist. Diese Beziehung wurde durch das Erscheinen des Stiefvaters abrupt unterbrochen. Kontakt zur Mutter hatte sie bis dahin nur an den Wochenenden gehabt. Frisch verliebt und mit dem Aufbau der Beziehung zum neuen Partner beschäftigt, hatte Frau Müller wahrscheinlich wenig Energien frei, die Tochter über den Verlust der Großeltern zu trösten und sich ihr und ihren Bedürfnissen zu widmen. Wir wissen keine Einzelheiten darüber, warum es zur ersten Trennung der Tochter von der Mutter kam, sondern nur die äußeren Gründe: daß die Mutter ihr Studium fortsetzen und abschließen mußte, zur

Sicherung ihrer materiellen Existenz. Aber auch beim zweiten Anlauf, eine Beziehung zur Tochter herzustellen, ist sie innerlich mit anderem beschäftigt: mit der neuen Partnerschaft zu Herrn Müller, in die sie, nach der vorangegangenen Enttäuschung mit dem Vater von Nicole, wahrscheinlich große Hoffnungen setzt. Herr Müller berichtet, daß er sich von ihr sehr zur Ehe gedrängt gefühlt habe, er sei eigentlich noch gar nicht so weit gewesen. Der Wunsch nach einer heilen, Geborgenheit vermittelnden Familie war bei Frau Müller vielleicht sehr groß. Vielleicht litt sie auch unter Schuldgefühlen, weil sie die Tochter in deren ersten Lebensjahren bei den Eltern abgegeben hatte. So konnte Herr Müller sich in der Tat als „Retter" und „Erlöser" seiner Frau aus einer für sie belastenden Situation empfinden, wie er es uns dargestellt hat. Nicole hingegen mußte sich ein zweites Mal verraten, verunsichert, verlassen fühlen. Um die ohnehin wacklige Beziehung zur Mutter nicht weiter zu gefährden, kam es zu einer Spaltung der Gefühle: Die Wut und den Ärger auf die Mutter, die sie zuerst zu den Großeltern abgeschoben und dann wieder von ihnen weggeholt hat, konnte sie so allein in bezug auf den Stiefvater, den wiederum äußeren Anlaß der erneuten Trennung, wahrnehmen und die Wünsche nach Liebe und Anerkennung ausschließlich auf die Mutter richten. Spätestens mit der Geburt des Stiefbruders, die bald danach erfolgte, mußte dieses innerpsychische Arrangement jedoch zusammenbrechen: Wiederum stand Nicole allein da, und es ist zu vermuten, daß schon in dieser Zeit der engen körperlichen Beziehung zwischen Mutter und Sohn eine unbewußte Annäherung zwischen Herrn Müller und Nicole begonnen hat, als geheimes Bündnis der von der Nähe und Zuwendung der Mutter Ausgeschlossenen. Aus der Sicht von Nicole ist die Suche nach einem Ersatz für die Mutter also verständlich. Wie kommt es aber, daß Herr Müller die Grenze zwischen den Generationen nicht wahren kann und die kindlichen Bedürfnisse der Stieftochter nicht väterlich beantwortet? Was hat er selbst erlebt, daß er den Wunsch nach elterlicher

Zuwendung, Zärtlichkeit und Nähe mit erwachsener Sexualität verbindet und verwechselt? Wie ist es möglich, daß er innerlich nicht mehr klar zwischen Ehefrau und Tochter unterscheidet und sich in dem Gefühl der Zurückweisung auf einer Stufe mit dem Mädchen wiederfindet, anstatt den Konflikt mit der Partnerin auf erwachsener Ebene anzugehen? Ist er in diesem Sinne noch gar nicht erwachsen? Was hat ihn daran gehindert, es zu werden?

Wenn wir uns nur auf die Betrachtung der gegenwärtigen Situation beschränken, gibt es auf diese Fragen kaum eine Antwort. Wir können nur feststellen, daß er sich eben nicht wie ein verantwortungsbewußter (Stief-)Vater verhält. Wir müßten ihn verurteilen, weil aus diesem Mangel an Reife und Verantwortungsgefühl für das ihm als Stieftochter anvertraute Mädchen erheblicher psychischer Schaden entstanden ist. Wir müßten dafür Sorge tragen, daß Nicole vor weiteren Übergriffen durch ihn geschützt wird und Gelegenheit bekommt, sich mit den erlittenen Verletzungen und den psychischen Folgen des sexuellen Mißbrauchs auseinanderzusetzen. Dies alles tun wir auch. Würde es aber ausreichen, um zu verhindern, daß Herr Müller, vielleicht nach strafrechtlicher Anzeige, Verurteilung und Abbüßung einer Haftstrafe, sich nicht eine neue Partnerin sucht, mit ihr in eine ähnliche Konfliktkonstellation gerät und wiederum keinen anderen Weg der Bewältigung seiner inneren Nöte und Spannungen findet als den schon bekannten? Kurz, können wir einer Wiederholung des sexuellen Mißbrauchs mit anderen Beteiligten entgegenwirken, solange wir nicht wissen, wo das unangemessene, schädigende Verhalten des Herrn Müller eigentlich seine Wurzeln hat? Wie können wir auch ihm die Möglichkeit geben, neue Wege der Konfliktbewältigung und Auseinandersetzung zu entwickeln, solange wir nicht wissen, wodurch die Entwicklung solcher Fähigkeiten beeinträchtigt worden ist? Durch die Erkenntnisse der Psychoanalyse haben wir gelernt, daß in der Kindheit erfahrene Verletzungen, die nicht bewältigt werden konnten, von den Erwachsenen oft so lange wiederholt werden, bis endlich die zur Bearbeitung notwendige Hilfe gefunden wird. Diese Wiederholungen können in verschiedener Form stattfinden: mit vertauschten Rollen, indem also ein geschlagenes Kind als Erwachsener anderen Gewalt antut; oder in einer ständigen Wiederherstellung der Situation, in der die Verletzung stattgefunden hat, ein geschlagenes, gedemütigtes Kind gerät dann als Erwachsener immer wieder in Mißhandlungs- und Gewaltbeziehungen, denen es scheinbar passiv ausgeliefert ist. Tatsächlich haben aber Menschen, die wiederholt zu Opfern werden, auch aktiv teil an ihrem Opfersein, indem sie sich unbewußt in gefährliche Situationen begeben, Gefahrensignale übersehen oder nicht richtig deuten oder sich gerade von solchen Personen angezogen fühlen, die sie schließlich mißhandeln. Geschlagene, gedemütigte Kinder sehen die Schläge als Beweis ihrer eigenen Schlechtigkeit. Sie fühlen sich schuldig, weil sie schlecht behandelt werden. So können sie sich innerlich das lebensnotwendige Bild vom guten Vater und von der guten Mutter erhalten, während sie sich selbst als böse und bestrafungswürdig erleben. Spätere, wiederkehrende Mißhandlungserfahrungen können unbewußt als Bestätigung der eigenen Schlechtigkeit und Erhalt der verdienten Strafe aktiv aufgesucht werden. Diese von Kindheit an vertraute, wenn auch schlimme Situation stellt die innere Balance wieder her. Trotz bewußt erlebtem Leiden bietet diese Konstellation aufgrund ihrer Bekanntheit Sicherheit.

Auf den ersten Blick sieht es so aus, als würden Männer eher zur Vertauschung der Rollen in Form von Gewalttätigkeit und Frauen zur passiv-aktiven Wiederholung ihres Opferseins neigen. Bei näherem Hinsehen vermischen sich aber beide Seiten: Auch der Gewalttäter wird schließlich zum Opfer seiner eigenen Gewalttätigkeit, die ihm freundliche Nähe, Zuwendung und Liebe versperrt, und das mißhandelte Opfer läßt den Täter mit Schuldgefühlen und Ächtung zurück, die ihn zu neuen Gewalttaten führen können, während es selbst des allgemeinen Mitgefühls sicher sein kann. Die nur moralische Bewertung von Opfer und

Täter läßt diese beteiligten, komplexen innerpsychischen Vorgänge weitgehend außer acht. In der Kinderschutzarbeit hat sich überdies gezeigt, daß Frauen ihre Kinder ebenso schlagen und mißhandeln wie Männer.

Kehren wir zurück zu Herrn Müller. Nach seiner Lebensgeschichte bis zur Eheschließung befragt, berichtet er folgendes: Bis zum Ende des fünften Lebensjahres hat er mit der Mutter allein gelebt, da sein Vater als Soldat eingezogen war. Während dieser Zeit beschreibt er die Beziehung zur Mutter als sehr eng. So klein er war, empfand er sich doch als Halt und Stütze der Mutter, war ihr Anlaß zum Meistern der kriegsbedingten, schwierigen Lebensumstände, Trost in der ständigen Sorge um den Ehemann. Allerdings wurde er auch häufig von ihr getrennt. Wenn die Bomben auf die Häuser niederfielen, wurde er aufs Land zu den Verwandten geschickt, zu seiner eigenen Sicherheit. Dort hörte er auch zum ersten Mal von Gerüchten, daß sein Vater, den er bis dahin nur einige Male kurz gesehen hatte, gar nicht sein Vater sein könne, da er zur fraglichen Zeit keinen Fronturlaub gehabt habe. Verwirrt kehrte er zur Mutter zurück und fand sie ganz verändert vor, abweisend und fremd. So sehr er sich auch mühte, brav zu sein und sie aufzuheitern, er konnte es ihr nicht recht machen. Oft schien sie seine Anwesenheit gar nicht zu bemerken. Als der Junge fünfeinhalb Jahre alt war, kam der Vater wieder, diesmal für immer. Er hörte die Eltern in der ersten Zeit viel streiten. Ihm gegenüber verhielt sich der Vater ablehnend und streng. Bald danach kam die Schwester zur Welt, ihr folgte noch ein Mädchen und schließlich ein Junge. Aus dieser neuen Familie fühlte sich Herr Müller weitgehend ausgeschlossen, auch wenn er sich weiterhin anstrengte, durch gute Leistungen in der Schule und in der Lehrzeit positive Aufmerksamkeit auf sich zu ziehen. Als Herr Müller 20 Jahre alt war, begann der Vater zu kränkeln, zwei Jahre später starb er. Während dieser Zeit stand es für Herrn Müller fest, daß er als ältester Sohn den väterlichen Betrieb weiterführen und schließlich übernehmen würde. Er hatte sich aus diesem

Grunde sehr beeilt, die dafür notwendigen Ausbildungen und Prüfungen so schnell wie möglich zu absolvieren. Sein Interesse an Mädchen hatte er dagegen zurückgestellt. Es traf ihn daher wie ein Schlag, als die Mutter ihm nach Ableben ihres Ehemannes mitteilte, daß dieser die Vaterschaft für ihn doch nicht anerkannt und ihn deshalb nicht als Erben eingesetzt hatte. Bis dahin sei ihm alles leicht von der Hand gegangen, jetzt lief nichts mehr. Herr Müller verließ seinen Heimatort und begann eher lustlos zu studieren. Der Betrieb ging später an den jüngeren Bruder. Während des Studiums lernte Herr Müller seine jetzige Ehefrau kennen. Ihre Tochter Nicole war fünfeinhalb Jahre alt. Soweit die erste Darstellung seiner Geschichte.

Erst sehr viel später erzählt er davon, wie er durch die Anspielungen seiner Geschwister und anderer Kinder auf die ungeklärte Vaterschaft gedemütigt und verletzt worden war, wie sehr ihn die für ihn unverständliche, plötzliche Zurückweisung der Mutter in seinem Selbstwertgefühl erschüttert hatte. Und es dauerte noch einige Monate, bis er dem Gefühl tiefer Verlassenheit nahekam, das er offenbar schon vor der alles verändernden Trennung von der Mutter empfunden hatte, wenn sie zwar körperlich anwesend, mit ihren Sorgen und Gedanken aber weit weg und für ihn unerreichbar gewesen war. Im nächsten Moment hatte sie ihn dann geherzt und geküßt und „ihren Schatz" genannt: „Wenn ich dich nicht hätte!" Nach der Rückkehr des Vaters sei alles noch viel schlimmer geworden, das feindselige Wetteifern zwischen beiden um die Gunst der Mutter! Als Jugendlicher habe er seiner Wut und Enttäuschung oft nur Luft machen können, indem er kilometerweit in den Wald gelaufen sei oder wild Fußball gespielt habe. Er traute sich aber nicht, seine Gefühle offen zu zeigen, weil er immer noch darauf hoffte, den Kontakt zur Mutter zu reparieren und den Betrieb vom Vater übertragen zu bekommen und damit letztlich für alle erlittene Unbill entschädigt und anerkannt zu werden. Aber auch um diese Hoffnung wurde er betrogen, die Anstrengungen des Lernens, die ständige Beherrschung seiner Wut, der Verzicht auf altersgemäße Ungebundenheit und Freiheit – alles war umsonst gewesen!

Die Lebensgeschichte des Herrn Müller ist durch vielfältige Erfahrungen der Verlassenheit, Trennungen und des Verlustes gekennzeichnet, sie gleicht einem Wechselbad der Gefühle. Die kriegsbedingte, ständige Gefährdung der äußeren Lebensverhältnisse, ja des Lebens überhaupt, wurde durch die emotionale Unsicherheit in der Beziehung zur Mutter noch verstärkt. Der Kontakt zu ihr konnte, eben noch nah und dicht, im nächsten Moment völlig unterbrochen sein, ohne daß er es hätte vorhersehen und sich innerlich wappnen können. Konnte er sich gerade noch als „kleiner Mann" der Mutter fühlen, so traf ihn die anschließende Zurückweisung um so härter und verletzte ihn in seinem sich entwickelnden männlichen Selbstwertgefühl. Nicht nur als ganz kleiner Junge war er in seinen altersangemessenen Bedürfnissen nach Versorgung, Schutz und Angenommensein durch die Mutter enttäuscht worden; in vielen Situationen mußte er vielmehr der Mutter den Partner ersetzen, eine Erwartung, die sicher viele der allein sich durchkämpfenden Frauen dieser Zeit unbewußt besonders an ihre Söhne richteten. Aber natürlich konnte der kleine Junge diesen Erwartungen nur sehr unvollständig entsprechen, und der beinahe zwangsläufig folgende emotionale Rückzug der doch einen „richtigen Mann" herbeiwünschenden Mutter, zusammen mit den häufigen räumlichen Trennungen von ihr hinterließen bei ihm quälende Gefühle der Scham, der Kleinheit und des Selbstzweifels, die durch die Gerüchte um seinen Erzeuger noch verstärkt wurden und sich mit heftiger Wut auf die Mutter vermischten. Solche emotionalen Verlust- und Mangelerfahrungen und widersprüchlichen Gefühle verhindern die altersgemäße Ablösung von der frühen, engen Bindung des Sohnes an die Mutter, so als gelte es, die Sehnsucht nach dem verlorenen Paradies – der Einheit mit der Mutter – und die Hoffnung auf ihre Erfüllung nicht aufzugeben.

Als der Vater aus dem Krieg zurückkam, war Herr Müller fünfeinhalb Jahre alt. In den folgenden Jahren hätte er den Vater besonders benötigt als männliches Vorbild, dem er, weil er ihn liebt und von ihm geliebt wird, nacheifern könnte. Auch auf diese Weise kann sich normalerweise der kleine Junge zunehmend von der Mutter entfernen und beginnen, seine eigenen Wege, außerhalb der Familie, zu gehen und eigenständig Fähigkeiten und Fertigkeiten zu erwerben. Aber der Vater von Herrn Müller hat ihn als lästigen Rivalen und möglichen Beweis der Untreue seiner Frau abgelehnt, hat ihn als Sohn nicht anerkannt. Dieser erneute Schock wie auch die ständige Angst, seinen gefährdeten Platz in der Familie völlig zu verlieren, haben Herrn Müller weiterhin daran gehindert, sich zu lösen und seinen Handlungsraum über die Familie hinaus zu erweitern. Statt dessen blieb er eng auf sie bezogen, schwankend zwischen Gefühlen der Minderwertigkeit und Unzulänglichkeit und der von der Mutter genährten Hoffnung, als Erbe des väterlichen Betriebes schließlich doch noch in seinem Wert und in seinen Fähigkeiten anerkannt, als Sohn rehabilitiert zu werden. Auch in dieser Hoffnung sah er sich am Ende betrogen.

Anders als in der Darstellung seiner Ehebeziehung und der aktuellen Situation findet sich in der Beschreibung seiner Kindheit und Jugend wenig Neigung zum Selbstmitleid. Eher ist er bestrebt, sich doch als heimlich am meisten geliebter Sohn seiner Mutter zu sehen, die sich nur gegen den gehaßten Vater nicht durchsetzen konnte. Zugleich verachtet er sie aber auch dafür und versucht, sich auf die Seite des als stärker erlebten Vaters zu schlagen, indem er ihn als Vorbild in seinem Umgang mit Frauen akzeptiert. In beidem zeigen sich die unaufgelösten Bindungen an die Eltern, Bindungen, die eben gerade durch den Wechsel von Zuwendung und Ablehnung besonders fest geschmiedet wurden. Es wird deutlich, daß er wenig Einfühlung erfahren hat und daß auf seine Wünsche und Bedürfnisse wenig Rücksicht genommen wurde. Spannungen und Konflikte wurden nicht offen ausgetragen und gelöst, sondern entluden sich in feindseligen Handlungen oder wurden körperlich abreagiert. Für einen konstruktiven Umgang mit Wut, Ärger und Enttäuschung gab es keine Vorbilder. So setzt Herr Müller seine Kindheit als Geschichte von Demütigungen, Zurückweisungen und enttäuschten Wünschen und Hoffnungen als Erwachsener fort. Er findet eine Partnerin, die er, ähnlich wie der Vater seine Frau, aufgrund ihrer zurückliegenden Männerbeziehungen und anderer Mängel abwerten und demütigen kann. Er bringt damit, von ihm selbst unbemerkt, zum Ausdruck, daß er sich einer anderen Partnerin, einer, die er achten kann, gar nicht würdig fühlt. Noch ist ihm nicht bewußt, daß er durch die Entwertung seiner Frau auch sich selbst entwertet. Durch die Stieftochter und den Rückzug seiner Ehefrau von ihm erleidet er erneut Zurückweisungen, Kränkungen, Gefühle der Ohnmacht und Beschämung. Im sexuellen Mißbrauch kann er sich stark und mächtig erleben und seine aus den verschiedenen Quellen stammenden Rachebedürfnisse erfüllen. Schließlich wird er jedoch zum Gefangenen seiner Angst vor Entdeckung, seiner suchtähnlichen Abhängigkeit von dieser Form der Ersatzbefriedigung, Konflikt und Spannungsabfuhr, seiner bewußten und unbewußten Schuldgefühle und Strafängste, seiner Selbstbeschämung. Er wird selbst zum Opfer der Verstrikkung mit der Stieftochter, die er als Täter in Gang gesetzt hat und für die er Verantwortung übernehmen und tragen muß.

Bei vielen der Männer, die zu „Kind im Zentrum" in die Beratungsstelle kommen, treten im Laufe des therapeutischen Prozesses ähnliche Erfahrungen zutage, wie wir sie bei Herrn Müller kennengelernt und eingehend betrachtet haben. Ihre Kindheit und Jugend ist fast immer durch mangelnde Einfühlung, häufige Trennungen von Mutter und/oder Vater, emotionale Verlassenheit, Beschämungen und Demütigungen gekennzeichnet.

Es ist auch gar nicht so selten, daß sie als Jungen selbst sexuellem Mißbrauch ausgesetzt waren. Genaue Zahlen sind dazu noch nicht bekannt. Einige Forscher, wie z. B. der amerikanische Therapeut Marquit (1986), berichten aus ihren eigenen praktischen Erfahrungen mit sexuell mißbrauchenden Männern, daß fast alle in einem familiären Klima der körperlichen und sexuellen Gewalt aufgewachsen sind. Etwa die Hälfte seiner Klienten war selbst Opfer sexueller Übergriffe, andere (etwa 20% hielten es durchaus für möglich, daß sie sexuell mißbraucht worden waren) konnten sich aber nicht sicher erinnern. Weitere 27% der Männer waren häufig geschlagen oder mißhandelt worden und hatten erlebt, daß Geschwister oder Verwandte durch ihnen nahestehende Personen mißbraucht wurden. So war es ja auch bei Herrn Müller gewesen, dessen Vater die jüngeren Schwestern wohl doch nicht nur „zärtlich umarmt" hatte.

Vielfach wiederholen solche Männer genau dieselben sexuellen Handlungen an den eigenen Töchtern und Söhnen, die sie selbst als Jungen erdulden mußten. Allerdings ist ihnen das oftmals gar nicht mehr bewußt. Erst im Laufe des therapeutischen Prozesses wird die Erinnerung an die Erfahrungen wieder lebendig. So war es etwa bei dem Vater der kleinen Simone, Herrn Heinrich. Er war im Alter von fünf Jahren wiederholt von seinem Onkel gezwungen worden, mit der älteren Schwester „Geschlechtsverkehr zu spielen". Da es ihm natürlich nicht gelang, seinen Penis in die Scheide der Schwester einzuführen, verlangte der Onkel von ihm, zunächst dessen steifes Glied zu reiben und dann mit den Fingern die Schwester zu masturbieren. Der kleine Junge wußte gar nicht so recht, wie ihm eigentlich geschah. Er liebte den Onkel sehr, einen Bruder der Mutter, der nach deren Scheidung vom Vater der Kinder ein wenig die Vaterstelle bei ihnen vertrat. Als der Junge etwas größer geworden war, versuchte der Onkel mehrmals, ihm von hinten den Penis in den Po zu schieben. Einmal hat ihm das sehr weh getan, so daß er der Mutter davon erzählt hat. Sie war sehr schockiert über das, was ihr der Sohn berichtete, stellte den Bruder zur Rede und meldete es sogar der Polizei. Den Kontakt brach sie ab, was für alle auch sehr schmerzlich war. Besonders der kleine Junge vermißte ihn, war er doch der einzige Mann, zu dem er eine vertraute

Beziehung gehabt hatte und der ihm Vorbild gewesen war. Die peinlichen, schmachvoll schmerzlichen Erinnerungen an die sexuellen Handlungen verblaßten bald, wurden einfach „vergessen". Er dachte nicht mehr daran, wollte nicht mehr daran denken. Er wurde erwachsen, heiratete und wurde Vater einer Tochter. Als Simone fünf Jahre alt war, begann er ihr seinen Finger in den Po und in die Scheide zu schieben, und er ließ sich von ihr den Penis reiben. Simones Mutter wunderte sich anfangs nur darüber, daß ihre Tochter wieder so häufig wund war. Simones Kinderärztin äußerte schließlich die Vermutung, daß die Ursache für Simones Wundsein sexueller Mißbrauch sein könnte, und empfahl der Mutter, die Beratungsstelle von „Kind im Zentrum" aufzusuchen. Zum vereinbarten Termin kamen beide Eltern mit Simone, die in ihrer Anwesenheit wiederholt den Puppen Hosen und Windeln herunterriß und aufgeregt auf Po und Genitalbereich deutete. Herr Heinrich wurde totenbleich, sagte aber nichts dazu. Am Abend gestand er seiner Frau, Simone „gelegentlich" berührt zu haben. Es dauerte einige Wochen, bis er die ganze Wahrheit herausbrachte, unterstützt durch die Beratungsgespräche bei „Kind im Zentrum", die mit beiden Ehepartnern getrennt durchgeführt wurden. Dabei kam auch zutage, daß er sich als Vater oft sehr hilflos und unsicher gefühlt hatte, da er selbst weitgehend ohne Vater aufgewachsen war. Nur in den Erinnerungen an das Zusammensein mit dem Onkel hatte er etwas Orientierung gefunden. Es bedeutete für ihn selbst einen Schock, als er langsam begann, sich an die eigenen Mißbrauchserlebnisse zu erinnern. Mit großer Beschämung mußte er erkennen, daß er nicht nur die guten, schönen, sondern auch die schlimmen, demütigenden, verwirrenden Erfahrungen, die er mit dem Onkel gemacht, an seine Tochter weitergegeben hatte.

Erwachsene, die Kinder sexuell mißbrauchen, sind also vielfach selbst verlassene, gedemütigte, mißbrauchte Kinder gewesen. Sie haben nicht gelernt, für Schwierigkeiten und Probleme, für Gefühle der Einsamkeit und Ohnmacht angemessene Umgangsweisen und Lösungen zu finden. Damit kann ihr Tun nicht entschuldigt werden. Diese Erkenntnis liefert jedoch einen Schlüssel zum Verständnis, warum sie als Erwachsene versuchen, die erlittenen Verletzungen sowie auch die aus gegenwärtigen Konflikten entstehenden Spannungen durch sexuelle Handlungen mit ihnen vertrauten Kindern auszugleichen. Natürlich gilt das nur für Erwachsene, die sich überhaupt durch Kinder erotisch-sexuell ansprechen lassen.

Auch wenn das vielen ganz abwegig, „pervers" erscheinen mag, ist das doch etwas ganz Normales. Welcher Vater, welche Mutter hätte solche Gefühle im körperlichen Kontakt mit dem Kind nicht schon einmal verspürt, wenn sie beim Schmusen, beim Baden oder der sonstigen Körperpflege über die glatte, weiche Haut des Kindes gestrichen haben, wenn das Kind, selbstverständlich vom Körper der Eltern Besitz ergreifend, die Arme um den Hals geschlungen hat, wenn es sich in sexueller Neugier und in der Erprobung seiner körperlichen, erotischen Anziehungskraft kokett, verführerisch, erobernd vor den Erwachsenen zeigte?! Daß Kinder in Erwachsenen sexuelle Empfindungen auslösen, ist weder krankhaft noch verwerflich. Viele Erwachsene sind sich allerdings der eigenen Grenzen so wenig sicher, daß sie durch solche Empfindungen bei sich selbst zutiefst erschreckt werden und diese Wahrnehmung sofort aus ihrem Bewußtsein zu verbannen suchen. Damit werden aber nicht die Gefühle, sondern eben nur deren bewußte Wahrnehmung unterbunden: Im verborgenen sind sie der bewußten Kontrolle entzogen und können um so leichter, gewissermaßen unbesehen, unbewußt in Handlungen umgesetzt werden. Das intensive, wiederholte Eincremen der Genitalregion eines kleinen Kindes kann auf diese Weise vom Erwachsenen lange als reine Pflegehandlung angesehen werden, während das Kind durch die erotische Aufgeladenheit der Situation, für die es keine Worte hat und die es „nicht merken" darf, zutiefst verwirrt ist. Das bewußte Zulassen, die bewußte Auseinandersetzung mit solchen Empfindungen und der bewußte Verzicht auf entsprechendes Handeln, und sei es noch so versteckt, bietet also eher einen Schutz gegen den sexuellen Mißbrauch von Kindern als moralische Empörung gegen sich und andere mit den daraus folgenden Verdrängungen und Verleugnungen. Schwieriger wird es allerdings, wenn solche normalen erotischen Gefühle bei einem Erwachsenen entstehen, der sich aufgrund mangelnder Reife auch in den meisten anderen Bereichen gefühlsmäßig viel mehr zu Kindern hingezogen fühlt, sich mit ihnen viel besser versteht als mit Erwachsenen, sich emotional bei ihnen am ehesten wohl und aufgehoben erlebt, wenn der Erwachsene das Kind zum eigentlichen Partner macht. So etwa war es bei Herrn Schuster. Die sexuell-erotische Anziehung steigert noch dieses Gefühl der besonderen Nähe und Verbundenheit mit dem Kind, schafft eine alle anderen ausschließende Beziehung. Durch die sexuelle Befriedigung wird diese Beziehung zur einzigartigen, nur durch das Unverständnis der anderen bedrohten Liebe aus der Sicht des Erwachsenen! Wie wir bei Herrn Müller gesehen haben, können aber auch Macht- und Kontrollbedürfnisse in Form des sexuellen Mißbrauchs ausgelebt werden. Auf gesellschaftlicher Ebene trägt die bei Männern häufig anzutreffende patriarchalische Überzeugung, daß Kinder (und Frauen) Eigentum des Mannes seien und seinen Bedürfnissen jederzeit zur Verfügung zu stehen haben, dazu bei, daß sie ihre sexuellen Wünsche und Phantasien mit Kindern realisieren – ohne Rücksicht auf deren innere Situation. Werbung mit Kindern, Kinderpornographie und -prostitution sowie Sextourismus sind allgemein gesellschaftliche Folgeerscheinungen dieser Grundüberzeugung, die aber auch individuell die Tabuisierung, das Verbot sexueller Handlungen zwischen Erwachsenen und Kindern abschwächen können. Dennoch bestehen bei den meisten Erwachsenen zunächst innere Hemmungen gegen den sexuellen Mißbrauch von Kindern, auch wenn sie nur schwach ausgeprägt sein mögen. Wir alle sind in einer Gesellschaft aufgewachsen, die sexuelle Handlungen zwischen Erwachsenen und Kindern verbietet, sie unter Strafe stellt. Es gibt niemanden, der das nicht weiß, trotz aller Verleugnung. Unsere Gesellschaftsordnung beruht auf dem Verbot des Inzests, auch wenn dieses Verbot vielfach gebrochen wird. Diese innere Hemmschwelle kann aufgrund lebensgeschichtlicher Erfahrungen sehr niedrig sein und durch aktuelle Bedingungen noch herabgesetzt werden. Besondere Belastungen und Krisen innerhalb oder außerhalb der Familie, wie z. B. Streit mit dem Partner, der Partnerin, finanzielle Sorgen, Kränkungen, Konflikte am Arbeitsplatz, Verlust des Arbeitsplatzes, körperliche Krankheiten oder Behinderungen und anderes mehr sind dabei von Bedeutung. Alkohol oder Drogengenuß wie auch psychische Erkrankungen können ebenfalls die Fähigkeit zur Selbstkontrolle herabsetzen. Am Beispiel von Herrn Müller und Herrn Schuster haben wir Genaueres darüber erfahren. Die immer noch verbreitete gesellschaftliche Forderung nach der „heilen Familie", in der Entlastung und Entschädigung für alle erfahrene Unbill gefunden werden soll, verhindert oft, daß rechtzeitig Hilfe von außen in Anspruch genommen werden könnte. Sexuelle Ausbeutung von Kindern als Möglichkeit der inneren Entlastung bei Spannungen und Konflikten kann insofern als weniger schmachvoll und peinlich erlebt werden als das Aufsuchen einer Beratungsstelle, eines Psychotherapeuten oder einer Ärztin oder auch der Gang zu einer Prostituierten.

Häufig beginnt der sexuelle Mißbrauch während vorübergehender längerer oder dauernder Abwesenheiten der Partnerin – Krankheit, Urlaub, Beruf (Nachtarbeit, Schichtdienst), Trennung oder Tod –, in Situationen also, in denen der Vater das Kind allein versorgt und ungestörten Zugang zu ihm hat. Wird die Mutter des Kindes allerdings sehr von ihrem Partner beherrscht, mißhandelt und unterdrückt, bedarf es nicht einmal ihrer körperlichen Abwesenheit. Es genügt, wenn er ihr vermittelt, daß sie zu bestimmten Zeiten, ohne anzuklopfen, oder wenn er mit der Tochter allein sein will, das Zimmer nicht zu betreten hat. Eine schlechte oder distanzierte Beziehung zwischen Mutter und Kind schafft dem Vater ebenfalls einen Freiraum für die Befriedigung seiner Wünsche, wie es bei der Stieftochter von Herrn Müller der Fall war. Und schließlich kann die Mutter oder der Vater das gemeinsame Schlafzimmer verlassen haben, weil der Vater schnarcht, weil einer von beiden länger lesen möchte oder weil beide unterschiedliche Schlafbedürfnisse und -rituale haben, so daß sie sich gegenseitig stören würden. Vielfach schlüpft dann ein Kind auf den frei gewordenen Platz, aus eigenem Antrieb oder auch auf Wunsch des sich verlassen fühlenden Elternteils. Auch der Mangel an räumlichen Ausweichmöglichkeiten kann eine Rolle spielen. Durch solche Schlafarrangements – die Tochter schläft mit dem Vater im Ehebett oder er bei ihr im Kinderzimmer – kann die Entstehung von sexuellem Mißbrauch begünstigt werden, wenn gleichzeitig die inneren Sperren auf seiten des Erwachsenen nicht ausreichend entwickelt sind und unbefriedigte sexuelle Wünsche durch die intensive körperliche Nähe mit dem Kind wachgerufen werden.

Ebenso wie die Erwachsenen sich darin unterscheiden, wie sie mit ihren sexuellen Impulsen gegenüber Kindern umgehen, gibt es auch Kinder, die sich schlechter gegen sexuelle Ausbeutung wehren können als andere. Dazu gehören am ehesten solche, die wenig selbstbewußt sind, sich allein und verlassen fühlen. Ungewollte Kinder, die oft schon ihr bloßes Dasein als schuldhaft erleben und immer das Gefühl haben, etwas wiedergutmachen, die Mutter oder den Vater für ihre Existenz entschädigen zu müssen, sind besonders gefährdet. Eine enge Vertrauensbeziehung des Kindes zum mißbrauchenden Erwachsenen, vor allem wenn es vielleicht die einzige ist, die das Kind hat, kann es ihm ebenfalls unmöglich machen, sich gegen den sexuellen Mißbrauch durch diese Person zu wehren. Oft ist es auch Unwissenheit, mangelnde sexuelle Aufklärung und Unterdrückung der normalen sexuellen Neugier, die das Kind an sexuellen Handlungen teilnehmen läßt. Zwang und Gewalt, Drohungen, Erpressung oder Bestechungen durch Belohnungen und Privilegien sind weiterhin Maßnahmen, die den Widerstand des Kindes herabsetzen und gegen die es meist machtlos ist.

Der amerikanische Forscher David Finkelhor hat darauf aufmerksam gemacht, daß diese vier Bedingungen gleichzeitig gegeben sein müssen, damit es zu sexuellem Mißbrauch kommen kann: Ein Erwachsener muß sich durch ein Kind sexuell erregt fühlen, er muß seine inneren Hemmungen und äußere Hindernisse überwinden und schließlich das Kind zum Mitmachen bringen. Bei Herrn Müller, der für viele Männer in unserer Beratungsstelle steht, haben wir dieses Zusammenspiel innerer und äußerer Bedingungen etwas genauer betrachtet. Aus seiner Lebens- und Beziehungsgeschichte konnten wir Einsicht in die innere Dynamik des sexuellen Mißbrauchs auf seiten des Täters gewinnen. Das Modell von David Finkelhor macht verstehbar, warum Kindheitserfahrungen, wie sie Herr Müller erlebt hat, nicht notwendig dazu führen, daß der spätere Erwachsene sich an Kindern sexuell vergeht. Erst das gleichzeitige Zusammentreffen solcher innerpsychischen Bedingungen mit den anderen beschriebenen Voraussetzungen bringt die Möglichkeit zum sexuellen Mißbrauch hervor.

Literatur

Finkelhor, D., u. a.: *A Sourcebook on Child Sexual Abuse.* Beverly Hills/London 1986.

Hirsch, M.: *Realer Inzest.* 2. Auflage, Berlin/Heidelberg, 1990.

Marquit, C.: *Der Täter, Persönlichkeitsstruktur und Behandlung.* In: Backe u. a.: *Sexueller Mißbrauch von Kindern in Familien.* Köln 1986.

Mentzos, S.: *Neurotische Konfliktverarbeitung.* Frankfurt am Main 1984.

Morray, K./Gough, D. A.: *Intervening in Child Sexual Abuse.* Edinburgh 1991. S. 37–40.

Norbert Gurris

Wie kann es gelingen, den Mißbrauch zu beenden? Wege der Konfrontation

Das vorangegangene Kapitel hat uns gezeigt, wie sehr mißbrauchende Erwachsene in ihrem Versuch gefangen sind, den sexuellen Mißbrauch zu verleugnen und umzudeuten. Wir werden mit diesen Strategien der Verleugnung in der Beratung konfrontiert. Die verzweifelten Versuche, quälendes Verlangen nach Bestätigung und Zuwendung zu erfüllen, der Wunsch, sich stark und mächtig zu fühlen nach vorangegangener Entwertung, die Wiederholung zuvor selbst erlebter Kränkung – all dies mündet in einen verhängnisvollen Kreislauf, aus dem sie sich kaum selbst befreien können. Es geht nicht nur um Erfüllung sexuell „fehlgeleiteter" Wünsche, sondern um verzweifelte Versuche, das eigene früh erschütterte Selbstwertgefühl durch Grenzüberschreitung, durch Macht über Schwächere, durch erzwungene Zuwendung zu reparieren. Sowohl die allgemeinen gesellschaftlichen Normen des Inzest-Tabus wie auch die Verstrickungen aller Beteiligten in der Familie verhindern das Aufbrechen der Regelkreise von Mißbrauch, Abhängigkeit, Geheimnis, Schuldgefühl/Scham und ersatzweiser Befriedigung. Diese Regelkreise verstärken sich wechselseitig. Eine Aufdeckung des Mißbrauchs würde den Bestand des Systems der Familie unmittelbar bedrohen; für jedes Mitglied der Familie kann dies einen Verlust der psychischen, sozialen und materiellen Sicherheit bedeuten – eine Vorstellung, die zumeist von massiven Ängsten begleitet ist. Sie wehren sich gegen die drohende Auflösung dieser Abhängigkeiten, die ihnen Sicherheit geben, gegen die drohende Katastrophe.

Um Menschen, die auf diese Weise tief in das sexuelle Mißbrauchsgeschehen verstrickt sind, wirklich und umfassend helfen zu können, ist ein deutlicher verantwortungsvoller Einschnitt in dieses Geschehen erforderlich. Der aufgedeckte Mißbrauch muß beendet werden. Um dies zu gewährleisten, muß der mißbrauchende Erwachsene mit der Realität seines Tuns konfrontiert werden. Der zweite Grund für eine solche Realitätskonfrontation: Dem mißbrauchenden Erwachsenen soll die Auseinandersetzung mit seinem Handeln ermöglicht werden, die die Übernahme der Verantwortung einschließt. Für den mißbrauchenden Erwachsenen zumeist überraschend, muß die Kette der Geheimhaltung und Verdeckung durchbrochen werden. Dies heißt nicht etwa, ihn/sie öffentlich an den Pranger zu stellen, zu verdammen und zu verurteilen, sondern einen – oft langen – Weg der Übernahme der Verantwortung bis hin zur Heilung zu eröffnen und ihn dabei zu begleiten und gleichzeitig für den Schutz des Opfers zu sorgen. Die Notwendigkeit, sich mit dem Mißbrauch auseinanderzusetzen und zu versuchen, die tiefen Wunden und Verwirrungen zu heilen, gilt im Grunde auch für alle übrigen Familienmitglieder; das gesamte Familiensystem wird durch den Mißbrauch fundamental betroffen. Die Konfrontation erfolgt daher in pädagogischer und therapeutischer Absicht – das Ziel ist nicht die Verurteilung oder Anzeige; sie schneidet vielmehr den bisherigen Irrweg des Mißbrauchs ab und zwingt so die Erwachsenen, nach neuen Wegen zu suchen, auf denen sie die Kraft erwerben können, den Mißbrauch als Mißbrauch zu erkennen und die Verantwortung zu übernehmen: Verantwortung für den vergangenen Mißbrauch und Verantwortung für ein neues Leben ohne Mißbrauch.

Im folgenden wird eine Konfrontation geschildert, die Kollegen des KiZ gemeinsam mit Vertretern des Jugendamtes durchgeführt haben. In der Regel soll die Konfrontation durch einen Vertreter des Jugendamtes durchgeführt werden, nicht durch die Mitarbeiter der Beratungsstelle. Diese sind jedoch bei der Konfrontation als mögliche zukünftige Therapeuten der Familienmitglieder anwesend, um – vor allem nach der Konfrontation – ihre Hilfe anbieten zu können. Die Aufteilung der Rollen in konfrontierende und stützende setzt eine gute Vorbereitung aller Helfer auf die Konfrontation voraus.

Es ist Freitagnachmittag 14 Uhr. Meine Kollegin und ich sind mit der U-Bahn in die Trabantenstadt gefahren. Zu Fuß laufen wir durch genormte Häuserschluchten zu einem eingeschossigen Flachbau. Das Schild am Eingang: Der Senat von Berlin, dann der Berliner Bär mit Krone in Metall, darunter: Kindertagesstätte. Wir befinden uns hier in einem betonierten sterilen Problembezirk mit notdürftiger Begrünung und Spielplätzen. Das ist *nicht* typisch für unsere Arbeit; die Geschichte könnte ebensogut in einem Villenbezirk oder in der Innenstadt geschehen sein.

Heute werden wir Eltern konfrontieren, die ihre Tochter sexuell mißbrauchen. Nach unseren Erfahrungen in den letzten Jahren ist dies gar nicht so selten, wie zunächst angenommen werden mag. Wie kann eine Mutter gemeinsam oder neben dem Vater (Freund) das eigene Kind sexuell mißbrauchen? Dies scheinbar „Ungeheure" verunsichert auch Fachkollegen. Entsprechend erzeugen solche Fälle, wenn sie aufgedeckt werden, auch Ängste, Unsicherheiten, Hilflosigkeit. Wer, wenn nicht die leibliche Mutter, soll das Kind denn überhaupt noch schützen? Die Verantwortung liegt zunächst bei uns, den „Professionellen".

Wir werden erwartet: Anspannung, unterdrückte Erregung – so ähnlich könnte es bei der Vorbereitung auf eine schwere Operation sein. Die Leiterin der Kita bittet uns in ihr Büro. Dort wartet schon Lucies Erzieherin. Lucie B. ist das Opfer, 5 Jahre alt und besucht die Vorschule in der Kita. Die Erzieherin unterdrückt mühsam ihre Nervosität. Immerhin macht sie einen eher robusten Eindruck. Die Sozialarbeiterin von der Familienfürsorge des Bezirks dagegen hat ihre Fassung verloren. Wir müssen sie beruhigen, ihr Mut zusprechen. Die Vorgehensweise war Tage vorher minutiös abgesprochen und durchgespielt worden. Auf unsere Intervention hin hatte ihr der Amtsleiter ihrer Behörde noch einmal den Rücken gestärkt und ihr rechtlichen Schutz zugesichert. Dennoch kann sie aufkommende Panik kaum unterdrücken. Zur Unterstützung der Sozialarbeiterin ist ein älterer Kollege mitgekommen, ein Fürsorger.

Die umfangreichen und sorgsamen Vorbereitungen vom ersten Verdacht in der Kita bis zur heutigen Konfrontation haben fünf Monate in Anspruch genommen, Monate der Geduld, der Fallkonferenzen, der sorgsamen Gesamtaufdeckung des Mißbrauchs, der Einbeziehung der Familienfürsorge, des Jugendamts, der fachlichen und emotionalen Unterstützung der Kita-Erzieherinnen und insbesondere der Planung für die Zeit nach der Konfrontation.

Ein letztes Mal sprechen wir alle Details der Konfrontation durch: die Rollen- und Sitzverteilung, die zu erwartenden Reaktionsmöglichkeiten der Eltern. Wie kann gegebenenfalls ihr Zugriff auf das Kind verhindert werden? – Lucie spielt unten in der Kita mit einer Erzieherin und wird zwei Stunden später von ihrer Erzieherin in das heilpädagogische Kleinstheim gebracht werden. – Unter welchen Voraussetzungen könnten die Eltern sich nach der Konfrontation noch von ihrer Tochter verabschieden? Oder müssen wir – bei entsprechender Reaktion der Eltern – eventuell darauf verzichten? Wer hält Verbindung und Kontakt zu der Erzieherin, die unten mit Lucie spielt und sie auf die Heimunterbringung vorbereitet? Wie ist die mögliche Suizidgefahr bei den beiden Eltern einzuschätzen? Was ist zu tun, wenn nur ein Elternteil kommt (obwohl beide eindeutig und klar eingeladen wurden)?

Gegen 15 Uhr treffen beide Eltern in der Kita ein. Mir geht noch einmal die Bedeutung von „Konfrontation" aus dem Wörterbuch durch den Kopf: „Gegenübertreten (oft feindlich), mutig begegnen." Feindlich wollen wir nicht sein, Mut muß ich mir immer wieder machen. Ich versuche schnell, noch einmal meine Gefühle und „automatischen Gedanken" zu klären: Wir wollen sachlich und nüchtern bleiben, auch wenn innerlich Wut aufkäme, falls die Eltern den Mißbrauch leugnen. Wir wollen das Geheimnis des Mißbrauchs aufbrechen, die Wirklichkeit offenlegen und die Eltern dazu Stellung beziehen lassen. Wir wollen den Eltern

Hilfe und Unterstützung anbieten. Wir sind die Anwälte des Kindes. Wir müssen einen Weg aus der tiefen Verwirrung aller beteiligten Familienmitglieder finden. Wir werden nicht anklagen und beschuldigen und trotzdem beharrlich und unnachgiebig sein. Obwohl wir die Partei des Kindes ergreifen, wollen wir der ganzen Familie helfen. Meine Gedanken wandern zu dem spielenden Kind, ich rufe mir all das in Erinnerung, was Lucie den Erzieherinnen und auch uns im Vertrauen über den Mißbrauch erzählt und gezeigt hat. Wir glauben dem Kind und übernehmen jetzt die Verantwortung für sein Wohl.

Dieser innere Dialog und die entspannenden Gedanken helfen zunächst. Die Leiterin bittet die Eltern in den Raum. Außer uns sind die beiden Vertreter des Jugendamtes und die für Lucie zuständige Erzieherin anwesend.

Die Eltern wissen nicht, was wir ihnen vorhalten werden. Weil die Eltern nicht vorab informiert werden, worum es in dem „Gespräch" genau geht, wird uns oft Arglist, Hinterhältigkeit unterstellt. Auch „Gestapo-Methoden" wurden uns schon vorgeworfen. Das sonst in der Familienarbeit ungewöhnliche Vorgehen, die Eltern einfach zu einem Gespräch ohne die Erwähnung des sexuellen Mißbrauchs und der beabsichtigten Konfrontation einzuladen, ist damit gerechtfertigt, daß wir eine Chance zur Aufdeckung der Wirklichkeit suchen und damit auch eine Chance für die Konfrontierten, das Leugnen aufzugeben. Vorinformierte, sprich: gewarnte MißbraucherInnen haben zuviel Zeit, die Verleugnung aufzubauen. Sie können das Kind zwischenzeitlich zur Rede stellen, es instruieren, schlimmer noch: es bestrafen für den „Verrat" und so für lange Zeit oder für immer mundtot machen.

10 Minuten später: Wir stellen uns vor, ich beginne mit der Feststellung:

„Frau B., Herr B., wir wissen, daß Sie Ihre Tochter Lucie seit längerer Zeit sexuell mißbrauchen. Wir bitten Sie, uns zunächst nicht zu unterbrechen, noch keine Fragen zu stellen und auch noch nicht zu entgegnen."

Es folgen die Vorhaltungen anhand der in den letzten fünf Monaten gesammelten Protokolle der Aussagen von Lucie, aber auch der Beobachtungen ihres Spielverhaltens und zu ihren Verhaltensauffälligkeiten. Passagen mit wörtlichen Äußerungen des Kindes werden auch in wörtlicher Rede vorgetragen.

Ich trage zunächst die protokollierten Beobachtungen der letzten Monate vor:

Beim Spielen hat Lucie anderen Mädchen mehrfach und unvermittelt mit der Hand an die Scheide gegriffen. Auf Nachfrage kam von Lucie die Antwort: „Das machen Mama und Papa auch bei mir. Der Papa macht das abends, wenn ich schon schlafe. Ich werde davon dann wach." Eine Spielszene: Lucie beobachtete, wie 3 Jungen mit einem großen Spielelefanten spielen. Darauf trat sie plötzlich vor die Jungen, zog ihre Hose herunter, krempelte mit beiden Händen ihre Schamlippen um und verlangte, daß die Jungen den Rüssel des Elefanten dort hineinstecken.

Beim Vorlesen eines Kinderbuches über Sexualität setzte sich Lucie auf das Sofa, machte die Beine breit, strich sich mit der flachen Hand über die Scheide. Dabei übernahm ihr Mittelfinger die Führung. Von solchen Handlungen war in dem Buch jedoch nicht die Rede gewesen.

In den letzten zwei Monaten wurden Lucies Verhaltensauffälligkeiten noch deutlicher: Sie war gedankenverloren, konnte den Gesprächen in der Kita nicht folgen. Angesprochen, war sie hilflos und verträumt. Sie spielte nicht mehr mit den anderen Kindern. Eine Woche fehlte sie wegen starken Erbrechens. Danach lag sie häufig auf dem Fußboden, nahm keinen Kontakt mehr auf und schüttelte permanent den Kopf. Sie zog ständig ihren Pulli herunter, der gar nicht hochgerutscht war; sie zog ihn so lang, wie es nur ging. Tagsüber schlief Lucie immer häufiger auf der Matratze ein. Von den Beschäftigungen der anderen nahm sie keine Notiz. Nur wenn die Erzieherin den Raum verließ, war sie urplötzlich wieder wach. Sie sagte: „Ich kann nachts zu Hause nicht schlafen. Ich kann nur schlafen, wenn es hell ist." Ein anderes Mal, als sie wieder nachts nicht geschlafen hatte, sagte sie: „Ich habe nicht geschlafen. Da waren wieder die Gespenster da.“ Auf die Nachfrage, was das denn für Gespenster gewesen seien und daß es in Wirklichkeit doch keine Gespenster gäbe, antworte sie: „Doch, bei mir sind immer ein oder zwei Gespenster in der Nacht da. Nur wenn Isabelle (ein Nachbarskind) bei mir schläft, dann kommen sie nicht.“ Auf die Frage, ob denn eines der Gespenster mit einer bekannten Person Ähnlichkeit habe, sagte sie: „Das eine Gespenst ist so dunkel wie die Mama, das andere ist gelb und blau.“ Nachgefragt, wer sich denn hinter dem gelb und blau (Pyjamafarbe?) verbergen könne, antwortete sie, ohne zu zögern: „Na, der Papa!“

Nach weiterem vorsichtigen Befragen in den folgenden Tagen erzählte Lucie: „Die Gespenster krabbeln mich überall, auch am Po und an der Muschi.“ Sie demonstrierte der Erzieherin, wie ihr von den Gespenstern die Schlafanzughose heruntergezogen wurde. Dabei erzählt sie weiter: „Ich hab den Gespenstern schon einmal gesagt: Ihr sollt aufhören, mir ist kalt, und das macht mir keinen Spaß. Aber die haben nicht aufgehört. Und dann mußte ich die langen Haare von der Mama küssen und lecken. Dabei haben die meinen Po und meine Scheide geküßt.“

Seit sich Lucie offenbart hat, haben wir ihr versprochen, ihr zu helfen, daß sie nachts wieder schlafen kann. Lucie hat in den letzten Wochen häufiger geäußert, daß sie gerne für immer woanders schlafen möchte. Hauptsache, die Gespenster könnten nicht mehr zu ihr, denn sie sei sicher, daß es an anderen Orten keine Gespenster mehr gibt.

„Frau B., Herr B., Lucie hat Ihnen zu Hause davon erzählt, daß die Erzieherinnen in der Kita ihr helfen wollen, daß sie nachts wieder schlafen kann. Seitdem haben Sie, Frau B., beim Abholen einen verunsicherten Eindruck gemacht. Sie haben auch den Erzieherinnen von Lucies Auffälligkeiten berichtet, daß Lucie intensiv ihre Scheide ausdusche und immer nachsehe, ob etwas herauskomme. Wir wissen nun, daß das eine Art Flucht nach vorn war, entweder um den

Verdacht von sich abzulenken oder, möglicherweise, weil Ihr Gewissen belastet war. Und Sie, Herr B. hatten es morgens plötzlich immer so eilig und betraten die Kita nicht mehr wie sonst immer."

Etwa 15 Minuten sind inzwischen vergangen. Uns gegenüber sitzt ein sympathisch wirkendes Ehepaar, beide etwa Ende Dreißig. Sie ist geschmackvoll gekleidet und macht einen unaufdringlich gepflegten Eindruck. Er, etwas rundlich und freundlich wirkend, trägt das Outfit eines mittleren Angestellten: Sakko, weißes Hemd und Schlips. Beide sitzen wie erstarrt vor uns. Ihm stehen Schweißperlen auf der Stirn. Sie blickt ungläubig mal zu uns, mal zu ihm, das Gesicht zur Grimasse verzerrt, manchmal gequält grinsend – er grinst auch –, immer wieder kopfschüttelnd. Manchmal hören wir beide murmeln oder zischen: „Unmöglich, Unverschämtheit, das gibt's doch nicht, Rufmord, Schweinerei, was soll das, die wollen uns fertigmachen, Justizirrtum . . ."

Immerhin konnte ich die Vorhaltungen bis zum Ende vortragen. Ich übergebe jetzt, wie vorher abgesprochen, an meine Kollegin. Ihre Stimme wirkt ruhiger und entspannter als meine.

„Frau B., Herr B., ich habe heute morgen selber Lucie hier in der Kita besucht und eine Stunde mit ihr gesprochen und gespielt. Sie hat mir heute alles noch einmal bestätigt, was sie vorher den Erzieherinnen gesagt hat. So hat sie mir gesagt: ‚Die Gespenster sind Mama und Papa. Manchmal macht Papa das mit mir alleine nachts, daß er meine Scheide reibt, auch mit seinem Puller. Manchmal ist Mama auch dabei und leckt meine Scheide und küßt mich überall. Papa krabbelt mich dann überall. Bei Mama muß ich die Haare lecken.' Dann hat mir Lucie das alles noch einmal genau an unseren anatomisch korrekten Puppen gezeigt, Puppen also, die Geschlechtsorgane, Schamhaare und Mund/Poöffnung haben.

All das, was der Kollege Ihnen gerade vorgehalten hat, ist heute noch einmal bestätigt worden. Es gibt keinen Zweifel, daß sie beide Lucie sexuell mißbraucht haben. Wir glauben dem Kind, denn Lucie hat alles so erzählt und dargestellt, daß sie es nicht erfunden oder im Fernsehen gesehen haben kann.

Wir sind auch sicher, daß Sie ihr Kind lieben, es gern haben und zumeist das Beste für es tun wollten. Sie haben aber die Grenzen von Lucies Persönlichkeit überschritten und sie damit sehr geschädigt. Möglicherweise wollten Sie dies nicht; Sie haben aber eigene sexuelle Bedürfnisse an dem Kind befriedigt. Sie haben ihm dadurch die Möglichkeit einer eigenen gesunden sexuellen Entwicklung genommen und bei Lucie ein schweres Trauma erzeugt: daß das meine Eltern tun! Deshalb mußte sie ihre Erlebnisse auch abspalten und sie in Gespenster verwandeln, um ihre andere, ihre ‚normale' Sicht der Eltern zu bewahren, von denen sie Schutz und Liebe erhoffen mußte. Wir möchten nun, daß Sie heute anfangen, Verantwortung für den sexuellen Mißbrauch zu übernehmen, als eine Voraussetzung dafür, daß Lucie ihre schlimmen Erlebnisse verarbeiten kann. Wir wollen Sie nicht verurteilen und verdammen, sondern möchten Ihnen, der ganzen Familie helfen. Wir sind keine Strafverfolgungsbehörde und werden keine Strafanzeige stellen, obwohl es sich, wie Sie wissen, beim sexuellen Mißbrauch um ein Offizialdelikt handelt. Wir sind aber der Ansicht, daß eine bloße Anzeige weder Ihnen noch Lucie helfen würde. Im Gegenteil, Verhöre und Verhandlungen vor Gericht könnten Lucie noch einmal großen seelischen Schaden zufügen. Wir bieten Ihnen an, daß Sie sich bei uns im KiZ in eine längerfristige Beratung und psychotherapeutische Behandlung begeben. Sie werden Einzeltherapiesitzungen mit jeweils einem Kollegen/einer Kollegin haben; es können darüber hinaus jedoch auch Paarsitzungen mit Ihnen und zwei TherapeutInnen zusätzlich vereinbart werden. Voraussetzung für den Beginn einer vertrauensvollen Zusammenarbeit ist jedoch, daß Sie beide heute uns gegenüber die Verantwortung für den Mißbrauch übernehmen. Erst dann können wir Ihnen helfen. Selbstverständlich erhält Lucie in jedem Fall von uns umfangreiche spieltherapeutische Hilfe über einen Zeitraum von mindestens zwei, drei Jahren."

Das Paar ist mittlerweile sehr unruhig geworden. Meine Kollegin kann die letzten Sätze kaum noch aussprechen. Nun sind die Konfrontierten an der Reihe. Frau B.: „Wissen Sie überhaupt, was Sie da einem Menschen antun? Ich als Mutter soll so etwas getan haben? Ich liebe mein Kind, haben Sie überhaupt Kinder, wissen Sie, wovon sie reden? Ich habe Sie doch damals gefragt, was mit Lucie los ist. Sie wissen doch, daß sie oft schlecht träumt. Zu Ihnen habe ich jetzt kein Vertrauen mehr, wenn Sie alles so umdrehen, einer Mutter so etwas zu unterstellen. Sie sind doch die Fachleute, die rausfinden, woher das Kind so was hat, sie hatte schon immer so viele Phantasien, schon als sie 3 Jahre alt war. Ich sehe Ihnen in die Augen, wollen Sie immer noch behaupten, was Sie eben gesagt haben? Nehmen Sie das zurück, das ist ja unverschämt!"

Sie wirkt noch einigermaßen beherrscht, legt ihre Hand leicht auf die Schultern ihres Mannes. Das ist das Zeichen für ihn: er explodiert. „Das ist eine unglaubliche Schweinerei, die Sie sich hier leisten. Wir nehmen einen Anwalt, dann sehen Sie aber verdammt blaß aus. Dann nehmen Sie das Wort für Wort zurück. Ich mache eine Selbstanzeige, zerre das Ganze in die Öffentlichkeit, das kommt in die Zeitung! Ich kann mir so was gar nicht leisten, *ich arbeite* nämlich. Ich hab nämlich seit 2 Monaten einen neuen Posten in der Firma und *viel Verantwortung, ich* muß nämlich *schuften*, um *hochzukommen*."

Herr B. sitzt fuchtelnd und schwitzend vor uns, schnappt nach Luft. Nach anfänglichem „Figurmachen" sinkt er schnell in sich zusammen, wird nervöser, möchte rauchen (was in der Kita verboten ist). Er bricht auch in Tränen aus, blickt hilfesuchend seine Frau an. Dann biedert er sich bei mir an.

„Ich hab ja viel Verständnis für Ihre Arbeit und hab schon von Ihrer Stelle gehört. Man liest ja auch viel über solche Sachen. Meine Hochachtung für das, was Sie machen. Hier haben Sie aber die Falschen erwischt. Da draußen laufen so viele von diesen Schweinen rum, die sich an Kindern vergehen. Wenn Sie mich fragen, ich hätte da nicht so viel Geduld. Ich würde da kein groß Federlesen machen. Kopf ab bei solchen Schweinen, kann ich da nur sagen! Lieber würde ich mir beide Hände abhacken lassen, als daß ich ein Kind vergewaltigen würde. Dies ist hier ein Irrtum, ein ungeheurer Justizmord. Wir kommen hier so ahnungslos mir nichts, dir nichts her, Sie sagen uns nicht einmal vorher etwas und knallen uns nun so was einfach an den Kopf. Geben Sie zu, daß Sie sich geirrt haben oder daß auch Sie sich irren können. Dann könnte ich auch wieder Achtung vor Ihnen haben. Finden Sie raus, warum Lucie das gesagt hat. Oder besser, ich frag sie nachher. Ich werde beweisen, daß sie das erfunden hat, wenn sie es überhaupt gesagt hat. Sonst muß sie eben zum Arzt oder Psychiater. Was sind Sie denn eigentlich, ist Ihre Methode eigentlich wissenschaftlich bewiesen?"

Frau B. pflichtet ihrem Mann immer wieder bei, ermutigt ihn, macht ihn zum ausführenden Organ, obwohl er viel schwächer und nervöser wirkt und sie noch souverän erscheint. Er wendet sich jetzt dem älteren Kollegen vom Jugendamt zu, den er unflätig beschimpft: „Und Euch Beamtentypen hab ich sowieso gefressen. Ihr Sesselpuper, ihr Penner. Soo klein seid ihr mit Hut, ihr wißt nicht, was Arbeit überhaupt ist. Dir könnt ich stundenlang die Fresse polieren, du Hosenscheißer. Dich mach ich fertig. Ich mach 'ne Anzeige und feg dich weg."

Der Kollege hatte bisher noch kein Wort gesagt und nur freundlich dagesessen. Der Konfrontierte glaubt nun, bei einem vermeintlich Schwächeren Dampf ablassen und gleichzeitig vor seiner Frau „Figur machen" zu können, ihren Erwartungen an seine Männlichkeitsrolle gerecht zu werden. Dennoch wirkt Herr B. immer kläglicher, er ist naßgeschwitzt und zittert. Seine Frau wirkt eher kühl und herablassend, faßt aber zärtlich seine Hand, als müßte sie einen kleinen Jungen beschützen. Kein Anzeichen von Selbstkritik. Er weint zwischen den Entladungen. Einen Moment denken wir an mögliche Suizidgefahr; meine Kollegin und ich nehmen, einander abwechselnd, den Faden der Konfrontation wieder auf. Wir wiederholen alle Aussagen von Lucie, wieder in wörtlicher Rede, untermauern die Gewißheit des Mißbrauchs durch die beobachteten Verhaltensauffälligkeiten. Frau B. unterbricht jetzt häufiger. Herr B. macht den Eindruck, als stünde er kurz vor einem Geständnis, räumt ein, eventuell therapeutische Hilfe in Anspruch nehmen zu wollen. Wir zeigen Verständnis für seine *berufliche Belastung* wie auch für die *Belastungen der Mutter* und räumen ein, daß die Familie kein leichtes Leben habe, bleiben aber unerbitterlich bei der Gewißheit des sexuellen Mißbrauchs. Wir sprechen über die Konsequenzen der Aufdeckung und der heutigen Konfrontation. Wir stellen klar, daß der Mißbrauch, unabhängig davon, wie die Eltern sich entscheiden, unterbrochen werden muß und daß Lucie ab heute nicht mehr in der Familie leben kann. Es ist notwendig, Lucie in einem heilpädagogischen Heim unterzubringen. Selbst wenn die Eltern heute langsam Verantwortung für den Mißbrauch zu übernehmen beginnen, ist noch lange nicht die notwendige Sicherheit geboten, daß das Kind künftig nicht mehr mißbraucht wird. Darüber hinaus brauche Lucie eine Umgebung, in der ihr nicht durch psychischen Druck, wie Vorhaltungen, Schuldzuweisungen, offene oder verdeckte Bestrafung (z. B. subtiler Liebesentzug, doppelte Botschaften u. ä.), weiterer Schaden zugefügt werden kann. Das bedeutet nicht, daß der Kontakt des Kindes mit den Eltern für alle Zeit abgebrochen wird; im Verlauf des therapeutischen Prozesses mit allen Familienmitgliedern können und sollen kontrollierte Kontakte ermöglicht werden. Wir führen jetzt die Rolle des Jugendamtes in die Konfrontation ein; es wäre wünschenswert, wenn die Eltern freiwillig die Zustimmung für die Heimunterbringung geben, und wir bitten sie darum, um die Konsequenz des Entzugs der Personensorge zu vermeiden. Die Kollegin vom Jugendamt übernimmt das Wort, wird aber sofort von Frau B. unterbrochen.

„Jetzt wollen Sie mir auch noch mein Kind wegnehmen. Das können Sie nie wiedergutmachen, was Sie da zerstören. Ein Kind gehört zur Mutter. Eine Mutter gibt ihr Kind nie her. Ich weiß, daß mein Mann nichts getan hat; daß Sie auch mir was vorwerfen wollen, ist schon eine große Unverschämtheit. Ich hätte ja kein Vertrauen mehr zu meinem Mann, wenn er getan hätte, was Sie da sagen. Was haben wir denn hier überhaupt noch für Rechte? Wir werden erst überfallen, und dann wollen Sie mir auch noch das Kind wegnehmen! *Lucie braucht mich, ich geh kaputt, wenn ich sie nicht mehr habe.* Lucie geht auch kaputt, wie wollen Sie das überhaupt verantworten? Komm (zum Mann gewandt), wir gehen. Das ist eine Verleumdung. Wir gehen nach Hause, ich rufe den Anwalt an. Wo ist Lucie, wo ist das Kind überhaupt? Was haben Sie überhaupt mit dem Kind gemacht?"

Jetzt kann ihr Mann sich wieder aufbauen. Er zitiert Freunde, Bekannte, seinen Trauzeugen und seinen Chef. Alle werden bezeugen, daß er unschuldig sei. Gleichzeitig beginnt er mit Irrtumswahrscheinlichkeiten zu pokern. Wir sollen ihm wenigstens 1 Prozent Wahrscheinlichkeit einräumen, daß wir uns geirrt haben können. Ich bekräftige, daß wir uns absolut sicher sind, daß der sexuelle Mißbrauch eine Tatsache ist. Darauf will Herr B. wenigstens „1 Promille Wahrscheinlichkeit des Irrtums" zugestanden haben. Ich spüre, daß wir auch dies nicht dürfen; es ist eine Erfahrung, daß Mißbraucher oft genau so „prophylaktisch" die Realität abschwächen oder sogar ihre künftigen Verleugnungsmechanismen stabilisieren können, unter dem Motto: „Ich bin das arme Opfer eines grausamen Irrtums von Fachleuten, einer der wenigen, die unschuldig verurteilt werden."

Im Innern bin ich jetzt doch ein wenig unsicher. Das Kind, welchen Mut hatte es, sich zu eröffnen. Wieviel Leid und Schuldgefühle hat es deswegen ertragen; die verzweifelt kämpfenden Eltern, aber als Paar leugnend. Beide sind beinahe zum Gernhaben. Niemand würde ihnen ansehen, daß sie ihr Kind sexuell mißbraucht haben; im Gegenteil, sie wirken wie eine charmante Familie mit Einzelkind, beruflich und sozial im Aufwind, keine Spur von äußerer Gewalt oder „Verwahrlosung", es können die „netten und ordentlichen Nachbarn" sein. Als Vater einer Tochter denke ich eine Sekunde: Ist es nicht auch eine Gratwanderung, Grenzen beim eigenen Kind nicht zu überschreiten? Haben nicht Eltern immer auch erotische Phantasien und Gedanken/Gefühle gegenüber ihren Kindern?

Mißbraucher sind eben nicht nur Mißbraucher. Sie haben vielfach „ganz normale" Persönlichkeitsanteile. Diese Eltern sind einerseits fürsorglich und allgemein am Wohlergehen des Kindes interessiert. Sie versuchen ihr Leben zu bewältigen, sind oft „fleißig, strebsam und ordentlich". Andererseits können sie sich vor ihren eigenen Grenzüberschreitungen selbst nicht schützen, verstricken sich in Wiederholung eigener traumatischer Erlebnisse, die sie nicht verstehen, und können gegenüber Kindern Distanz und Nähe nicht regulieren, können ihre Probleme als Erwachsene nicht angemessen bewältigen und müssen so ihre Bedürfnisse am Kind befriedigen. Diese Seite ist oft von massiver Hilflosigkeit, manchmal auch von Schuldgefühlen gekennzeichnet. Vielleicht hatten sie nie eine Chance, eine reife Erwachsenensexualität zu entwickeln. Wollen sie aus dem Familienklischee der Gesellschaft nicht herausfallen, können sie ihre sexuellen und gefühlsmäßigen Verwirrungen kaum zugeben. Sie haben so schon viel zu verlieren; sie fürchten, daß sie als Familie zugrunde gehen, Achtung und Anerkennung verlieren. Das Leugnen scheint zu garantieren, daß „alles" wieder gut wird oder daß „alles" gar nicht richtig wahr war. Den Mißbrauch zuzugeben scheint wie ein Sturz ins „Nichts" zu sein.

Diese wichtigen Fragen können wir erst beantworten, wenn wir sie in der Therapie bearbeiten können. Dazu gehört die erste Verantwortungsübernahme. Jetzt müssen wir zuerst das Kind schützen und sein Vertrauen rechtfertigen. – Es gelingt uns, unbestechlich und klar zu bleiben. Es gibt keinen Zweifel an der Realität des Mißbrauchs.

Mittlerweile ist mehr als eine Stunde vergangen. Die Sozialarbeiterin wirkt wieder sehr verunsichert. Die Erzieherin ist nervös und blickt auf die Uhr. Herr B. hält es nicht mehr aus: er muß rauchen. Ich biete ihm an, mit ihm vor die Tür zu gehen, um zu rauchen. Allein möchte ich ihn nicht gehen lassen. Meine Kollegin bietet der Mutter an, noch einmal alle Punkte der Entscheidung, Lucie in einem Heim unterzubringen, zu besprechen und eventuell doch freiwillig die Zustimmung zu geben.

Vor der Tür ist Herr B. eher vertrauensvoll, spricht von seiner beruflichen Überforderung, auch von seinen Schwierigkeiten in der Ehe. Sexuell sei nicht immer alles in Ordnung. Gegen eine Therapie hätte er eigentlich nichts. Vielleicht würde dabei auch herauskommen, daß er unschuldig ist. Er gesteht nicht direkt, leugnet aber auch nicht mehr.

Er kommt auf sein Kindheit zu sprechen. Er habe es schwer gehabt; er sei als mittleres Geschwisterkind immer zu kurz gekommen, vom Vater geschlagen worden, Mutter hatte wenig Zeit. Ein paar Jahre mußte er bei der Großmutter leben, die ihn verwöhnte. Er glaubt, Vater hätte „etwas mit seiner Schwester gehabt". Herr B. scheint bereit, sich mit sich selbst auseinanderzusetzen. Wir betreten die Kita wieder. Die Eltern werden einige Minuten allein gelassen, sie erhalten so die Möglichkeit, zu besprechen, ob sie der Heimunterbringung von Lucie freiwillig zustimmen können.

Wir können nun den bisherigen Verlauf der Konfrontation im Zimmer der Leiterin besprechen. Die Sozialarbeiterin macht ihrer Verunsicherung Luft: „Glauben Sie das wirklich? Glauben Sie ganz sicher, daß das die Eltern waren? Vielleicht war's nur der Vater allein, und Lucie hat die Mutter dazuphantasiert? Mein Gott, wenn wir vielleicht wirklich jemanden zu Unrecht beschuldigen?" – Das Pokern des Vaters um die 1-Promille-Irrtumsmöglichkeit sowie das sichere Auftreten der Mutter, die sich in einer Opferrolle fühlt, haben sie wieder irritiert. Auch sie möchte den Eltern wie dem Kind helfen, befindet sich jedoch offensichtlich im Gewissenskonflikt mit ihrer sonstigen Rolle als verständnisvolle Sozialarbeiterin, als Anwältin der Leiden und Nöte der

Familien, die sie hingebungsvoll betreut. Die Dimension der Verleugnung bei sexuellem Mißbrauch und das notwendige beharrliche Konfrontieren scheinen ihre Energie zu rauben. Gemeinsam können wir die Aufmerksamkeit wieder auf das betroffene Kind konzentrieren. Lucie muß aus dem Teufelskreis geholfen werden: Wahrnehmung der Eltern, die ihr Leben einerseits durch Schutz, Versorgung und Liebe sichern sollen und sie andererseits sexuell mißbrauchen. Lucie darf ihren Wahrnehmungen, der Wirklichkeit nicht trauen. Sie wird sie abspalten müssen, in Zukunft mehr und mehr. Bisher hat ihre kindliche Phantasietätigkeit ihr geholfen, diesen Teil der Eltern in „Gespenster" zu verwandeln. Wenn ihr bald auch dies nicht mehr gelingt bzw. wenn es ihr verboten wird, kann sie daran „irre" werden.

Was sollten wir tun, wenn die Eltern der Heimunterbringung ihres Kindes nicht freiwillig zustimmen? Für diesen Fall haben wir ebenfalls sehr sorgfältig vorgesorgt. Tage zuvor hatte die Sozialarbeiterin Kontakt zu dem zuständigen Vormundschaftsrichter des Amtsgerichts im Bezirk aufgenommen. Mit ihm wurden die Tatsachen der Aufdeckung des Mißbrauchs in allen Einzelheiten erörtert. Unsererseits lag eine psychologische gutachterliche Stellungnahme zur Gefährdung des Kindeswohls durch sexuellen Mißbrauch vor. Der Richter war bereit, am Tage der Konfrontation vorsorglich einen Beschluß zum vorläufigen Entzug des Personensorgerechts der Eltern zu erlassen. Diesen Beschluß hat die Sozialarbeiterin zur Konfrontation bei sich. Sie kann ihn dann verwenden, wenn die Eltern nicht bereit sind, der Heimunterbringung zuzustimmen. Damit wird gesichert, daß das Kind nicht noch einmal mit den Eltern nach Hause gehen muß, wo es dann höchstwahrscheinlich bestraft oder mit Sätzen wie „Wenn du nicht sagst, daß du alles gelogen hast, siehst du uns nie wieder" oder „Papa kommt ins Gefängnis" erpreßt. Die Erzieherinnen des heilpädagogischen Heims sind ebenfalls seit zwei Wochen auf die Aufnahme von Lucie vorbereitet worden. Gemeinsam mit der jetzigen Erzieherin der Kita wird sie nachher Lucie in die neue

Umgebung begleiten. In der kleinen Heimgruppe leben 5 weitere Kinder, die ebenfalls sexuell mißbraucht wurden. Die Erzieherinnen sind mit der Tatsache des sexuellen Mißbrauchs von Kindern in der Familie besonders vertraut. Die heilpädagogische Behandlung der Folgen des Mißbrauchs ist gewährleistet. Das Wichtigste: Wir können sicher sein, daß diese künftigen Bezugspersonen Lucie unbedingt Glauben schenken und sie in ihrer psychosozialen Entwicklung unterstützen werden. Auch werden sie weitgehend unsere therapeutischen Bemühungen mit der ganzen Familie unterstützen. Diese Gewißheiten sind nicht selbstverständlich. In vielen Heimen wird die Tatsache des sexuellen Mißbrauchs heruntergespielt oder sogar verleugnet. Den Kindern wird nicht geglaubt.

Bevor wir den Eltern wieder gegenübertreten, vereinbaren wir, daß sie sich in jedem Fall von Lucie verabschieden können. Wir erwarten keine wirklich bedrohliche Situation durch die Eltern. Der Vater erschien uns zuletzt relativ „weich", die Mutter eher überlegt und vernunftgeleitet.

Etwas später teilen uns beide Eltern ihre Entscheidung mit: Sie wollen der Unterbringung nicht zustimmen. Sie wollen einen Anwalt einschalten, sich zumindest rechtskundig machen. Sie wollen beweisen, daß sie unschuldig sind. Herr und Frau B. machen einen gefaßten und geordneten Eindruck. Das erste Gefühl bei mir ist Enttäuschung, Enttäuschung darüber, daß beide trotz unser massiven Bemühungen an der massiven Verleugnung festhalten, daß sie nicht den ersten Schritt der Verantwortungsübernahme tun können. Ich entlaste mein Gefühl mit der Erkenntnis der systemischen Familientherapie: Ein System (in diesem Fall das Paar) tut alles Erdenkliche, um sich vor dem vermeintlichen Zerfall zu schützen. Der besondere Fall, ein gemeinsam mißbrauchendes Elternpaar zu konfrontieren, ließe genau dies erwarten: Das Paar wird sich hermetisch gegenüber einem Zugeständnis abschotten, solange es nicht ganz sicher ist, daß es sie nicht bedroht. Das Leugnen bleibt sehr viel wahrscheinlicher, wenn wir ein Paar konfrontieren.

Dennoch: Indirekt hat es zumindest bei Herrn B. einige Anzeichen von Zugeständnissen gegeben.

Die Sozialarbeiterin muß den Beschluß präsentieren. Wir verweisen auch auf die Vorläufigkeit des Beschlusses, betonen das Recht der Eltern, sich sachkundig zu machen, sich einen Anwalt zu nehmen. Wir stellen aber auch heraus, daß es Lucie in dem Heim sehr gut haben wird und daß diese Maßnahme für ihr zukünftiges Wohl zunächst sehr notwendig ist. Die Adresse und Telefonnummer des Heimes nennen wir zunächst nicht, da Lucie in den ersten Tagen Ruhe benötigt und weitere Kontakte der Eltern nur über die Zusammenarbeit mit dem Jugendamt und KiZ erfolgen können. Meine Kollegin und ich bieten den Eltern jeweils getrennt einen ersten Gesprächstermin bereits am folgenden Montag an. Herr und Frau B. wollen überlegen, ob sie unser Beratungs- und Therapieangebot annehmen wollen. Wir betonen, daß unabhängig von dieser grundsätzlichen Entscheidung es sinnvoll wäre, daß die Eltern sich in jedem Fall zu einer Nachbesprechung der heutigen Vorhaltungen mit uns treffen.

Dann wird noch vereinbart, daß die Mutter am Montag Bekleidung und andere notwendige Sachen für Lucie zur Sozialarbeiterin ins Jugendamt bringt.

Im Beisein der Kita-Erzieherin verabschieden sich die Eltern von Lucie. Während die Mutter Lucie an sich zieht und weint, erträgt der Vater die Situation nicht mehr, erregt und mit wütenden Worten rennt er allein aus dem Haus. Ich gehe ihm nach, sehe aber nur noch, wie er auf sein Auto zustürzt, den Motor aufheulen läßt und mit quietschenden Reifen davonrast.

Lucie wirkt beim Abschied zuerst eher fröhlich. Die Erzieherin, die die ganze Zeit mit ihr gespielt hat, berichtet, Lucie freue sich sehr auf die anderen Kinder, möchte aber noch ein bestimmtes Kuscheltier von den Eltern haben. Das Weinen der Mutter macht Lucie einen Moment Druck, und sie reißt sich von ihr los.

Am Montag danach. Beide Eltern erscheinen zum Gespräch bei KiZ. Sie wollen keine getrennten Gespräche. Überdies haben sie einen älteren Herrn mitgebracht und stellen ihn als ihren Trauzeugen vor. Er solle bezeugen, daß das Paar B. unbedingt glaubwürdig sei und daß es niemals ihr Kind sexuell „angerührt hätte". Und dieser will dann auch loslegen: Eine unverschämte Behauptung sei das von uns usw. Ich lasse mich auf diese Provokation nicht ein, gebe ihm aber Gelegenheit, mir in einem anderen Raum seine Einschätzung mitzuteilen, die ich jedoch nicht kommentiere. Anschließend bestehen wir darauf, mit den Eltern allein zu sprechen, da auch gegenüber einem Trauzeugen die Schweigepflicht zu wahren ist. Obwohl die Eltern sich noch nicht entschieden haben, mit uns zusammenzuarbeiten, sind sie aufgeschlossener. Wir berichten, wie es Lucie am Wochenende im Heim ging. Daß sie dort in neuer Weise im Spiel sehr eindeutig Einzelheiten des Mißbrauchs dargestellt hat, daß sie Heimweh nach den Eltern hat. Das Gespräch wird noch einmal zu einer verlängerten Konfrontation. Einen neuen Termin wollen die Eltern zunächst nicht annehmen.

Wenige Tage später. Der Vormundschaftsrichter hat uns zur Anhörung geladen. Zugegen sind die Eltern und deren Anwalt und – zu unser Überraschung – ein weiterer Psychotherapeut. Während und nach unseren Ausführungen ist der Anwalt außerordentlich zurückhaltend. Auch die Eltern scheinen sehr vorsichtig zu sein. Offensichtlich hat er den Eltern geraten, doch freiwillig ihre Zustimmung zur Unterbringung zu geben, mehr noch: sich freiwillig in psychotherapeutische Behandlung zu begeben. Überrascht sind zunächst nicht wir, sondern der niedergelassene Kollege. Bei näherer Betrachtung wird uns die Entscheidung der Eltern jedoch plausibel: Die Wahl gibt den Eltern die Möglichkeit eines indirekten und entlastenden Zugeständnisses des Mißbrauchs; gegenüber den Konfrontierenden können sie jedoch formal ihre Verleugnung aufrechterhalten. Das bestätigt unsere Grundannahme für Konfrontationen: Es ist im Regelfall günstiger, wenn ein offizieller Vertreter des Jugendamtes die Konfrontation führt und nicht diejenigen, die Beratung und Therapie anbieten. Sofern den Mißbrauchern die Verantwortungsübernahme während der Konfrontation nicht möglich ist, können sie diese eventuell hernach in einer therapeutischen Beziehung erarbeiten. Der Druck der ersten Konfrontation durch Nicht-Therapeuten kann dazu führen, daß sich Mißbraucher eher in Richtung therapeutischer Hilfe orientieren. Leider sind aber oft Fachkräfte der Jugendbehörde nicht bereit oder in der Lage, die Konfrontation so zu führen wie im geschilderten Fall.

Im Gegensatz dazu kennen wir Sozialarbeiter, die glauben, ganz ausschließlich und „kraft ihres Amtes" diese Konfrontation führen zu können, und dies unglücklicherweise auch tun. Manchmal geschieht es aufgrund von Verdachtsmomenten, die fachlich nicht genügend belegt sind, und oft in zeitlicher Überstürzung; wir nennen dieses Vorgehen die „wilde" Konfrontation.

Es sind versuchte Konfrontationen ohne gründliche Vorbereitung durch ein Netzwerk von Fachkräften in Helferkonferenzen. Motive für solche spontanen Konfrontationen können sein: affektive Betroffenheit im Sinne von Bestürzung, Wut gegen den Mißbraucher, unmittelbare Identifikation mit dem Opfer, manchmal auch vor dem Hintergrund unverarbeiteter Mißbrauchserlebnisse, bei „Professionellen" (Sozialarbeitern, Lehrern, Psychologen etc.) oft eine Überschätzung der bisherigen Beziehung zu dem Konfrontierten. Mitunter sind z. B. die Mißbrauchenden schon vorher als „Klienten" bekannt gewesen, Verdacht oder Bestätigung tauchen im Verlauf der Zusammenarbeit/Beziehung auf. Es wird dann angenommen, daß auch der sexuelle Mißbrauch vor dem Hintergrund der Beziehung und eines gewissen Vertrauens erfolgreich vorgehalten und eine Lösung gefunden werden kann. Unterschätzt wird dabei das mächtige Tabu der Sexualität, insbesondere des sexuellen Mißbrauchs. Das quasi „privat-intime" Angebot eines einzelnen kann so auch ein unbewußtes Angebot sein, die „Sache" im engsten Kreise zu belassen und irgendwie „aus der Welt zu schaffen". Für beide Seiten (Konfrontierender und Mißbrauchender) kann dies eine Verführung bedeuten, das Geschehene herunterzuspielen, zu bagatellisieren, es beinahe ungeschehen zu machen. Viele unterliegen zudem der irrigen und naiven Annahme, daß durch die Vorhaltungen eine Wiederholung ausgeschlossen werden kann und das Opfer damit irgendwie befreit wird. Diese Annahmen entsprechen im übrigen recht genau den Mechanismen der Familie, sexuellen Mißbrauch zu unterschlagen, zum Familiengeheimnis über Generationen werden zu lassen. In diesem Sinne können Fachkräfte sich ungewollt zu Agenten der falschen Systemerhaltung der Familie machen lassen, auf Kosten der Opfer.

Solche mißglückten Konfrontationsfälle werden dann unserer Beratungsstelle überwiesen mit der Bitte, eine Therapie zu versuchen. Manchmal verbergen die „einzelkämpferischen" Kollegen ihr schlechtes Gewissen und ihre Schuldgefühle nicht, und wir fühlen uns als Fachberatungsstelle mißbraucht. Oft wird deutlich, daß die Kollegen die schwebende Situation des Verdachts nicht aushalten konnten, daß panikartige Ungeduld im Spiel war, oder pädagogischer Soforthilfe-Aktionismus ist als Facette der zugrunde liegenden Helferkrankheit auszumachen.

Wenn solche Klienten zu uns kommen, haben sie bereits eine Konfrontation (wie unter Kumpeln) bei „ihrem" Sozialarbeiter relativ unbeschadet überstanden, haben ihre Verleugnung durch vielfältige Überlegungen gestärkt, können uns „kopfmäßig" begegnen. Die dann folgenden Gespräche ähneln mehr einem „Katz-und-Maus-Spiel" oder einem Poker. Auch wenn wir über mehrere Stunden hinweg konfrontieren, wird selten eine emotionale Brücke zum Mißbraucher hergestellt. Demgegenüber ist der Grundgedanke der Konfrontation, den Mißbraucher aus seinem komplizierten Gefängnis der Verleugnung zu befreien, einem Gefängnis, das durch Schuld, Angst, Sucht, Unfähigkeit und Leid mehrfach kodiert verbarrikadiert ist. Entsprechend entarten solche Folgekonfrontationen zu einem schlechten Spiel: „Ich bin hierhergekommen, damit Sie meine Unschuld beweisen", „Weil meine Tochter doch immer einpinkelt, mußte ich sie doch an der Scheide waschen, und das hat der Sozialarbeiter falsch verstanden", „Meine Nachbarin wollte mir bloß was reinreiben, kucken Sie mal lieber bei denen hinter die Kulissen, was da abgeht. Seitdem die einen neuen Freund hat, kann ich für gar nichts garantieren. Mit mir verschwenden Sie nur ihre Zeit", „Meine Tochter/Sohn hat damals gelogen, fragen Sie sie/ihn doch heute. Die/der wird Ihnen sagen, daß das nicht stimmt" und dergleichen mehr. In diesen Fällen leben die betroffenen Opfer fast immer noch mit den mißbrauchenden Eltern unter einem Dach. Sie sind bereits durch Schuldzuweisung, Druck, Drohung oder Bestrafung mundtot gemacht worden.

Der Käfig der Verleugnung – Geständnis und doch kein Geständnis

Druck und Überraschung einer gut vorbereiteten Konfrontation bewirken oft Teilgeständnisse. So werden isolierte Fakten des Mißbrauchs eingestanden, als einmalige Entgleisung hingestellt, wie ein widerliches Exkrement betrachtet, das nicht recht zur Person gehört. „Es hat doch nur einmal gespritzt", „Kann sein, daß das einmal im Suff war", „Könnte sein, daß es mir mal passiert ist, aber nicht bewußt", „Ich wollte ihr nur zeigen, wie das beim Mann ist", „Kann sein, daß ich seinen Puller beim Eincremen mal zu doll gerieben habe", „Ich wollte ja aufhören, weil das nicht richtig ist, und dann wollte sie immer weitermachen (Schuldzuweisung an das Kind)", „Das war ja nur die 2 Wochen, als meine Frau im Krankenhaus war".

Diejenigen, die konfrontieren, müssen wissen, daß der sexuelle Mißbrauch als ganzheitliches und zumeist überdauerndes Geschehen im Auge zu behalten ist. Der Mißbraucher scheint mit einem ersten Zugeständnis einen kleinen Riegel des Vorhofes zu seinem Käfig zu öffnen. Das kann als eine Einladung angesehen werden, in der Konfrontation weitere Riegel des Verleugnungskäfigs zu öffnen. Auf jeden Fall muß in der Konfrontation weiter nachgesetzt werden, Zusammenhänge und Verbindungen müssen hergestellt werden; die Ganzheit sehen heißt auch: das ganze Ausmaß des Mißbrauchs vorhalten. Sonst bleibt das Teilgeständnis des Mißbrauchers ein Teil seines Vermeidungs- und Bagatellisierungsverhaltens. Er sucht zunächst Ruhe vor weiterem Konfrontieren und will sich mit der Einmaligkeit, mit dem „Ausrutscher“ davonstehlen. Selbst wenn sich ein Mißbraucher – nach Geständnis motiviert – auf die folgende Therapie einläßt, hat der therapeutische Prozeß immer konfrontativen Charakter. Das einmal Zugestandene droht immer wieder „wegzurutschen“, weitere Umstände des Mißbrauchs können ohne spätere therapeutische Konfrontation weiterhin verborgen bleiben. Die erste Konfrontation kann somit nur der Anfang eines langen Prozesses der sukzessiven Gewinnung von Realität sein. Auch Therapeuten verdrängen diese Notwendigkeit oft und lassen sich durch die einfühlende Bearbeitung zusammenhängender psychischer und sozialer Traumata des Klienten verführen, die konfrontative Realitätsgewinnung zu unterlassen.

Besonders verführerisch kann ein überraschend umfangreiches Geständnis, auch von Einzelheiten des Mißbrauchs, sein. Dies ist am ehesten bei stark depressiven Mißbrauchern zu erleben. Herr J. brach nach der Konfrontation weinend zusammen, bezichtigte sich als Schwein. In den Folgemonaten magerte er auf 50 Kilo ab, machte sich selbst obdachlos, setzte seine Arbeit aufs Spiel und wollte keinem Menschen mehr unter die Augen treten. Er erntete Mitleid und viel Verständnis bei anderen, da er sich so extrem selbst bestrafte. Der Mann setzt Niedergeschlagenheit und Schwäche ein, um die aktive Auseinandersetzung mit dem Mißbrauch in Wirklichkeit zu vermeiden. Er deutet seinen Mißbrauch um in unglückliche, unverstandene überschwengliche Liebe zu dem Kind. Und selbst das Eingeständnis des Mißbrauchs erscheint als eine der vielen grenzenlosen Toröffnungen der Persönlichkeit, verhindert aber die aktive Auseinandersetzung. Und da der Depressive eben nicht aktiv ist und auch keine gesunde Verantwortung übernehmen will/kann, zerfließt er in Selbstmitleid. In diesem Fall ist das Geständnis des Mißbrauchers noch keine Verantwortungsübernahme und nicht der Beginn der Heilung. Aus der Art, wie jemand sein Geständnis darbietet, kann unter Umständen auch geschlossen werden, das dies Teil seiner Problematik ist. Dennoch ist während der Konfrontation (und auch später) Vorsicht geboten, denn der Depressive verfügt zumeist über sein einziges „souveränes" Mittel, über den Selbstmord. In der Konfrontation muß daher zunächst auch ein „überschwengliches" verführendes Geständnis angenommen werden, und es muß abgeklärt werden, ob Selbsttötungsgefahr besteht. Herr J. lernte in der Therapie, auch Gefühle von Wut, Ärger und offener Aggression zuzulassen. Mit diesem Gewinn an Fähigkeiten (die zuvor für ihn verboten gewesen waren) konnte er später mehrfach mit der Realität seines sexuellen Mißbrauchs konfrontiert werden mit dem Ziel, daß er langsam eine erwachsene Verantwortung durch Abgrenzung übernehmen kann.

Manche Mißbraucher fallen mit der Konfrontation in eine Kindrolle zurück. So Herr S. Er weinte über drei Stunden, schluchzte und stammelte in der Kindersprache: „War ich doch nicht, hab ich doch nicht getan, weiß nicht ..." Auch dieses Verhalten verhindert die Übernahme von Verantwortung, ist verführend und entfernt von der Realität des Mißbrauchs, wie verständlich das subjektive Leid des Konfrontierten auch sein mag. Im Falle von Herrn S. hatte sich auch die Mitarbeiterin des Jugendamtes verführen lassen, ihm gleich nach der Konfrontation unkontrollierten telefonischen Kontakt zu seinen Töchtern zu gestatten. Die Folge war eine weitere Verwirrung der Kinder durch die jammernden Anklagen des kindlichen Vaters. Die Kinder hatten erneut tiefe Schuldgefühle und glaubten den Vater beschützen zu müssen. Es ist daher in der Konfrontation notwendig, mit dem Konfrontierten klare Vereinbarungen (Verträge) zu treffen über die Folgezeit, und diese Vereinbarungen müssen bereits vorher in Helferkonferenzen formuliert und von allen mitgetragen werden. So ist einmal vor der Konfrontation „vergessen" worden, die Therapeuten der Eltern (die Eltern befanden sich extern wegen anderer Problematiken in Therapie) einzuladen. Die Konfrontation mußte eine Stunde vorher verschoben werden, da die Therapeuten drohten, die Konsequenzen der Konfrontation und die geplanten Vereinbarungen zu sabotieren.

Schwierig können sich auch Konfrontationen von sogenannten „professionellen" sexuellen Mißbrauchern gestalten. Darunter verstehen wir Menschen, die im Rahmen ihres Berufes Zugang zu Kindern und Jugendlichen haben und diese sexuell mißbrauchen. Dies können z. B. Lehrer, Erzieher, Ärzte, Therapeuten, Trainer, Babysitter, Jugendleiter, Pfarrer sein. Nach unserer Erfahrung werden diese Mißbraucher nicht selten zumindest teilweise durch ihre Institution, den Arbeitgeber oder das Kollegium gedeckt. Es gibt eine Neigung, „die Dinge nicht an die große Glocke" hängen zu wollen. Ein Mißbraucher, der sich solcher Rückendekkung sicher ist, wird kaum je ein Risiko in der Konfrontation eingehen und etwas zugestehen. Auch in solchen Fällen werden Beratungsstellen gerne als Entlastung für die Institution mißbraucht. So meldete sich eines Tages ein Lehrer bei KiZ: Das Direktorium habe ihn geschickt. Ihm war sexueller Mißbrauch an mehreren Jungen vorgeworfen worden. Die Vorwürfe seien aber nicht zutreffend. Die Schulleitung habe ihn jedoch beauftragt, in unserer Beratungsstelle „ein abschließendes Problemgespräch" zu führen. Die Schulleitung hatte sich zuvor weder mündlich noch schriftlich mit uns in Verbindung gesetzt, und für eine Konfrontation lagen keine Fakten vor. Lediglich betroffene Mütter der Jungen meldeten sich Tage später bei uns. Das „Problemgespräch" war somit eine Farce. Die Schulleitung war danach mehrere Tage nicht für uns zu sprechen und später zu keiner Stellungnahme bereit. Wir mußten somit annehmen, daß die Schule das Problem stillschweigend auf uns abwälzen wollte und es letztlich unter den Tisch gekehrt hat.

Besonders schwierig können sich auch Konfrontationen von Mißbrauchern gestalten, die Jungen mißbraucht haben, obwohl Jungen fast so häufig betroffen sind wie Mädchen. Abgesehen davon, daß sexueller Mißbrauch mit Jungen überhaupt seltener erwähnt und markiert wird, scheint in solchen Fällen die Verleugnungstendenz der Mißbraucher noch stärker zu sein. Dies kann daran liegen, daß der Mißbraucher annimmt, Jungen schade der Mißbrauch weniger, und die Tat vor sich selber bagatellisiert. Es kann aber auch sein, daß der Mißbraucher seine Handlungen vor sich selbst abwehrt, da sie für ihn oder durch die Beurteilung der Gesellschaft mit dem Stigma „schwul" verbunden sind. Zumindest mag der Mißbraucher annehmen, daß sexuelle Handlungen mit den „Richtigen", nämlich mit Mädchen eher von der allgemeinen Moral akzeptiert würden. Im Bereich des sexuellen Mißbrauchs von Jungen ist bisher noch vieles im Dunkeln, doch die Aufdeckung solcher Fälle in unserer Einrichtung nimmt zu.

Sexueller Mißbrauch durch Mütter bzw. Frauen als Alleintäterinnen ist kein Tabu mehr. Bisher sind uns nur vereinzelt Fälle bekannt geworden, doch melden sich mehr und mehr erwachsene männliche Opfer, die als Kind von ihren Müttern/Stiefmüttern oder anderen weiblichen Bezugspersonen mißbraucht worden sind. Zur Zeit bereiten wir die Konfrontation einer alleinerziehenden Mutter vor, die ihren Sohn mißbraucht. Der Junge wurde im Hort auffällig, hat sehr deutlich Oralverkehr der Mutter und andere Genitalmanipulationen an ihm demonstriert. In der Bearbeitung dieses Falles bemühen wir uns, die Konfrontation noch weit sensibler und vorsichtiger vorzubereiten. Wir machen uns auch besondere Gedanken um Hilfe für die Mutter. Der Junge ist ein Einzelkind und stark auf die Mutter fixiert. Wir müssen unsere eigenen Ängste und Moralvorstellungen (besonders die unbewußten) noch intensiver überprüfen.

Sigrid Richter-Unger
Klaus-Jürgen Bruder

Annäherung an das gestörte Selbstbild
Zur Therapie von Mißbrauchern

In diesem Kapitel soll anhand eines Beispiels verdeutlicht werden, wie sich mißbrauchende Erwachsene nach der Aufdeckung des sexuellen Mißbrauchs mit ihren Handlungen und ihrer eigenen Geschichte auseinandersetzen. Dabei steht Herr Schulz für viele der Männer, die bisher in unserer Beratungsstelle an einer der therapeutischen Gruppen teilgenommen haben. In der Gruppe können und sollen sie sich mit den Übergriffen, die sie an ihren eigenen Kindern, an Stiefkindern oder anderen ihnen anvertrauten Kindern begangen haben, auseinandersetzen.

Im großen Beratungszimmer von „Kind im Zentrum" stehen im Kreis acht Stühle, drei Männer mittleren Alters haben bereits Platz genommen. Ein weiterer Mann – nennen wir ihn Herrn Schulz – betritt den Raum, grüßt, sieht sich verlegen um und setzt sich schließlich auf einen Stuhl in der Nähe des Fensters. Er ist groß, schlank und wirkt so, als lege er keinen allzu großen Wert auf seine äußere Erscheinung, man könnte ihn als ungepflegt bezeichnen. Verstohlen mustert er die anderen, es herrscht eine etwas beklemmende, angespannte Atmosphäre.

Nacheinander treffen noch zwei ein; sie werden von zweien der bereits Anwesenden begrüßt; sie reden leise miteinander, sie kennen einander bereits. Es ist kurz vor 18 Uhr.

An diesem Tag beginnt ein neuer Abschnitt in der Gruppenarbeit, deshalb können Herr Schulz und ein weiterer Mann aufgenommen werden. Die Gruppe wird gemeinsam von einer Therapeutin und einem Therapeuten geleitet.

Der sexuelle Mißbrauch durch Herrn Schulz ist aufgedeckt und beendet worden, und er ist prinzipiell bereit, ihn nicht zu leugnen. Dies ist die wichtigste Voraussetzung für die Aufnahme in die Therapiegruppe.

Inzwischen haben die beiden Therapeuten den Raum betreten und die Teilnehmer begrüßt. Die beiden Neuen stellen sich mit ihren Vornamen vor: Diese eine Regel dient dem Schutz der Teilnehmer und soll es ihnen erleichtern, über den Mißbrauch offen zu sprechen – die Voraussetzung der therapeutischen Bearbeitung. Die Therapeuten bitten die „alteingesessenen" Gruppenmitglieder, den Neuen die Arbeitsregeln der Gruppe vorzustellen und zu erläutern. Sie sind die Grundlage der gemeinsamen Arbeit und deshalb für jeden verbindlich und verpflichtend.

Oberstes Prinzip ist die Vertraulichkeit. Für alle Teilnehmer besteht die Pflicht zur absoluten Verschwiegenheit über alles, was in den Gruppensitzungen zur Sprache kommen wird – die Grundregel jeder therapeutischen Arbeit. Ohne diese Sicherheit, daß alles, was in der Gruppe gesprochen wird, in der Gruppe bleiben wird, würde sich keiner der Männer darauf einlassen können, mehr als nur formale Äußerlichkeiten einzubringen. Die Therapeuten werden in dem Maße von ihrer Schweigepflicht entbunden, wie es um mögliche Maßnahmen geht, den Schutz der Kinder sicherzustellen, der bereits betroffenen wie bisher noch nicht betroffenen Kinder.

Verpflichtende Regel ist auch die Teilnahme an den einmal wöchentlich stattfindenden Sitzungen. Jeweils 10 Sitzungen bilden einen Block. Neuaufnahmen in die Gruppe sind nur jeweils zu Beginn eines neuen Blockes möglich. In der Gruppe sind maximal sechs Teilnehmer, um allen während der Sitzung ausreichend Zeit zur Verfügung stellen zu können. Wenn jemand neu hinzukommt, stellen sich alle Teilnehmer vor, d. h. jeder wird aufgefordert, zu berichten, wie und in welcher Form er ein oder mehrere Kinder, eigene oder fremde, mißbraucht hat und an genau welchem Punkt der Auseinandersetzung mit seinem Mißbrauch er sich augenblicklich befindet. Dieser Bericht stellt für die Teilnehmer die Ausgangssituation der Arbeit her, macht dem einzelnen klar, wo er im Prozeß seiner Bearbeitung des sexuellen Mißbrauchs steht, zeigt dies damit zugleich den anderen und ermöglicht so jedem einzelnen, die nächsten Schritte zu formulieren, die er sich vornehmen will.

Die Sitzungen sind themenzentriert. Das Thema des sexuellen Mißbrauchs steht im Mittelpunkt. Die Fragen, die sich die Männer mit Hilfe der Therapeuten stellen, sind die nach der jeweils konkreten Form des Mißbrauchs, danach, welche Wünsche, Phantasien, Bedürfnisse der einzelne auf diesem fatalen Irrweg befriedigen wollte, welche Verführungen er dabei hergestellt hat, mit welchen Beschönigungen und Verleugnungen er die Tatsache des Mißbrauchs vor sich bestritten hat. Weitere Themen sind die beschämenden Erfahrungen in seiner Beziehung zu seiner Frau, zu erwachsenen Partnern, zu Kollegen, seine Phantasien von Sexualität, sowohl der eigenen als auch der der Partnerin, sein Umgang mit Demütigung, Zurückweisung, Macht und Ohnmacht, Unterlegenheit. Wichtige Themen sind auch die beschädigenden und kränkenden Erfahrungen in der eigenen Kindheit, seine Beziehung zu Vater und Mutter, zu Geschwistern, eventuell Mißbrauchserfahrungen in der Herkunftsfamilie. Diese Themen werden anhand des Materials, das die Männer einbringen, bearbeitet. Sie werden nicht „diskutiert", sondern die Bearbeitung geschieht in einer Weise, daß jeder der Männer seine ganz eigenen Gefühle zu den jeweiligen Themen zulassen und sich auf sie einlassen kann.

Diese themenzentrierte Arbeit hat zwei Ziele: a) die Verhinderung jeglichen weiteren Mißbrauchs und b) die Übernahme der vollen Verantwortung für den stattgefundenen Mißbrauch. Diese beiden Ziele waren zugleich bereits die Voraussetzungen für die Teilnahme an der Therapiegruppe. Sowohl die Beendigung des sexuellen Mißbrauchs als auch die Übernahme der Verantwortung für den ausgeübten Mißbrauch müssen immer wieder bestätigt werden. Der Mißbrauch wird meist durch einen Eingriff von außen unterbunden. Im Verlauf der Therapie geht es darum, daß der Mann diese Aufgabe zu seiner eigenen macht, daß er die

Kontrolle über sich selbst in die Hand nimmt. Ebenso ist am Anfang die Übernahme der Verantwortung sehr eingeschränkt. Der Mann gesteht zwar ein, daß er getan habe, was ihm vorgeworfen wurde, aber nicht, daß er und nur er allein verantwortlich sei, „auch" das Kind oder die Partnerin oder der Streß auf der Arbeit oder der Alkohol seien „mit"verantwortlich, sie hätten ihn dazu „verführt".

Die Teilnehmer haben Gelegenheit, sich nicht nur eingehend mit ihrem Mißbrauch, sondern auch mit anderen Bereichen ihres Lebens und Erlebens, ihrer Vergangenheit und Gegenwart auseinanderzusetzen. Sie können neue Erfahrungen mit sich in der Gruppe machen und ihre eigenen Wünsche und Bedürfnisse vielleicht zum ersten Mal offen aussprechen. Auf diese Weise lernen sie die Angst vorm Aussprechen der Phantasien und Wünsche, die Angst vor Zurückweisung zu überwinden; sie erleben, daß diese Zurückweisung nicht eintritt oder nicht so bedrohlich ist, wie erwartet. Sie lernen neue Möglichkeiten der Problembewältigung und ihrer eigenen Bedürfnisbefriedigung kennen, und es wird ihnen vielleicht möglich, die neue und bisher verschüttete Erfahrung der Selbstachtung zu machen.

Jeder darf in der Gruppe alles ansprechen und aussprechen, was ihn beschäftigt, aber jeder spricht von sich selbst. Die Gruppenmitglieder sollen sich bei dem, was sie sagen, auf die anderen beziehen, dabei aber stets den anderen ausreden lassen. Die einzelnen werden ermutigt, sich selbst gegenüber ehrlich zu werden, ihre Phantasien über Sexualität und Macht zuzulassen und auszusprechen, ihre Mißbrauchsgeschichte schonungslos zu betrachten, wobei allen Beteiligten klar ist, daß dies ein langer Prozeß sein wird.

Nachdem diese „Gruppenregeln" den neuen Teilnehmern erklärt worden sind, stellen die vier anderen Gruppenmitglieder sich und die Gründe für ihre Teilnahme an der Gruppe vor. Danach ist endlich Herr Schulz an der Reihe. Er beginnt sehr stockend und muß durch ständiges Nachfragen ermutigt werden. Erst in der dritten Sitzung hat er seine Hemmungen abgelegt. Er erzählt nun plötzlich ausführlich, ja gelegentlich geradezu ausschweifend seine Geschichte bzw. von dem, was ihm vorgeworfen wird.

Als er vor mehr als zwei Jahren seine Familie für längere Zeit aus beruflichen Gründen verlassen mußte, habe er „Erinnerungsfotos" von seinen zwei Töchtern gemacht. Rein zufällig sei seine damals 4½jährige Tochter Jessica bei einigen Aufnahmen nackt gewesen. Nach der Rückkehr zur Familie sei sein „fotografischer Ehrgeiz" erwacht und er habe versucht, „immer bessere" Fotos zu machen. Die Resultate hätten ihn aber nie richtig befriedigt, und so habe er immer weitere Aufnahmen machen müssen. Bald habe er dann auch begonnen, von seiner zweiten Tochter, der damals 3½jährigen Nicole, derart „künstlerische" Aufnahmen zu machen. Zum Entwickeln habe er die Aufnahmen immer in ein großes Fotolabor geschickt. Zwei Jahre lang sei das problemlos gut gegangen. Dann fielen wohl irgendeinem Mitarbeiter oder einer Mitarbeiterin des Labors die entwickelten Fotos auf. Die Firma erstattete Anzeige. Nun sei er hier.

Welche Art Nacktaufnahmen er eigentlich mit seinen beiden kleinen Töchtern gemacht habe, läßt er zunächst offen. Erst als ein Gruppenmitglied sagt: „Ich verstehe überhaupt nicht, was Sie eigentlich gemacht haben", erläutert er zögernd und mit sichtlichem Widerstreben, wie er erst Nacktaufnahmen seiner älteren Tochter machte, wie er ihr dann Reizwäsche mit Strumpfhaltergürtel und Strümpfe anzog, wie ihre Stellungen immer „aufreizender" sein mußten, wie er schließlich auch seine jüngere Tochter Nicole in der gleichen Weise zu fotografieren begann und schließlich Aufnahmen von beiden gemeinsam machte. Wie es schließlich von den unschuldigen Erinnerungsfotos zu den immer gewagteren Pornoaufnahmen gekommen sei, sei ihm selbst völlig unklar. Sexuell erregt hätten ihn weder die Herstellung der Aufnahmen noch die fertigen Fotos. Er beteuert: „Wenn meine Töchter zu mir gesagt hätten, Papi, es macht keinen Spaß, oder sonstwie eindeutig nicht mehr gewollt hätten, dann hätte ich sofort damit aufgehört!" Dennoch sei er froh, daß jetzt alles vorbei sei, obwohl ihn die Anzeige und der bevorstehende Prozeß schon belaste und er zwischen Angst und Zuversicht über seinen Ausgang hin und her gerissen sei.

Dann berichtet er über das Vorgehen der Polizei und des Sozialarbeiters. In seiner Abwesenheit sei die Familienwohnung durchsucht und seine Fotoalben gefunden und beschlagnahmt worden. Auf diese drastische Weise sei seine Frau mit der Tatsache konfrontiert worden, daß ihr Mann die eigenen Töchter sexuell mißbraucht habe, indem er pornographische Fotos von ihnen machte.

Sie sei völlig überrumpelt gewesen. Da sie die Verantwortung und den Schutz für ihre Töchter nach Meinung des Sozialarbeiters nicht allein übernehmen konnte, hat das Jugendamt die beiden Töchter sofort erst einmal in einem Heim untergebracht. Er selbst sei kurzfristig festgenommen worden, da er aber gar nicht abstritt, die pornographischen Aufnahmen gemacht zu haben, wurde er bald wieder freigelassen. Seitdem lebt er mit seiner Frau und zwei weiteren Kindern (Söhnen) im Alter von 9 Jahren und einem Jahr wieder zu Hause. Sein Anwalt habe ihm geraten, zur Beratungsstelle „Kind im Zentrum" Kontakt aufzunehmen, aber hätte er gewußt, daß es unsere Beratungsstelle gibt, wäre er schon viel früher gekommen.

Soweit die erste Selbstdarstellung von Herrn Schulz in der Gruppe. Er ist sichtlich erleichtert, „es" hinter sich zu haben. Die Vorstellungen der anderen Gruppenmitglieder haben ihm gezeigt, daß es ihnen auch nicht leicht fällt, über sich selbst und ihre Geschichte zu reden, und daß sie in ihrer Umgebung und mit ihren Partnerinnen nach dem Bekanntwerden des Mißbrauchs ähnliche Schwierigkeiten hatten wie er.

Dem Therapeutenpaar war durch einige Einzelgespräche vor Beginn der Gruppensitzungen die Geschichte von Herrn Schulz bekannt. Da die Fotos als Beweismaterial beschlagnahmt worden waren, sieht Herr Schulz keinen Sinn darin, die Tatsache des sexuellen Mißbrauchs an sich zu leugnen. Dennoch begegnen uns in dieser ersten Phase seiner Schilderung ganz bestimmte Selbstschutz- und Verdrängungsmuster, an denen dann im weiteren Verlauf der Therapie bewußt zu arbeiten sein wird. Rein äußerlich steht Herr Schulz zwar durchaus dazu, daß er die beschlagnahmten Fotos gemacht hat und dies wohl dem Buchstaben des Gesetzes nach als „sexueller Mißbrauch" (Übergriffe auf seine beiden Töchter) anzusehen sei, innerlich ist er zu diesem frühen Zeitpunkt aber noch weit davon entfernt, sich wirklich einzugestehen, daß er damit seine beiden Töchter sexuell mißbraucht hat. Er stilisiert die Aufnahmen zu „Kunstfotos", er flüchtet sich in ausschweifende Erläuterungen über verschiedene Belichtungstechniken und andere fotografische Tricks, und seine beiden Töchter erhalten in diesen Darstellungen in der Tat die vermeintliche Qualität von zufällig anwesenden Gegenständen, beliebig austauschbaren Objekte seines fotografischen Perfektionswillens. Er ist auch weit entfernt davon, die Verantwortung für sich und seine Handlungen zu übernehmen. Äußere Umstände hätten seinerzeit die Aufnahmen verursacht, nicht sein eigener Wille oder Plan. Seine Töchter hätten stets Spaß dabei gehabt. Er ist zu diesem Zeitpunkt noch nicht bereit oder in der Lage, zu erkennen, welche Auswirkungen die Aufnahme der Fotos und die damit verbundenen Übergriffe (Berührungen, sexuelle Erregung) auf seine Töchter gehabt haben. Er ist nicht in der Lage, zu erkennen, daß es ein Ausdruck von Ohnmacht gegenüber seiner übermächtigen physischen und psychischen Gewalt ist, daß seine kleinen Töchter sich „nicht gewehrt" haben. Negative Folgen für seine Töchter sieht er nicht durch sein Handeln verursacht, sondern erst durch die Reaktionen der Umwelt nach der „Aufdeckung" (Heimeinweisung durch den zuständigen Sozialarbeiter). Noch kann er sich nicht mit sich selbst auseinandersetzen; er sieht sich selbst allein gegen eine verschworene „feindliche Außenwelt" und findet auf diese Weise immer wieder neue Ausweichmöglichkeiten vor der ihm aufgedrängten Zumutung, sich mit sich selbst auseinanderzusetzen.

So oder zumindest so ähnlich wie bei Herrn Schulz sieht die Anfangssituation für viele Männer aus, die sich an unsere Einrichtung wenden bzw. – was wohl in der Regel der Fall ist – an uns „überwiesen“ werden. Bei Herrn Schulz liegen eindeutige, ohne weitere Ermittlungen gerichtsverwertbare Beweismittel vor, was bei anderen Männern in dieser Form meist nicht der Fall ist. Bei ihnen ist in der Regel der Mißbrauch aufgedeckt worden (siehe vorangehendes Kapitel), und nun üben das Jugendamt, die Heimleitung oder ihre Rechtsanwälte Druck auf sie aus; in so gut wie allen Fällen ist die Bereitschaft, sich mit ihrem Verhalten und damit mit ihrer eigenen Person auseinanderzusetzen, nicht aus eigenem Entschluß erwachsen. Allerdings waren sie bereit, entweder einen Teil oder auch alles zuzugeben, was ihnen vorgeworfen wurde, den Mißbrauch also nicht vor anderen und sich selbst total zu verleugnen.

Doch zurück zu Herrn Schulz und dem weiteren Verlauf seiner Entwicklung in der Gruppe. Zu den ersten Sitzungen kommt er regelmäßig und pünktlich. Jedoch entsteht bei den beiden Therapeuten mehr und mehr der Eindruck, daß er sich im Kreis bewegt. Die Auseinandersetzungen mit der Außenwelt verhindern offenbar die weitergehende Auseinandersetzung mit sich selbst. Termine mit den verschiedensten Ämtern beschäftigen ihn. Hinzu kommt im Laufe der Therapie der Verlust seines Arbeitsplatzes. Versuche der Therapeuten, auch Frau Schulz zur Annahme eines Beratungsangebots zu bringen, scheitern.

Betrachten wir die Situation von Herrn Schulz genauer, so entdecken wir, daß sich für ihn und seine Familie in der Auseinandersetzung mit der Außenwelt in der Tat Konstellationen und Situationen ergeben, die immer wieder dazu beitragen, daß sich die erwachsenen Familienmitglieder nicht ernsthaft mit ihrer eigenen inneren Situation zu beschäftigen vermögen und sie ihre Abwehr aufrechterhalten können. Die beiden inzwischen sechs und sieben Jahre alten

Töchter befinden sich immer noch in einem Heim. Frau Schulz erzählt, daß sie in dieser Situation, als ihr aus heiterem Himmel die Kinder weggenommen wurden, buchstäblich wie versteinert gewesen sei und überhaupt nicht adäquat habe reagieren können. Außerdem mußte sie sich um die beiden Söhne Ralf (9 Jahre) und Sven, der gerade ein Jahr alt geworden war, kümmern. Herr Schulz war zum Zeitpunkt des Beginns der Hausdurchsuchung noch auf seiner Arbeitsstelle; als er gegen Ende schließlich hinzukam, wurde er von den Beamten gleich zum Verhör mitgenommen. Als er dann spätnachts nach Hause gekommen sei, habe seine Frau schon (mit Hilfe schwerer Schlafmittel) tief geschlafen. Im Laufe des nächsten Tages hätten sie sich ausgesprochen, worauf sich Frau Schulz entschieden habe, trotz gewisser Unsicherheit erst einmal bei ihrem Mann zu bleiben.

Kontakte zu ihren Töchtern durften weder Herr noch Frau Schulz aufnehmen. Erst nachdem die Trennung vollzogen war, wurde ihnen mitgeteilt, daß ihre Töchter bald nach Westdeutschland in ein Heim gebracht worden waren. Seither kämpfen Herr und Frau Schulz gemeinsam darum, überhaupt erst einmal wieder Kontakt mit ihren Töchtern aufnehmen zu dürfen. Als Herr Schulz zum ersten Mal zu uns in die Beratungsstelle kommt, liegen diese Ereignisse ca. acht Wochen zurück.

In diesen acht Wochen ist wichtige Zeit vergangen, ohne daß sie für eine Aufarbeitung genutzt werden konnte. Niemand hat den von den Auswirkungen des Mißbrauchs betroffenen Familienmitgliedern ein Hilfsangebot gemacht. Ob Jessica und Nicole verstehen konnten, was geschehen ist und warum sie jetzt in einem Heim untergebracht sind, wissen wir nicht. Warum sie keinen Kontakt zu ihrer Mutter haben dürfen, ist für sie mit Sicherheit vollkommen unverständlich; sie müssen sich bestraft fühlen. Frau Schulz jedenfalls versteht bis heute nicht, wie diese Situation über sie hereinbrechen konnte; sie fühlt sich vom Jugendamt verraten und im Stich gelassen. In dieser Situation hatte sie allein ihren Mann, der ihr halbwegs so etwas wie eine Unterstützung bot. Nach einer längeren Aussprache fühlt sie sich daher wieder an ihn gebunden, nachdem sie unmittelbar nach der auch für sie traumatischen Aufdeckung für kurze Zeit an eine Trennung gedacht hatte. Schließlich bräuchten auch die beiden Söhne ihren Vater, fügt sie hinzu.

Jetzt, einige Wochen später, sieht Frau Schulz in einem Beratungsangebot für sich selbst keinen rechten Sinn, sie möchte aber, daß ihr Mann sich mit dem Mißbrauch auseinandersetzt, und unterstützt ihn darin, die Termine mit der Beratungsstelle regelmäßig wahrnehmen zu können. Für einen späteren Zeitpunkt, wenn die Töchter wieder Kontakt zur Familie haben dürfen, kann sie sich vorstellen, ein Beratungsangebot auch selbst anzunehmen. Hier ist durch die unbedachtsame Art, in der Frau Schulz mit dem Mißbrauch konfrontiert wurde, und deren Folgen der Weg frühzeitiger Stützung und Stabilisierung der Mutter bis auf weiteres verbaut worden. Allein gelassen blieb Frau Schulz nichts anderes übrig, als sich weiterhin an ihren Mann anzulehnen, der dadurch ebenfalls sein Selbstbild als fürsorglicher Vater und Ehemann aufrechterhalten kann. Die Mutter bleibt abhängig und kann nicht für den Schutz der Töchter sorgen. Gerade die frühe therapeutische Unterstützung der Mutter wäre aber für den zukünftigen Schutz der Töchter (und vielleicht auch ihrer Söhne) vor erneutem sexuellen Mißbrauch enorm wichtig gewesen. Frau Schulz hat schließlich knapp zwei Jahre später selbst Gespräche aufgenommen, aber durch die lange Verzögerung ist für sie und ihre Kinder viel wertvolle Zeit verlorengegangen.

Nach den ersten Gruppensitzungen legen sich die Therapeuten in langen Gesprächen einen ersten Behandlungsplan zurecht, in dem sie in groben Zügen festlegen, welche Teilziele Herr Schulz in der nächsten Zeit bei seiner Auseinandersetzung mit sich selbst angehen sollte. Dies entspricht generell der Praxis der therapeutischen Beratungsstelle „Kind im Zentrum". Generell strukturieren wir unsere therapeutische Arbeit mit dem mißbrauchenden Erwachsenen in folgende notwendige Schritte:

- Übernahme der Verantwortung für den Mißbrauch;
- Konfrontation des Mißbrauchenden mit dem vollen Umfang seines Tuns;
- Klärung seines Bildes von sich, seiner Gefühle, seiner Realität;
- Klärung seines Bildes vom Kind, dessen Gefühlen, Angst und Ohnmacht;
- Klärung seines Bildes vom eigenen und vom anderen Geschlecht;
- Erörterung seiner Sexualität einschließlich seiner sexuellen Phantasien;
- Erkennenlernen der Grenzen anderer und seiner eigenen sowie die Einhaltung dieser Grenzen;
- Erörterung seiner Vorstellung von Macht, Gewalt und der eigenen Ausübung von Macht und Gewalt;
- Kennenlernen der eigenen Gefühle und Wecken der Fähigkeit, eigene Befindlichkeit wahrzunehmen und auszudrücken;
- Reflexion der eigenen Geschichte und Entwicklung.

Die folgenden sechs Arbeitsziele für die Arbeit mit Herrn Schulz waren gewissermaßen die konkrete Anwendung dieser allgemeinen Behandlungsüberlegungen auf seine konkrete Geschichte und das, was uns über seine Person bereits bekannt war bzw. was wir noch zusätzlich aus den ersten Gruppensitzungen erfahren hatten:

1. Er hat immer noch nicht den vollen Umfang der Bedeutung erkannt, den der Mißbrauch für seine kleinen Töchter hatte. Noch immer ist nicht ganz klar, wie weit Herr Schulz bei den Fotografiesitzungen mit seinen Töchtern gegangen ist. Ist es beim bloßen „Verkleiden“ und Fotografieren geblieben, oder sind dabei noch ganz andere Dinge passiert?

2. Welche Auswirkungen hatten seine „Spiele“ mit den Töchtern auf die anderen Familienmitglieder? Herr Schulz hat in der Gruppe berichtet, daß seine Söhne von allem „nichts gemerkt“ hätten. Andererseits berichtet er, daß sie

manchmal doch eifersüchtig gewesen seien, z. B. wenn der Vater die ältere Tochter Jessica ganz eindeutig vorzog, indem er immer nur sie mit zum Einkaufen nahm oder immer nur ihr erlaubte, gemeinsam mit ihm vor dem Fernseher zu sitzen, vor allem dann, wenn er aufgrund schlechter Wetterlage (er arbeitet im Baugewerbe) tagsüber zu Hause war.

3. Immer noch verleugnet Herr Schulz den sexuellen Charakter seines Fotografierens. Zwar weiß er, daß er einzig und allein wegen „sexuellen Mißbrauchs" in der Gruppe ist, dennoch tut er nach wie vor so, als hätten die Aufnahmen seiner Töchter eigentlich für ihn gar keinen sexuellen Charakter gehabt. Immer wieder greift er zurück auf die Aussage, er habe allein „Kunstfotos" von seinen Töchtern machen wollen. Er ist noch nicht bereit, sich den sexuellen und mißbräuchlichen Charakter seiner Herstellung dieser Fotos einzugestehen und die Verantwortung dafür zu übernehmen.

4. In diesem Zusammenhang ist es von Bedeutung, daß Herr Schulz seine Sexualität thematisiert. Welches sind seine Phantasien, welcher Art ist die sexuelle Beziehung zu seiner Frau? Welches waren seine ersten sexuellen Erlebnisse? Es kommt darauf an, Herrn Schulz durch behutsame therapeutische Zuwendung darin zu unterstützen, daß er sich diesen Themen offen zuwenden und darüber sprechen kann.

5. Die Therapeuten wollen mit Herrn Schulz generell das Problem von „Grenzverletzungen" im Umgang mit anderen Menschen, insbesondere den Mitgliedern seiner Familie gegenüber, bearbeiten. Zum Beispiel hat er in der Gruppe berichtet, daß bei ihnen zu Hause eine Telefon-Mithöranlage existiere und er gewohnheitsmäßig die Telefongespräche seiner Frau und seines 9jährigen Sohnes mithöre. Ist seine Frau anwesend, läßt er sie selten zu Wort kommen, er erledigt allen amtlichen Schriftverkehr und alle Ämtergänge, auch diejenigen, die allein seine Frau betreffen. Die Therapeuten nehmen sich vor, das Thema Macht und Kontrolle in der Gruppe zu bearbeiten.

6. Ein weiteres Thema soll Herrn Schulz' eigene Kindheit und Sozialisationsgeschichte sein. Er war das erste Kind seiner Mutter. Seine Eltern trennten sich kurze Zeit nach seiner Geburt. Er wächst bei der Mutter auf, ist aber häufig bei der Großmutter. Der Vater interessiert sich wenig für ihn, erst später, als er zur Schule geht, mokiert dieser sich des öfteren über seine schlechten Leistungen. Der Junge fühlt sich generell ungeliebt. Nach einigen Konflikten mit dem Vater wegen seiner schlechten Zeugnisse bricht dieser den Kontakt zu ihm ab. Praktisch wächst er auf der Straße auf. Seine Mutter hat während dieser Zeit wechselnde Beziehungen. Als er zehn Jahre alt ist, bekommt er einen Halbbruder, später noch zwei weitere Geschwister. Seine Mutter erwartet von ihm, daß er sich um seinen kleinen Bruder kümmert. Schon früh entwickelt er ein großes Interesse für Pornofotos. Er handelt damit in der Schule und bekommt Schwierigkeiten. Mit 20 heiratet er zum ersten Mal. Aus dieser Ehe gehen zwei Kinder hervor, die heute in Westdeutschland leben. Ein Kontakt zu ihnen besteht nicht mehr. Seine erste Frau verließ ihn aus Gründen, über die er nicht sprechen möchte. Die jetzige Frau ist 14 Jahre jünger als er, und geheiratet hätten sie „wegen der Schwangerschaft". Sie war damals 17 Jahre alt.

Wir möchten noch einmal allgemein auf die Männergruppen eingehen, bevor wir uns der Geschichte von Herrn Schulz weiter widmen werden.

Die Männergruppen bei KiZ arbeiten nach folgendem Plan: Jeweils für einen Block von 10 Sitzungen werden von einem geschlossenen Kreis von Teilnehmern feste Verabredungen über die verbindliche Teilnahme und den inhaltlichen Rahmen der Sitzungen getroffen. Am Ende eines solchen Blocks wird gemeinsam eine kritische Bestandsaufnahme gemacht: Jeder einzelne stellt fest, welche Lern- bzw.Therapieziele entsprechend den Vereinbarungen er erreicht bzw. nicht erreicht hat, wie sehr er sich in der Gruppe engagiert hat und ob er oder andere Teilnehmer unentschuldigt gefehlt haben. Dann können neue Gruppenmitglieder aufgenommen werden (soweit Plätze frei sind), mit denen wiederum für den nächsten Block von 10 Sitzungen eine neue Gruppenvereinbarung getroffen wird. Insgesamt gehen wir davon aus, daß die Teilnahme an einer Therapiegruppe einen Mindestzeitraum von zwei bis drei Jahren umfassen sollte, wenn sie Aussicht auf Erfolg haben will.

Herr Schulz ist zum Zeitpunkt dieser Niederschrift seit knapp zwei Jahren Mitglied einer Männer-Therapiegruppe. Im folgenden soll seine Entwicklung während dieser zwei Jahre längsschnittartig anhand der oben angegebenen sechs Therapieziele dargestellt werden.

In den ersten Sitzungen seines zweiten Blocks geht es zunächst immer wieder um die Frage, was denn seiner Meinung nach die Übergriffe für seine Töchter bedeutet haben. Er kann sich nicht vorstellen, daß seine „Verkleidungsspiele" ihnen geschadet haben. Schaden hätten sie erst dann davongetragen, als das Amt eingriff, die Kinder in ein Heim einwies und eine Kontaktsperre für die Eltern ausgesprochen hatte. Angesichts des amtlichen Vorgehens in diesem Fall ist es nicht leicht, diesem Argument zu begegen und den durch ihn angerichten Schaden nicht aus den Augen zu verlieren.

In der Gruppe erzählt er mit Vorliebe, wie vor allem Jessica viel Freude an den Aufnahmen gehabt habe, insbesondere an den Verkleidungen. Als jemand aus der Gruppe dann nachfragt, ob es denn da wirklich niemals Probleme gegeben habe, räumt er ein, daß zu Beginn der Aufnahmen Jessica in dieser Aufmachung unbedingt auf die Straße zum Spielen wollte und es ihn viel Überredungskünste gekostet habe, ihr klarzumachen, daß diese „schicken Verkleidungen" eine rein private Angelegenheit zwischen Papi und ihr seien und daß sie davon auch niemand anderem erzählen dürfe. Später, so berichtet er, habe er sie auch mit Geschenken bestochen, damit sie sich wieder fotografieren lasse.

Immer wieder versucht er, seine Handlungen zu bagatellisieren. Was immer geschehen sei, schließlich hätten weder Jessica noch Nicole irgendwelche sichtbaren Schäden davongetragen. Er sei immer lieb zu ihnen gewesen und er habe sie niemals zu etwas gezwungen. Wiederum auf Nachfragen anderer Gruppenmitglieder räumt er ein, daß er einen gewissen „moralischen" Druck schon ausgeübt habe, indem er seine Töchter daran erinnerte, daß sie früher doch auch immer mitgemacht hätten und daß ihre Mutter bestimmt wütend würde, wenn sie davon erführe.

Nach etwa einem halben Jahr der Teilnahme in der Gruppe findet der Prozeß gegen Herrn Schulz statt. Er wird zu einer Bewährungsstrafe verurteilt, mit der Auflage, weiter regelmäßig an der Gruppe teilzunehmen. Seine Töchter brauchten in diesem Prozeß nicht auszusagen; die vorliegenden Fotos als Beweismittel sowie Herrn Schulz' Schuldübernahme reichten dem Gericht zu einer Urteilsfindung aus. Herr Schulz ist über dieses Urteil sehr erleichtert, da er große Angst hatte, ins Gefängnis gehen zu müssen.

In der Gruppe merkt man das sofort. Seine Bereitschaft, sich mit den Folgen des sexuellen Mißbrauchs für seine Töchter auseinanderzusetzen, nimmt deutlich zu. Auch wir sind erleichtert. Diese Entwicklung war nicht sicher vorauszusehen. Wenn es auch klar war, daß er sich „bedeckt" halten würde, solange das Gerichtsverfahren noch nicht entschieden war, so waren wir uns nicht sicher, ob der Wegfall dieser Gefahr ihn gesprächiger machen würde. Es entfällt ja zugleich damit die Bedeutung, dem Gericht die Therapie als Beleg vorweisen zu können, daß er bereits etwas unternommen habe. Es ist deshalb fraglich, ob überhaupt mit einer Therapie begonnen werden sollte, bevor ein anstehendes Verfahren nicht abgeschlossen ist. Wir haben in diesem Fall Glück gehabt. Herr Schulz ist bereit, sich mit seinem Mißbrauch weitergehend auseinanderzusetzen. So erfahren wir, daß ihn zwar nicht die fertigen Fotos, wohl aber das Aufnehmen stark sexuell erregt haben und daß er anfangs ins Badezimmer gegangen sei, um sich selbst zu befriedigen. Später sei er dann dazu übergegangen, sich auch in Gegenwart seiner Töchter selbst zu befriedigen, und habe damit versucht, seine Töchter „anzutörnen".

Auf Nachfragen in der Gruppe gesteht er, daß besonders seine jüngere Tochter von seiner Erregung sehr erschreckt und verwirrt gewesen sei. Sie habe ihn dann gebeten, keine weiteren Aufnahmen machen zu müssen. Er habe dies wiederholt versprochen, sich aber nicht daran gehalten. Eine Zeitlang habe er dann nur Aufnahmen von seiner älteren Tochter gemacht, die, wie er sich ausdrückte, weiterhin „keine Zicken" gemacht habe.

Allein an seiner Ausdrucksweise wird deutlich, wie ungeheuer schwierig es für ihn ist, zu seiner Verantwortung zu stehen und nicht immer wieder zu versuchen, diese auf seine Töchter abzuschieben, nicht ständig jede kleinste Gelegenheit zu nutzen, um die Abwehr seiner Verantwortung wieder aufzubauen: Die jüngere Tochter hat sich nicht gegen den Mißbrauch durch ihn gewehrt, sondern sie „war zickig", denn seine ältere Tochter hat sich schließlich nicht so angestellt und daher – in seiner Interpretation – „mitgemacht". Auf den verschiedensten Ebenen versucht er der Einsicht, daß er seinen Töchtern Gewalt angetan hat, immer wieder auszuweichen. So verteidigt er sich immer wieder mit dem Argument, seine Töchter hätten doch überhaupt nicht gewußt, das sie etwas Verbotenes tun. Hier kam aus den Reihen der Gruppenteilnehmer der Hinweis, diese Bemerkung lasse darauf schließen, ihm müsse sehr wohl bewußt gewesen sein, daß er seine Töchter als Mittel mißbrauche, wenn er sich damit verteidige, sie hätten doch gar nicht gewußt, was sie da täten.

Ein weiteres Verteidigungsargument von Herrn Schulz war, daß er die Bilder doch nur für sich selbst angefertigt habe; schließlich hätte er sie ja auch verkaufen und damit das magere Budget der Familie etwas aufbessern können. Im übrigen hätten seine Töchter – insbesondere Jessica – auch beträchtliche Vorteile von diesem Arrangement gehabt, denn schließlich hätten sie viel mehr Geschenke bekommen als ihr älterer Bruder. Schwierig für ihn sei allerdings gewesen, daß Jessica die in der Familie erlernten Marktbeziehungen gleich auf dem Spielplatz testen wollte, indem sie z. B. gleichaltrigen Jungen Angebote machte: „Du, ich zeig dir meine Muschi, wenn du mir diesen Aufkleber schenkst!" Er habe ihr dann klarmachen müssen, daß sie die nur ihrem Papa zeigen dürfe und sie mit dem „Verkleidungsspielen" zu Hause leider Schluß machen müßten, wenn das noch mal vorkommen sollte. Erst allmählich wird ihm deutlich bzw. ist er bereit, einzugestehen, daß Jessicas Verhalten auf dem Spielplatz eine direkte Folge des von ihm ihr aufgezwungenen Mißbrauchs ist und daß im übrigen gerade auch seine großzügigen Bestechungs- oder Belohnungsgeschenke seine Tochter Jessica von den anderen Familienmitgliedern entfremdet und sie so zusätzlich belastet hatten.

Nur sehr schwer kann sich Herr Schulz dem nächsten Schritt nähern, nämlich sich selbst damit zu konfrontieren, welchen Charakter die gemeinsamen Aufnahmen beider Töchter hatten, die er in den letzten Wochen vor der Entdekkung gemacht hat. Hier hat er nicht nur die Scheiden der beiden Kinder in Großaufnahme fotografiert oder die Kinder mit Strapsen und BHs ausstaffiert, sondern ihnen einen Vibrator gegeben und ihnen gezeigt, wie sie sich gegenseitig damit „behandeln" sollen; auch zu gegenseitigen Berührungen anderer Art hat er sie angehalten. Die Herstellung speziell dieser Fotos habe ihn sehr erregt, und er sei kurz davor gewesen, sich selbst aktiv an seinen Töchtern zu befriedigen. Er gibt nun zu, daß er bei diesen Aufnahmen einen sehr großen Druck auf die Töchter ausüben mußte, besonders auch dahingehend, daß sie ihr „Geheimnis" bewahren und auf keinen Fall der Mutter oder anderen Kindern etwas davon erzählen dürften.

An dieser Stelle bemerkt er auch, er sei froh darüber gewesen, daß seine Töchter weder Kindergarten noch Vorschule besuchten, so daß die Gefahr der Entdeckung von außen dadurch weitaus geringer gewesen sei. Andererseits sei er heute froh darüber, daß der sexuelle Mißbrauch

„rechtzeitig“ aufgeflogen sei und dadurch sowohl er selbst als auch seine Töchter vor noch größerem Schaden bewahrt wurden. Er könne – rückblickend vom heutigen Standpunkt – auch sehen, daß er schon vor den ersten Fotoaufnahmen sexuell vom Anblick seiner kleinen Töchter erregt wurde und diese Erregung verstärkt wurde, wenn er sie z.B. nackt auf den Schoß genommen habe. So gesehen, dienten ihm die Aufnahmen eher als vermeintlich harmlose „Ableitung“ anderer Wünsche und Phantasien, die er in bezug auf seine Töchter hegte.

Heute ist er in der Lage, sich selbst mit dem vollen Umfang seiner Handlungen auseinanderzusetzen und die Verantwortung dafür zu übernehmen. Er sieht, welche emotionale Verwirrung er bei seinen Töchtern ausgelöst, wie er sie zu Objekten degradiert und ihre Persönlichkeit dadurch verletzt hat, daß er sie mißbraucht hat. Diese Einsichten sind allerdings immer noch etwas instabil, und gelegentlich erliegt er der Versuchung, seiner Verantwortung auszuweichen bzw. sie auf andere abzuschieben, z. B. auf seine Frau, die sich von ihm immer bereitwillig „wegschicken“ ließ, wenn er wieder einmal eine Weile ungestört mit seinen Töchtern verbringen wollte.

Dennoch sind wir – die Therapeuten – zu diesem Zeitpunkt optimistisch, daß Herr Schulz in absehbarer Zeit zu dem Punkt kommen kann, innerlich voll die Verantwortung für den Mißbrauch zu übernehmen. Gestützt wird unser Optimismus dadurch, daß auch die äußeren Bedingungen der Familie Schulz sich seit einiger Zeit zum Positiven wenden.

Gehen wir noch einmal zurück zu den Auswirkungen, die die sexuellen Übergriffe des Herrn Schulz auf seine Töchter nach der Entdeckung durch das Fotolabor für alle Familienmitglieder gehabt haben. Seine beiden Töchter wurden praktisch in einer Nacht-und-Nebel-Aktion in ein Heim nach Westdeutschland gebracht und unter Kontaktsperre gestellt. Es hat ein gutes halbes Jahr gedauert, ehe wenigstens Frau Schulz wieder Kontakt zu ihnen aufnehmen durfte. Jessica und Nicole haben unter der Trennung von ihrer Mutter und ihren Brüdern sehr gelitten. Soweit uns bekannt ist, hat es für die beiden Mädchen während dieser Zeit keine Möglichkeiten gegeben, das Erlebte therapeutisch zu verarbeiten, so daß ihnen der Grund ihrer plötzlichen „Verschleppung" – als solche mußte ihnen die Aktion der Behörden ja erscheinen – völlig unbegreiflich bleiben mußte.

Diese äußeren Umstände führten u.a. immer wieder dazu, daß Herrn Schulz Anlaß gegeben wurde, sich über das Verhalten der Behörden zu empören und mit dem durchaus berechtigten Hinweis auf die „Folgeschäden" ihres Tuns sich vor der Auseinandersetzung mit den Folgen des von ihm selbst zu verantwortenden Handelns erfolgreich zu drücken. Auch Frau Schulz war durch die Vorgehensweise des Amtes stark in Angriff genommen, sie litt sehr unter der Trennung und vor allem unter der Kontaktsperre; als Anlehnungspunkt und Hilfe blieb ihr nur ihr Mann, der allein in der Lage war, sich mit der „Sozialbürokratie" auseinanderzusetzen.

Ihre eigene Enttäuschung und Verletzung durch das Handeln ihres Mannes trat dadurch in den Hintergrund; die Bewältigung der sie stark belastenden äußeren Umstände nahm sie so in Anspruch, daß andere wichtige Klärungsprozesse für sie erst einmal vollständig blockiert waren. Die Söhne litten ebensosehr unter der abrupten Trennung; die Eltern waren im Kampf mit der Außenwelt beschäftigt und außerstande, dem ältesten Sohn Ralf die Situation angemessen zu erkären. Verschärfend wirkte sich auf die familiäre Situation zu diesem Zeitpunkt noch die zeitweilige Arbeitslosigkeit von Herrn Schulz aus.

Während dieser Zeit konzentrierte Herr Schulz seine Energien auf den Versuch, für seine Frau Besuchskontakte in dem westdeutschen Heim zu erkämpfen und dem zuständigen Sozialarbeiter wie dem Heim Fehler in der Behandlung seines Falles nachzuweisen. Dadurch wurde der Prozeß der Auseinandersetzung mit sich selbst immer wieder behindert und auch seine dominierende und kontrollierende Stellung innerhalb der Familie eher gestärkt. Daher bestand für ihn kein Zwang, die Mißbrauch an seinen Töchtern zu erörtern.

Die Situation verbessert sich, als seine Frau schließlich nach einem halben Jahr die Erlaubnis erhält, ihre Töchter im Heim – wenn auch in größeren Abständen – zu besuchen. Zu diesem Zeitpunkt findet Herr Schulz auch eine neue Arbeitsstelle, und so bleibt mehr Raum für die Auseinandersetzung mit sich selbst und seinen inneren Prozessen.

Wie wir bereits gesehen haben, gelingt es ihm immer besser, den sexuellen Charakter seiner Handlungen einzugestehen. Natürlich ist dieser Fortschritt nicht bruchlos. Wenn er sich z.B. in der Einschätzung der Therapeuten zwei Schritte vorbewegt hat und selbst ein anderes Gruppenmitglied anerkennend äußert: „Du bist viel ehrlicher geworden", kommt es vor, daß in der nächsten Sitzung plötzlich wieder von der „Bildschärfe" die Rede ist und er theatralisch verkündet, er dürfe nie mehr in seinem Leben einen Fotoapparat in die Hand nehmen, um nicht „rückfällig" zu werden.

Dabei ist es selbstverständlich erstrebenswert und für den therapeutischen Zweck nützlich, wenn Herr Schulz erkennt, welche äußeren Umstände dazu führen können und in seinem Fall dazu geführt haben, seine innere Hemmschwelle gegenüber dem Mißbrauch seiner Töchter herabzusetzen, aber unzweifelhaft hat ihn nicht der Fotoapparat oder das Fotografieren dazu „verführt", pornografische Aufnahmen von seinen Töchtern zu machen, sondern es war umgekehrt: Er hat seinem sexuellen Gefühl gegenüber seinen Töchtern mittels des „unschuldigen" Mediums der Fotografie eine vor sich selbst vertretbare Befriedigungsmöglichkeit verschafft.

Doch kann er an diesem Punkt seiner Auseinandersetzung mit sich selbst und mit der Gruppe den sexuell ausbeuterischen Charakter seiner „Kunstfotos" eingestehen und die Verantwortung dafür übernehmen. Auch über seine sexuellen Phantasien kann er mehr oder weniger offen in der Gruppe reden. Vorsichtig nähert er sich dem Punkt, wo er auch in der Lage ist, zu sehen, daß die sexuellen Beziehungen zu seiner Frau nicht völlig unproblematisch sind. Er gesteht, daß er öfters Angst hat, ihren Anforderungen nicht zu genügen. Auf die Frage allerdings, welche Anforderungen sie stelle, weiß er keine Antwort zu geben.

Besonders in diesem Punkt trifft sich Herr Schulz mit den meisten Mitgliedern der Gruppe. Sich mit der sexuellen Beziehung zu ihren Partnerinnen, ihren Versagensängsten und auch ihren Wünschen an diese Beziehung offen auseinanderzusetzen fällt allen Männern in der Gruppe sehr schwer. Wir haben den Eindruck, daß dies einer der wenigen Punkte ist, wo meine Anwesenheit als Therapeutin und Frau ihre Ängste verstärkt und sie in ihrem Mitteilungswillen behindert. Andererseits ist die Mitarbeit einer weiblichen Therapeutin wiederum wichtig, weil sie ihnen die Möglichkeit gibt, die bei vielen von ihnen vorliegenden prinzipiellen Kommunikationsschwierigkeiten mit erwachsenen Frauen, unter denen auch die Beziehungen zu ihren Partnerinnen leiden, sozusagen lernend zu überwinden.

Über seine eigene sexuelle Entwicklung erfahren wir von Herrn Schulz, daß er im Alter von ca. 11 Jahren Kontakte zu einem Fotografen hatte, der Pornofotos herstellte, mit denen der Junge in der Schule handelte. Nach mehrmaligem Nachfragen erfahren wir, daß dieser Mann auch Aufnahmen von Herrn Schulz gemacht habe: Nacktfotos, aber keine Pornos, wie er betont. Als dieser Mann erste sexuelle Annäherungen versucht habe, sei er nicht mehr hingegangen. Später habe er dann nur noch Freundinnen gehabt.

Parallel zur Entwicklung von Herrn Schulz ergeben sich weitere Fortschritte in der Familie. Er übt nicht mehr die uneingeschränkte Kontrolle aus, und er hat auch nicht mehr das Monopol auf die Erledigung von Außenkontakten. Seine Frau ist inzwischen in der Lage, Ämtergänge selbständig zu erledigen; sie ist die Ansprechpartnerin für das Heim, in dem die Töchter sind. Herr Schulz kann jetzt eher erkennen, in welchen Situationen er „Macht ausübt", auch in der Gruppe, wo er sich zuerst immer wieder mit seinen ganz persönlichen Problemen vorgedrängt hat und es nie ertragen konnte, wenn zunächst scheinbar nicht seine Themen behandelt wurden. Er reagierte darauf anfangs wie ein Kind und drohte mit genereller Verweigerung, nach dem Motto: „Wenn ich jetzt nicht zu Wort komme, dann brauch ich eigentlich überhaupt nichts mehr zu sagen."

Über die Geschichte seiner Kindheit erfahren wir im Laufe der Sitzungen immer mehr, aber es fällt ihm bis zuletzt sehr schwer, über die erlittenen Verletzungen und Zurückweisungen, die er in der Kindheit auch von seiner Mutter erfahren mußte, offen zu sprechen bzw. sie überhaupt in seinem Bewußtsein zuzulassen. Eigentlich habe sie ihn geliebt, aber die Umstände und ihre jeweils „fordernden" Partner hätten es nicht zugelassen, daß sie dies ihm gegenüber jemals zum Ausdruck bringen konnte. Mit der Entwicklung in seiner heutigen Familie wird uns in den Gruppensitzungen auch die Familiengeschichte des Herrn Schulz noch stärker beschäftigen, denn es ist eine wichtige Voraussetzung für seine persönliche Entwicklung im Sinne unserer Therapieziele, daß er seine eigenen Gefühle und Befindlichkeiten besser wahrzunehmen lernt. Dazu gehört, daß Trauer und Verletzung eigener Gefühle, Hoffnungen und Erwartungen in der eigenen Lebensgeschichte eingestanden und zugelassen werden können.

Was läßt sich nun nach gut zweijähriger therapeutischer Gruppenarbeit über den Erfolg und die Zukunftsaussichten der Familie Schulz sagen? Es ist schließlich beiden Eltern gemeinsam gelungen, eine Verlegung ihrer Töchter in ein Berliner Heim zu erwirken. Dort sind sie jetzt seit einem halben Jahr, und Frau Schulz und ihre Söhne haben die Möglichkeit, sie regelmäßig zu besuchen. Frau Schulz hat selbständige Gespräche mit der Heimleitung geführt und seit kurzem auch beraterische Hilfe für sich selbst in Anspruch genommen. Einmal monatlich hat das Ehepaar einen gemeinsamen Beratungstermin.

Herr Schulz bereitet sich darauf vor, seinen Töchtern wieder gegenüberzutreten und die Verantwortung für den Mißbrauch wie auch für den anschließenden Heimaufenthalt ihnen gegenüber zu übernehmen. Beide Töchter erhalten eine Spieltherapie, und alle beteiligten Helfer treffen sich in regelmäßigen Abständen zu Helferkonferenzen, um die weitere Entwicklung der Familie Schulz zu begleiten. Es wird überlegt, welche Unterstützung der Sohn erhalten könnte, da bisher wenig deutlich ist, wie er die Ereignisse in seiner Familie verarbeitet hat. Die Eltern hielten das zunächst nicht für notwendig, sind aber inzwischen bereit, eine Therapie auch für ihn mitzutragen.

Das Konzept unserer Beratungsstelle beinhaltet, allen Familienmitgliedern ein Unterstützungsangebot zu machen oder ihnen andere Beratungsangebote zu vermitteln. Für nicht direkt vom sexuellen Mißbrauch betroffene Geschwisterkinder ist es gleichfalls wichtig, ihre Gefühle und Erlebnisse zum Ausdruck bringen zu können und die Möglichkeit zur Verarbeitung zu erhalten.

Zum heutigen Zeitpunkt können wir noch nicht abschätzen, ob die Töchter des Ehepaars Schulz eines Tages in die Familie zurückkehren können, aber wir wissen, daß die Bearbeitung des Mißbrauchs in der Familie begonnen hat und durch die Einbindung der Gruppentherapie von Herrn Schulz in ein System von verbindlichen Hilfen und Absprachen für alle die Chancen groß sind, daß er nicht rückfällig werden wird und damit die Wahrscheinlichkeit gegeben ist, daß seine Kinder – zumindest vor dem erneuten Mißbrauch durch ihren Vater – künftig geschützt sind.

Die Therapie mit mißbrauchenden Erwachsenen steht von vornherein vor der kaum überwindbaren Schwierigkeit, daß einerseits, wie in jeder Therapie, Be- und Verurteilungen darin keinen Platz haben, andererseits aber sexueller Mißbrauch ein Verhalten ist, das natürlich zu verurteilen ist und von dem man den Mißbraucher nicht entschulden kann. Erwachsene, die ihre oder andere Kinder sexuell mißbraucht haben, schaden damit nicht nur sich, sondern anderen. Oft leiden ihre Kinder das ganze weitere Leben unter diesen nicht vernarbenden Wunden. Dieses Verhalten ist zu verurteilen. Auch die Therapeuten, die ihre Hilfe Menschen zuwenden, welche andere so tief verletzt haben, können und wollen sich nicht davon frei machen, daß sexueller Mißbrauch von Kindern in keiner Hinsicht zu rechtfertigen oder zu entschuldigen ist.

Aber wie soll Therapie ohne Verurteilung möglich sein? Therapie bedeutet immer, einem anderen Hilfe anzubieten. Können wir jemandem helfen, dessen Verhalten wir ablehnen, verurteilen? Die Frage ist: Können wir zwischen dem Verhalten, das wir verurteilen, und dem Menschen, der dieses zu verurteilende Verhalten zeigt, unterscheiden, können wir ihn als Menschen aus der Verurteilung seines Verhaltens heraushalten? Nur wenn wir dies können, sind wir in der Lage, diesem Menschen zu helfen. Nur dann können wir ihn dabei unterstützen, sich aus den Verstrickungen seines Verhaltens herauszuarbeiten, eine andere Perspektive für sein Leben zu wählen. Das ist die einzige menschliche Möglichkeit, die uns offensteht. Sie ist nicht jedem möglich, und einige Therapeuten lehnen sie auch ab. Die Schwierigkeit, über die Therapie von Mißbrauchern zu berichten, liegt darin, daß das therapeutisch geforderte Verstehen des Klienten falsch verstanden werden kann.

Therapeutische Hilfe heißt: dem anderen aus seinen Fallstricken, seinen Wiederholungszwängen herauszuhelfen. Der Erwachsene, der sein Kind sexuell mißbraucht, baut sich diese Fallstricke selbst auf. Herr Schulz zum Beispiel arrangiert alles zum Mißbrauch Nötige, lange bevor der Mißbrauch beginnt. Die einzelnen vorbereitenden Schritte sind aber noch nicht der Mißbrauch selbst. Deshalb kann Herr Schulz sich noch lange Zeit sagen: Was ist dabei, schöne Fotos von meinen Töchtern zu machen! Er weiß, daß er sich damit „etwas vormacht", daß er sich damit selbst „verführt", er weiß, daß es um seine sexuelle Erregung gehen wird. Er bereitet alles Notwendige *dafür* zielstrebig vor.

Von außen betrachtet, sieht der sexuelle Mißbrauch wie eine „Sucht" aus, und viele setzen ihn damit gleich. Wir haben bei Herrn Schuster gesehen, daß es verharmlosend ist, den sexuellen Mißbrauch als „Sucht" zu bezeichnen, was einer Entschuldigung gleichkommt. Der mißbrauchende Erwachsene scheint unter einem Zwang zur Wiederholung zu stehen. „Zwang" erklärt den Mißbrauch ebensowenig wie „Sucht". Wenn wir genau hinsehen, erkennen wir, daß er die Situation des Mißbrauchs einschließlich seiner Vorbereitung deshalb immer wieder wiederholt, weil er die Befriedigung, die er darin sucht, nicht findet.

Er wiederholt sein sich und andere schädigendes Verhalten so lange, bis er – durch andere – daran gehindert wird. Herr Schulz wiederholt mit seinem Fotografieren zugleich ein Muster, das er seit langem kennt, das tief in ihm verankert ist, seit seiner frühen Jugend. In der Erinnerung an die Situation ist eine durchgehende und deshalb traumatisierende Erfahrung seiner Kindheit konzentriert, die Erfahrung von Demütigung und Beschämung. Die Möglichkeit ist naheliegend, daß er mit seinen Töchtern diese traumatisierenden Erfahrungen wiederholt. Wir wissen in diesem Fall noch nicht, ob er die sexuelle Stimulation sucht, die der Fotograf damals durch ihn erlebte, oder seine mögliche eigene, die er damals vielleicht zugleich abwehrte, oder ob er die Situation der Demütigung wiederholt, die er damals und immer wieder erlebte. Wahrscheinlich ist alles ineinander verwoben, und deshalb ist die Wiederholung im Versuch begründet, einen *anderen* Ausweg aus dieser Situation zu finden, als er damals gegeben war: einen ohne Demütigung. Es ist derselbe Mechanismus der „Reinszenierung", den wir beim sexuell mißbrauchten Kind finden. Der mißbrauchende Erwachsene wiederholt diese Situation so lange, bis er einen befriedigenden anderen Ausweg aus seiner damaligen Situation gefunden hat. Zugleich kann er diesen aber nicht finden, denn seine Lösung, selbst zu mißbrauchen, ändert nichts an der ursprünglichen Situation, kehrt sie nur um: Er vertauscht die Rollen des Opfers mit der des Täters, die Demütigung bleibt. Es ist für einen erwachsenen Mann demütigend, seine sexuelle Befriedigung mit Kindern suchen zu „müssen".

Die Bearbeitung in der Therapie ist ebenfalls eine „Wiederholung", aber mit dem entscheidenden Unterschied, daß nicht der Mißbrauch selbst wiederholt wird, sondern die Phantasien darüber und die daran und an die Erinnerung gebundenen Gefühle. Eine Wiederholung auf der symbolischen Ebene. Der zur Wiederholung zwingende psychische Mechanismus kann sich auswirken, ohne daß jemand zu Schaden kommt, und zugleich kann dieser bearbeitet werden. Auch in der Therapie wird dieselbe Scham auftreten, die durch den Mißbrauch hervorgerufen wird. Der Mißbraucher schämt sich nicht nur seines Mißbrauchs, sondern auch seiner Phantasien. Hier erreichen wir einen wichtigen Punkt der Therapie – eine kritische Situation in der Therapie. Sie erfordert größte Behutsamkeit seitens des Therapeuten. Man könnte sie als den eigentlichen Widerstand, der sich der Therapie entgegenstellt, kennzeichnen. Der Klient versucht sich durch Abwehr gegen die Schamreaktion zu schützen. Er richtet eine Mauer des Widerstands gegen den Therapeuten und die Therapie auf. Zugleich stellt die Scham eine Verführung für den Therapeuten dar, weiter in den Klienten einzudringen, in der Annahme, in der Scham zeigen sich dessen Gefühle der Betroffenheit über den Mißbrauch seines Kindes, die Scham sei die der Tat, ihrer Abscheulichkeit angemessene Reaktion und insofern die therapeutisch zu fördernde, korrekte Antwort.

Scham ist aber eine Reaktion, die Verantwortung gerade verhindert. Scham ist die Reaktion des ertappten kleinen Jungen, der, im Innersten getroffen und in seiner Würde verletzt, um Gnade fleht. Eine Gefühlsreaktion, mit der wir auf den Schock des Entdecktwerdens durch den Blick des anderen reagieren. (Sartre) Der Blick des anderen schneidet alle Reaktionsmöglichkeiten bis auf diese eine ab. Beschämt kann der „Erwischte" nicht Verantwortung übernehmen. (Wurmser 1981) Im Fall des Mißbrauchs des eigenen Kindes wurde an dieses die Verantwortung abgeschoben. Es bestand gar nicht der Wille zur Übernahme der Verantwortung. Die Verantwortung wurde dem Opfer aufgebürdet.

Das Auftreten der Scham in der Therapie ist nicht zu vermeiden. Sie ist eine starke Gefühlsreaktion. Die Scham ist zu „bearbeiten" – aber wie? In der ursprünglichen Situation ihres Auftretens – in der Situation des Entdecktwerdens – war sie mit der Sprachlosigkeit verbunden, die ihr unmittelbar folgte und im Ausschluß der sprachlichen Verständigung während des Mißbrauchs begründet war. Der Mißbrauch findet ohne Worte statt, wie wir gesehen haben. Das Kind wird gezwungen, darüber zu schweigen. Der Ausschluß der Sprache liegt im Macht-Verhältnis des mißbrauchenden Vaters über sein Kind.

Therapie ist die Aufhebung des Schweigens, das Brechen des Schweigegebots. Das gilt für den Mißbraucher ebenso wie für das Opfer des sexuellen Mißbrauchs. Für den Mißbraucher trat diese Aufhebung des Schweigens zunächst als Zwang auf, als Forderung, während sie für das Opfer eine Befreiung war, die Erlaubnis, das Schweigen zu brechen. Er dagegegen muß *sein* Schweigen aufgeben. Durch die „Konfrontation" haben wir ihn gezwungen, sein Schweigen aufzugeben, das Schweigen des Täters. In der Therapie geht es nicht mehr nur um dieses Schweigen. Es geht jetzt auch und in allererster Linie um das ihm abverlangte, von ihm erzwungene Schweigen: durch die Scham. Der Weg von der Scham zur Übernahme der Schuld, der Weg der Therapie des Mißbrauchers geht über die Entmächtigung seines Über-Ich. (Cremerius 1977) Oder anders ausgedrückt: darüber, daß wir (die TherapeutInnen) auch ihn als Opfer wahrnehmen. Zunächst als Opfer seines eigenen Verhaltens, seiner eigenen Irrwege, seiner eigenen zerstörerischen Handlungen. Und das bedeutet immer, nach den Gründen dafür zu fragen. Diese Frage fällt sehr schwer, wenn wir ins Auge fassen, was diese Menschen anderen, ihren oder anderen Kindern, angetan haben, wie sie sie seelisch und oft auch körperlich verkrüppelt haben. Wir haben darüber an anderer Stelle ausführlich berichtet. Hier muß es um die andere Seite gehen: Wie ist Therapie mit Menschen möglich, die ihre oder andere Kinder sexuell mißbraucht haben? Sie *ist* möglich, wenn wir es schaffen, den Menschen hinter dem Täter zu erkennen.

Den sexuellen Mißbraucher auch als Opfer zu sehen, als Opfer nicht nur seines eigenen Verhaltens, sondern seiner Erfahrungen, seiner Geschichte – das ist vielleicht schwer nachzuvollziehen. Er selbst macht es uns schwer. Denn er will auf jeden Fall vermeiden, daß wir in ihm jemanden sehen, der sich zugleich selbst damit erniedrigt, daß er seine Kinder mißbraucht. Wieder sind wir an dem kritischen Punkt der Therapie angelangt: die Scham des mißbrauchenden Erwachsenen, nicht nur über seinen Mißbrauch zu sprechen, sondern über seine Demütigung.

Der Zwang zum Schweigen wurde dem mißbrauchenden Erwachsenen in seiner Kindheit auferlegt. So wie er als Kind gezwungen wurde, zwingt er sein eigenes Kind. Ebenso wie er seinem Kind die Verantwortung für seinen Mißbrauch aufbürdet, wurde ihm in seiner Kindheit von seinen Eltern Verantwortung für das aufgezwungen, was sie ihm angetan hatten. Und das Kind übernimmt diese Verantwortung als Teil seines Selbst, des „Über-Ich“. In seiner Kindheit wurde sein Selbstbewußtsein zerstört. Das Über-Ich arbeitet weiter an dieser Zerstörung.

Die Vorstellung, daß der mißbrauchende Erwachsene seinen „Trieb“ nicht kontrollieren könne, das Modell der Kontrolle als Triebkontrolle, gerät bei sexuellem Mißbrauch an seine Grenzen. Der „Trieb“, den der Mißbraucher nicht kontrolliert, ist nicht der genitale Sexualtrieb, sondern das ungestillte Verlangen, die Sehnsucht nach Anerkennung, Geborgenheit, Nähe, Wärme, Akzeptiertwerden. Es war nicht die zu nachgiebige Erziehung, die diese Selbstkontrolle nicht hergestellt hat, sondern diese Erziehung war zu unnachgiebig gewesen, oder genauer: Sie demütigte das Kind und ließ so die Voraussetzungen für die Selbstkontrolle überhaupt nicht entstehen: ein stabiles Selbst.

Das Selbst ist die Grundlage für unser Gefühl, ein unabhängiger Mittelpunkt unserer Bedürfnisse und unserer Wahrnehmung zu sein. (Kohut 1977) Es wird gebildet durch die wertschätzenden Reaktionen der Eltern auf das Kind. Verweigern die Eltern dem Kind diese Zuwendung, wie bei Herrn Schuster, verkümmert das Selbst des Kindes. Es kommt zum Zerfall der freudvollen Selbstbehauptung und in der weiteren Entwicklung zur – zeitweiligen oder chronischen – Schwächung oder Verzerrung des Selbst, die sich entweder in Überempfindlichkeit gegen Mißachtung, Hypochondrie, Depression oder Perversion, Straffälligkeit oder Sucht zeigt. Wir können darin Versuche des gestörten Selbst sehen, das Selbstwertgefühl zu erhöhen, wiederherzustellen, Demütigung zu vermeiden, zu verhindern, erneut den Kränkungen der Kindheit ausgesetzt zu sein.

Es ist nichts gewonnen, wenn der Therapeut dieses Verhalten mißbilligt. Er sollte vielmehr dem Klienten zeigen, daß sein Verhalten nicht zu dem Resultat führt, das er ersehnt. Gerade die Unwirksamkeit der selbstzerstörerischen und anderen schädigenden Manöver, die gewünschte Befriedigung zu erreichen, erklärt, warum sie so rastlos verfolgt werden. Der Mißbraucher versucht, durch den Zwang zur Wiederholung die Leere im Selbst zu füllen. Sie kann aber durch den sexuellen Mißbrauch ebensowenig gefüllt werden wie durch andere Arten „süchtigen" Verhaltens. Dem Mangel an Selbstwertgefühl, der Ungewißheit über die eigentliche Existenz des Selbst und dem angstvollen Gefühl der Auflösung des Selbst will der „Süchtige" durch sein süchtiges Verhalten entgegenwirken.

Statt moralischen Druck auszuüben, sollte der Therapeut jede weitere Demütigung vermeiden, den Klienten vor

Selbstdemütigung in Schutz nehmen, die positive Seite seiner Versuche, sich vor weiteren Kränkungen zu schützen, im Auge behalten, um auf diese Weise das Bedürfnis des Klienten nach asozialem Verhalten allmählich zu verringern. Die Beendigung der Therapie des mißbrauchenden Erwachsenen muß daher die Stärkung des Selbst zum Maßstab nehmen. Die Therapie hat dann die Endphase erreicht, wenn das Selbst des Klienten stabil geworden ist, wenn er aufgehört hat, auf drohende Kränkungen mit ernster Schwächung des Selbst oder unkontrollierbarer Wut zu reagieren. Große Bedeutung kommt dabei der inneren Wahrnehmung des Klienten zu.

Wir haben für diese Therapie nur die Rahmenbedingungen aufgezeigt. Diese Rahmenbedingungen – Trennung des mißbrauchenden Erwachsenen vom mißbrauchten und möglicherweise gefährdeten anderen Kindern, verbindliche Vereinbarungen über Therapie und die speziellen Regeln der therapeutischen Gruppe und ihre Arbeitsweise – gelten dem Schutz des Kindes vor weiterem Mißbrauch, sie gelten aber zugleich dem Zweck, den therapeutischen Prozeß der Bearbeitung des Mißbrauchs zu ermöglichen. Wir haben immer wieder gesehen, wie wichtig diese Rahmenbedingungen sind, und wir haben gesehen, wie störanfällig der Prozeß des Einlassens auf die Auseinandersetzung mit dem Mißbrauch durch diese Rahmenbedingungen ist, sei es durch den Druck des Partners, durch den Druck von Behörden, durch ein drohendes Strafverfahren oder durch eine Verurteilung zu einer Haftstrafe. Die Sicherung dieser Rahmenbedingungen ist die allererste Aufgabe, damit überhaupt ein therapeutischer Prozeß in Gang kommen kann. Nur wenn diese Bedingungen einigermaßen gesichert und stabil sind, kann überhaupt so etwas wie eine Auseinandersetzung des mißbrauchenden Erwachsenen mit seinem Mißbrauch beginnen, kann überhaupt Therapie stattfinden.

Therapie von Menschen, die Kinder sexuell mißbraucht haben, ist themenzentriert um die Aufarbeitung des Mißbrauchs, wir haben sie beschrieben. Innerhalb dieser Themenzentrierung ist der therapeutische Prozeß gefördert und in Gang gebracht durch die therapeutische Haltung. Diese besteht in ihrem Zentrum in einer Art von Zuwendung zum Klienten, die der Zuwendung vollkommen entgegengesetzt ist, die dieser im Alltag gewöhnt ist. Sie basiert auf einer Bereitschaft, den Erwachsenen, der sein Kind mißbraucht hat, als Leidenden anzunehmen. Diese Bereitschaft erst gibt die Möglichkeit, sich seinem Leiden zuzuwenden, anders zuzuwenden als in Form der Abwehr, der Verleugnung, der Kompensation. Wenn der Therapeut sich dem Leiden zuwendet, so akzeptiert er keineswegs die Folgen des Leidens für andere Menschen. Er entschuldigt nicht den Mißbrauch, er nimmt den Mißbraucher vor seinen Anklägern und vor dem Opfer nicht in Schutz. Was er tut, ist vielmehr die schwierige Gratwanderung zwischen dieser Ablehnung des Tuns und der Annahme des Menschen, der für dieses Tun verantwortlich ist. Bei aller klaren Stellungnahme gegen das Tun des Täters bleibt dieser Täter für den Therapeuten immer noch ein Mensch, jemand, der andere Möglichkeiten in sich hat, als andere zu quälen, der andere Wünsche hat, als andere leiden zu lassen, der andere Sehnsüchte hat, als seinen Penis in die kleine Scheide seiner Tochter zu stekken.

Diese Möglichkeiten sind vergraben unter dem Schutt der Demütigungen, Niederlagen, Kränkungen und Enttäuschungen, die er sein Leben lang erfahren mußte. Therapie besteht darin, diese Halde vorsichtig abzutragen. Was dabei zum Vorschein kommt, ist der kleine Junge, der sich damals nicht wehren konnte, der Abgelehnte, der dadurch glaubte überleben zu können, daß er nur nach außen so war, wie er behandelt wurde, im Inneren aber der zu sein versuchte, den er akzeptieren konnte. Mit der Zeit fühlte er immer mehr, daß er doch der Getretene war, der selbst nicht treten konnte, der Feigling, der sich heimlich befriedigte ...

Gegen diese Entdeckung wehrt sich der Erwachsene. Er schämt sich dafür, daß er sich nicht gewehrt hatte, er fühlt sich erneut erniedrigt, klein gemacht. Jetzt verhindert die Scham diese Wiedererinnerung, die Wiederkehr des Verdrängten, das Wiedersehen, die Begegnung mit dem Selbst. Aber dieses Wiedersehen ist zugleich der geheime, uneingestandene Wunsch, der im Mißbrauch als der Motor der ständigen Wiederholung am Werk gewesen war.

Dieses Wiedersehen in der therapeutischen Wiederholung ist Heilung. Heilung ist „jenes unvorhersagbare Wachstum, vor dem wir im tiefsten Inneren Angst haben". (Khan 1991) Diese Angst läßt uns im verborgenen leben, im Inneren gespalten, deshalb verheimlichen wir. Therapie ist nach Masud Khan, das vorhandene Nicht-Vertrauen allmählich abzubauen.

Literatur

Bentovim, A. et al: *Child Sexual Abuse within the Family. Assessment and Treatment.* London 1988.

Bolton, F. G. Jr./Morris, L. A. & MacEachon, A. E.: *Males at Risk.* London 1989.

Cremerius, Johannes: *Übertragung und Gegen-Übertragung bei Patienten mit schwerer Über-Ich-Störung.* In: *Psyche,* 31/1977, S. 879–896.

Freud, Sigmund (1920): *Jenseits des Lustprinzips.* In: *Gesammelte Werke.* Band 13, S. 1–69.

Fürniss, Tilman: *The Multi-Professional Handbook Of Child Sexual Abuse. Integrated Management, Therapy And Legal Intervention.* London 1991.

Giaretto, H.: *Integrated Treatment of Child Sexual Abuse. A Treatment and Training Manual.* Science and Behavior Books, Palo Alto 1982.

Hirsch, Mathias: *Realer Inzest. Psychodynamik des sexuellen Mißbrauchs in der Familie.* Berlin 1987.

Khan, M./Masud, R.: *Erfahrungen im Möglichkeitsraum. Psychoanalytische Wege zum verborgenen Selbst.* Frankfurt am Main 1991.

Kohut, Heinz: *Die Heilung des Selbst.* Frankfurt am Main 1979.

Sartre, J. P. (1943): *Das Sein und das Nichts* (Neuübersetzung von Hans Schöneberg und Traugott König. Reinbek 1991.

Wurmser, Leon: *Die Maske der Scham. Die Psychoanalyse von Schameffekten und Schamkonflikten.* Berlin, Heidelberg, New York 1990.

Literaturhinweise

Bei der Vielzahl der in letzter Zeit zur Thematik des sexuellen Mißbrauchs an Kindern und Jugendlichen erschienenen Veröffentlichungen kann dies nur ein begrenzter Ausschnitt sein. Wir berücksichtigen dabei besonders Literatur, die sich auch mit den mißbrauchenden Erwachsenen und/oder Jungen befaßt.

Arenz-Greiving, I.: *Sucht – Gewalt – Sexualität. Opfer und Täter in der Therapie*. Freiburg 1990.

Die Beiträge dieses Buches thematisieren die vielfältigen Folgen sexuellen Kindesmißbrauchs: Schulschwänzen, rapider Leistungsabfall, Süchte, Eßstörungen und Übernahme der gelernten gewalttätigen Verhaltensmuster. Es wird zu klären versucht, weshalb spezielle therapeutische Hilfen sowohl für die Täter als auch für die Opfer angeboten werden müssen und welche Maßnahmen dafür geeignet erscheinen.

Backe, L. (Hrsg.): *Sexueller Mißbrauch von Kindern in Familien*. Köln 1986.

Das Buch gibt einen umfassenden Überblick über die Vielschichtigkeit und Komplexität des sexuellen Mißbrauchs. In den Beiträgen verschiedener Autoren werden die wesentlichsten Teilaspekte der Problematik dargestellt: die Entwicklung der kindlichen Sexualität, Symptome und Indikatoren, kurz- und langfristige Folgen, der persönliche Hintergrund des Täters, Hilfsmaßnahmen und Behandlungsmethoden, Schwierigkeiten im beruflichen Umgang mit dem Problem sowie die Rechtspraxis.

Bader, S./Lang, E. (Hrsg.): *Stricherleben*. Hamburg 1991.

Tabuisiert, diskriminiert und ins gesellschaftliche Abseits gedrängt: Strichjungen und ihre Kunden. Intime Kenner der „Stricherszene" und männliche Prostituierte berichten über Arbeitsweise, Lebensgefühl und -situation von Strichern, über den sexuellen Mißbrauch von Jungen und die Kinderprostitution in Deutschland.

Bieler, M.: *Still wie die Nacht. Memoiren eines Kindes*. Hamburg 1989.

Autobiographischer Bericht des Autors über seine Kindheit in der NS-Zeit bis zu seinem siebten Lebensjahr. Die Mutter wird als gefühlskalte, ausschließlich am eigenen Vergnügen orientierte Frau beschrieben, die durch die Ehe mit einem haltlosen, häufig betrunkenen und engstirnigen Mann dazu getrieben wird, ihr Vergnügen in sexuellen Ausschweifungen zu suchen. Beide Eltern verhalten sich rücksichtslos gegenüber dem Kind; die Demütigungen der Mutter gipfeln im sexuellen Mißbrauch des sechsjährigen Sohnes.

Furniss, T.: *The Multi-Professional Handbook of Child Sexual Abuse*. London 1991.

Umfassendes Handbuch zum professionellen Umgang mit sexuellem Mißbrauch. Eine deutsche Übersetzung wird demnächst vorliegen.

Glöer, N./Schmiedeskamp-Böhler, I.: *Verlorene Kindheit. Jungen als Opfer sexueller Gewalt*. München 1990.

Jungen werden weitaus häufiger Opfer sexueller Gewalt, als bisher vermutet wurde. Sie zeigen andere Symptome als Mädchen, ziehen andere Konsequenzen für ihr weiteres Verhalten und benötigen deshalb auch andere Hilfen. Wie dringend Hilfe benötigt wird, wird aus den Interviews mit betroffenen Männern deutlich.

Hirsch, M.: *Realer Inzest. Psychodynamik des sexuellen Mißbrauchs in der Familie.* Berlin 1987.

Im Mittelpunkt dieses Buches steht die im deutschen Sprachraum erstmalige Erarbeitung der Familiendynamik aller aktiv und passiv beteiligten Familienmitglieder. Außerdem erfolgt eine Auseinandersetzung mit dem Problem des therapeutischen Umgangs mit der „Inzestfamilie", des Kontakts mit Institutionen und den Besonderheiten der tiefenpsychologisch fundierten Psychotherapie mit Inzestopfern.

Kempe, R. S./Kempe, C. H.: *Kindesmißhandlung.* Stuttgart 1980.

Mißhandlungen an Kindern, die bis zum Tod führen können, kommen häufiger vor, als man denkt, und sie finden sich in allen sozialen Schichten. Nach den Beobachtungen der Autoren kann bereits 24 Stunden nach der Geburt des Kindes ziemlich genau vorhergesagt werden, welche Familien besonders gefährdet sein werden. In vier von fünf Fällen ist es möglich, solchen Familien gezielt zu helfen. Die Autoren zeigen, wie diese Hilfe beschaffen sein muß.

Klein, J.: *Inzest: Kulturelles Verbot und natürliche Scheu.* Opladen 1991.

Überblick über die seit Ende des 19. Jahrhunderts unter Wissenschaftlern vertretenen Positionen über die Stärke der menschlichen Inzestneigung und den Sinn des Inzestverbots. Kritik an der aus der Psychoanalyse stammenden Idee vom starken Inzestwunsch des Menschen. Das kulturelle Inzestverbot wird als aus der natürlichen Inzestscheu hervorgehend gedeutet.

Petersen, B.: *Meines Vaters Tochter. Analyse eines Mißbrauchs.* Reinbek 1991.

Das Monströse, Unglaubliche, Unheimliche dieser väterlichen „Liebe": Wie kann man den Schrecken der physischen und psychischen Bemächtigung bewältigen? Die Autorin entmystifiziert den Kreislauf von Gewalt durch konkrete Schilderung der Familien-Biographie.

Rinjnaarts, J.: *Lots Töchter. Über den Vater-Tochter-Inzest.* Düsseldorf 1988.

Die Autorin versucht auf der Grundlage einer Auseinandersetzung mit kulturanthropologischen, psychoanalytischen und sozialpsychologischen Theorien zum Inzest und mit neueren Forschungsergebnissen und Erfahrungsberichten betroffener Frauen die Dynamik des sexuellen Mißbrauchs neu zu erklären. Sie stellt Möglichkeiten vor, wie mißbrauchte Frauen und Mädchen mit ihren traumatischen Erlebnissen wieder leben lernen können.

Schnack, D./Neutzling, R.: *Kleine Helden in Not. Jungen auf der Suche nach Männlichkeit.* Hamburg 1990.

Die Autoren beschreiben die Sozialisationsbedingungen von Jungen und deren Auswirkungen in vielen Facetten: das Verhältnis zum Körper, zur Sexualität und zu Gefühlen; in der Schule, in Freundschaften und in der Familie. Ein Kapitel befaßt sich mit sexueller Gewalt, die Männer ausüben, und eins mit sexuellem Mißbrauch an Jungen.

Schubbe, O. (Hrsg.): *Therapeutische Hilfen gegen sexuellen Mißbrauch an Kindern.* Göttingen 1993.

Überarbeitete Beiträge, die namhafte in- und ausländische Experten auf dem „Ersten Internationalen Kongreß zum Thema Sexueller Mißbrauch von Kindern und Jugendlichen in der Familie – Neue Wege familienzentrierter Hilfen" gehalten haben, den Kind im Zentrum Berlin im Februar 1990 veranstaltet hat; ergänzt durch neuere Originalbeiträge.

Steinbrecher, S.: *Die Vaterfalle. Die Macht der Väter über die Gefühle ihrer Töchter.* Reinbek 1991.

Im Verhältnis zum Vater, dem ersten Mann ihres Lebens, erlernen Töchter Gefühlsmuster, die sich in späteren Liebesbeziehungen wiederholen.

Wirtz, U.: *Seelenmord. Inzest und Therapie.* Zürich 1989.

Auseinandersetzungen mit den verschiedenen Therapiemöglichkeiten für Inzestbetroffene. Die traumatischen Auswirkungen sexueller Ausbeutung werden mit den psychischen Folgeschäden bei KZ-Opfern verglichen. Die Autorin zeigt auch, wie sexuell mißbrauchte Frauen aus ihrer seelischen „Totenstarre" herausfinden und ihren Gefühlen und ihrem Körper wieder näherkommen können.

Wyre, R./Swift, A.: *Und bist du nicht willig ... Die Täter.* Köln 1992.

Auswertung von Erfahrungen aus Großbritannien in der Therapie von Sexualstraftätern und Mißbrauchern. Das Buch will über typische Verhaltensweisen von Vergewaltigern und Mißbrauchern bei der Ausübung von Gewalt informieren. Frauen werden Tips gegeben, wie sie Gefahrensituationen besser einschätzen können.

Trube-Becker, W.: *Gewalt gegen das Kind. Vernachlässigung, Mißhandlung, sexueller Mißbrauch und Tötung von Kindern.* Heidelberg 1987.

Eine in erster Linie rechtsmedizinische Untersuchung zum Problem der Mißhandlung und des sexuellen Mißbrauchs als einem Delikt, das eine extrem hohe Dunkelziffer aufweist. Die Autorin ruft Ärzte, Sozialarbeiter, Mitarbeiter in Jugendämtern und Gesundheitsbehörden, LehrerInnen, ErzieherInnen etc. zur besonderen Wachsamkeit auf und gibt Ratschläge für eine effektive Prophylaxe.

Kinder- und Jugendbücher

Blobel, B.: *Herzsprung*. Solothurn 1990.

Roman über ein Mädchen, das nach außen hin in einer perfekten Familie lebt. Für die 14jährige Nina stimmt dies nicht. Sie trägt an einem Geheimnis, von dem niemand etwas ahnt: Sie wurde von ihrem Stiefvater sexuell mißbraucht. Kurz vor ihrem 15. Geburtstag steht Nina vor der Entscheidung, ihr Geheimnis preiszugeben. Sie ist zum ersten Mal verliebt. In langen Gesprächen mit ihrem Freund Flo beginnt sie, als ersten Schritt, ihre tiefe Verwundung anzunehmen.

Hadley, L./Irwin, A.: *Liebste Abby*. Weinheim 1986.

Abby ist anders als andere Mädchen, deshalb verliebt sich Chip auch in sie. Daß ein schreckliches Geheimnis hinter ihrem Anderssein steckt und Abby dringend Hilfe braucht, erfährt er erst viel später.

Kehoe, P.: *Wenn ich darüber reden könnte . . . Eine Geschichte um sexuellen Mißbrauch*. Berlin 1991.
Ein Kinderbuch aus den USA, das dort in der Arbeit mit Mädchen und Jungen benutzt wird, um über sexuellen Mißbrauch aufzuklären. Auch dazu geeignet, um bei Verdacht auf sexuellen Mißbrauch über das Thema mit Kindern sprechen zu können.

Kühn, F.: *Es fing ganz harmlos an*. Freiburg 1990.

Der zwölfjährige Christian schwärmt für seinen jugendlichen Onkel Harry. Doch nach einem Motorradausflug am Wochenende ist Christian wie ausgewechselt. Er verscherzt sich mit seiner Aggressivität alle Freundschaften; aber erst als Christian das Motorrad seines Onkels zerstört, erkennt seine Mutter seine Not: Christian wurde sexuell mißbraucht.

Mebes, M./Sandrock, L.: *Kein Küßchen auf Kommando.* Berlin 1988.

Kindermal- und Vorlesebuch für jüngere Kinder, in dem verschiedene Arten von Küssen beschrieben werden.

Hebes, M./Sandrock, L.: *Kein Anfassen auf Kommando.* Berlin 1990.

Kindermal- und Vorlesebuch für jüngere Kinder, in dem verschiedene Arten von „Angefaßtwerden" beschrieben werden.

Steenfatt, M.: *Nele. Ein Mädchen ist nicht zu gebrauchen.* Reinbek 1986.

Die zwölfjährige Nele lebt mit Mutter und Stiefvater zusammen, bei denen ihr aber Liebe und Geborgenheit fehlt. Bei Wolfgang, einem Freund des Stiefvaters, glaubt sie zunächst diese Liebe zu finden und gerät dabei unversehens in die Situation, mißbraucht zu werden. Sie lernt aber schließlich, sich zur Wehr zu setzen und die Beziehung zu beenden.

Talbert, M.: *Das Messer aus Papier.* Kevelaer 1989.

Der zehnjährige Jeremy wurde vom Freund seiner Mutter sexuell mißbraucht. Bis er mit anderen darüber sprechen kann und sich zur Wehr setzt, quält sich Jeremy mit Angst, Schuldgefühlen und Wut und ist verstört und kontaktscheu. Die drei nach den Jahreszeiten Herbst, Winter, Frühling benannten Teile stehen für die Zeit der tiefen Verunsicherung Jeremys, seiner allmählich bewußteren Auseinandersetzung mit der Mißhandlung und seinem zaghaften Neubeginn.

Wachter, O.: *Heimlich ist mir unheimlich.* Berlin 1991.

Umarmen und umarmt werden, berühren und berührt werden ist schön. Und wenn es gegen den Willen eines Kindes geschieht? Wenn Berührungen, die sonst Wärme und Zuneigung ausdrücken, das Kind plötzlich unsicher machen und erschrecken? Auch das gibt es. Die Autorin schildert vier Situationen und Geschichten, die Kindern helfen können, sich – wenn nötig – zur Wehr zu setzen.

Weiterführende englischsprachige Fachliteratur

Bentovim, A. et al.: *Child Sexual Abuse within the Family. Assessment and Treatment.* London 1988.

Bolton, F. et al.: *Males at Risk. The Other Side of Child Sexual Abuse.* Newbury Park/London/New Delhi 1989.

Faller, K. C.: *Understanding Child Sexual Maltreatment.* Newbury Park/London/New Delhi 1990.

Finkelhor, D.: *Child Sexual Abuse. New Theory and Research.* New York 1984.

Finkelhor, D. et al.: *A Sourcebook on Child Sexual Abuse.* Beverly Hills 1986.

Giaretto, H.: *Integrated Treatment of Child Sexual Abuse. A Treatment and Training Manual.* Palo Alto 1982.

Groth, A. N. (with Birnbaum, I.): *Men who Rape: The Psychology of the Offender.* New York 1978.

Grubman-Black, S. D.: *Broken Boys / Mending Men. Recovery from Childhood Sexual Abuse.* Bradenton, Fl. 1990.

Horton, A. L./Johnson, B. L./Roundy, L. M./Williams, D. (Eds.): *The Incest Perpetrator – A Family Member No One Wants To Treat.* Newbury Park/London/New Delhi 1990.

Hunter, M.: *Abused Boys. The Neglected Victims of Sexual Abuse.* New York 1990.

Hunter, M. (Ed.): *The Sexually Abused Male*. Volume 1 and 2. Lexington, Mass./Toronto 1990.

Lew, M.: *Victims No Longer. Men Recovering fron Incest and Other Sexual Child Abuse*. New York 1988.

MacFarlane, K./Waterman, J.: *Sexual Abuse of Young Children*. New York 1986.

Mrazek, P. B./Kempe, C. H. (Eds.): *Sexually Abused Children and Their Families*. Oxford 1987.

Russel, D. E.: *The Secret Trauma – Incest in the Lives of Girls and Women*. New York 1986.

Salter, A. C.: *Treating Child Sex Offenders and Victims. A Practical Guide*. Newbury Park/London/New Delhi 1988.

Sgroi, S. M.: *Vulnerable Populations*. Volume 1 and 2. Lexington, Mass./Toronto 1988.

Hinweise auf Beratungsstellen und Kinderschutzzentren

Beratungsstellen, an die sich alle von sexuellem Mißbrauch betroffenen Familienmitglieder wenden können:

Kind im Zentrum e. V. Sozialtherapeutische Hilfen für sexuell mißbrauchte Kinder und ihre Familien
Sybelstr. 30, 10629 Berlin (Tel. 0 30/3 24 70 90)

Kind im Zentrum e. V.
Neue Schönhauser Str. 16, 10178 Berlin
(Tel. 0 30/2 82 80 77)

Kinderschutzzentren

Kinderschutzzentrum Berlin
Karl-Marx-Straße 262, 12057 Berlin (Tel. 0 30/6 84 30 64)

Kinderschutzzentrum Berlin
Strausberger Str. 5, 13055 Berlin, (Tel. 0 30/9 976 47 94)

Kinderschutzzentrum Bremen
Vor dem Steintor 87, 28203 Bremen (Tel. 04 21/70 00 37–8)

Kinderschutzzentrum Gütersloh
Schulstraße 26, 33330 Gütersloh (Tel. 0 52 41/1 49 99)

Kinderschutzzentrum Heidelberg
Gaisbergstraße 53, 69115 Heidelberg (Tel. 0 62 21/1 00 04)

Kinderschutzzentrum Kiel
Zastrowstraße 12, 24116 Kiel (Tel. 04 31/1 68 31)

Kinderschutzzentrum Köln
Spichernstraße 55, 50672 Köln (Tel. 02 21/52 00 86)

Kinderschutzzentrum Mainz
Lessingstraße 25, 55118 Mainz (Tel. 0 61 31/61 37 37)

Kinderschutzzentrum München
Pettenkoferstraße 10a, 80336 München (Tel. 0 89/55 53 56)

Beratungsstelle Frankfurt des Deutschen Kinderschutzbundes
Wielandstraße 31, 60318 Frankfurt am Main
(Tel. 0 69/59 81 89)

Ärztliche Beratungsstellen

Ärztliche Beratungsstelle bei Kindesmißhandlung in Zusammenarbeit mit dem Deutschen Kinderschutzbund, Ortsverband Aachen e. V.
Pontstraße 85, 52062 Aachen (Tel. 02 41/2 31 61)

Ärztliche Beratungsstelle gegen Vernachlässigung und Mißhandlung von Kindern e. V.
Ernst-Rein-Straße 53, 33613 Bielefeld (Tel. 05 21/14 17 17)

Ärztliche Beratungsstelle gegen Mißhandlung und Vernachlässigung von Kindern e. V., Vestische Kinderklinik
Lloydstraße 5, 45711 Datteln (Tel. 0 23 63/60 71)

Ärztliche Beratungsstelle gegen Vernachlässigung und Mißhandlung von Kindern e. V.
Hohe Straße 16, 44139 Dortmund (Tel. 02 31/14 46 86)

Arbeitsgruppe „Ärztliche und psychosoziale Hilfe. Beratungsstelle für mißhandelte und vernachlässigte Kinder und ihre Eltern“ e. V., Krankenanstalten Düren
Roonstraße 30, 52351 Düren
(Tel. 0 24 21/30 14 58 und 30 13 74)

Anlauf- und Betreuungsstelle bei Kindesmißhandlungen und -vernachlässigungen, Kinderneurologisches Zentrum der Städt. Kliniken
Gräulingerstraße 120, 40625 Düsseldorf
(Tel. 02 11/2 80 06 30)

Ärztliche Ambulanz bei Vernachlässigung und Mißhandlung für Kind und Familie, Evangelisches Krankenhaus
Fürstenwall 91, 40217 Düsseldorf (Tel. 02 11/3 80 03 80)

HORUS, Nächstenhilfe für das Kind, den Jugendlichen und die Familie e. V.
Hebelstraße 7, 69214 Eppelheim (Tel. 0 62 21/76 77 76)

Ärztliche Beratungsstelle gegen Vernachlässigung und Mißhandlung von Kindern e. V.
Weberplatz 1, 45127 Essen (Tel. 02 01/23 66 11)

Ärztliche Beratungsstelle beim Deutschen Kinderschutzbund, Kreisverband Esslingen
Vogelsangstraße 12, 73728 Esslingen (Tel. 07 11/35 29 55)

Ärztliche Beratungsstelle gegen Vernachlässigung und Mißhandlung von Kindern in der Kinderklinik St. Elisabeth und Marienhospital
Nordenwall 22, 59065 Hamm (Tel. 0 23 81/18 10 34)

Beratungsstelle gegen Kindesmißhandlung in Ludwigshafen
Hemsdorfstraße 69, 67063 Ludwigshafen
(Tel. 06 21/52 52 11)

Ärztliche Beratungsstelle bei Vernachlässigung und Mißhandlung von Kindern e. V.
Zumsandestraße 25–27, 48145 Münster
(Tel. 02 51/39 24 49)

Ärztliche Beratungsstelle gegen Vernachlässigung und Mißhandlung von Kindern e. V.
Steinbrinkstraße 188, 46145 Oberhausen
(Tel. 02 08/66 39 86)

Vertrauensstelle Benjamin – Ärztliche Beratung und psychosoziale Hilfe für mißhandelte und vernachlässigte Kinder und ihre Eltern e. V.
Friederikenstraße 3, 26935 Oldenburg (Tel. 04 41/1 77 88)

Ärztliche Beratungsstelle gegen Vernachlässigung und Mißhandlung von Kindern e. V. Haus der Jugend
Große Gildewart 6–9, 49074 Osnabrück (Tel. 05 41/2 80 87 und 28 80 87)

Beratungsstelle für Kinderschutz – Psychosoziale und ärztliche Beratung und Hilfe
Berliner Platz 6, 40880 Ratingen-West (Tel. 0 21 02/49 91 49)

Ärztliche Beratungsstelle Bergisch Land gegen Kindesmißhandlung und -vernachlässigung, Kinderschutzbund, Ortsverband Remscheid
Peterstraße 39, 42853 Remscheid (Tel. 0 21 91/2 71 90)

Beratungsstelle des Deutschen Kinderschutzbundes, Ortsverband St. Augustin, in Zusammenarbeit mit der Johanniter Kinderklinik St. Augustin
Mendener Straße 23, 53757 St. Augustin
(Tel. 0 22 41/2 80 00)

Ärztliche Beratungsstelle Bergisch Land gegen Kindesmißhandlung und -vernachlässigung, DKSB Wuppertal
Alte Freiheit 26, 42103 Wuppertal (Tel. 02 02/44 10 30)

Beratungsstellen für Männer

mannege – Information und Beratung für Männer e. V.
Friedrichstr. 165, 10117 Berlin (Tel. 0 30/2 08 21 57)

Männer gegen Männergewalt e. V.
Hamburg (Tel. 0 40/2 20 12 77)

Männertelefon Frankfurt/M.
Frankfurt/M. (Tel. 0 69/5 97 09 59)

Männercafé
Siemensstr. 9, 60594 Frankfurt/M., (Tel. 0 69/62 54 45)

Weitere Anlaufstellen sind örtliche Niederlassungen von „Pro Familia", „Notruf für vergewaltigte Frauen und Mädchen" und Niederlassungen des Deutschen Kinderschutzbundes. Weitere Beratungsstellen und Selbsthilfegruppen sind unter „Wildwasser" und „Zartbitter" zu finden; außerdem gibt es in mehreren Orten „Berufsgruppen gegen sexuellen Mißbrauch".

Zu den Autoren:

Klaus-Jürgen Bruder, geb. 1941 in Leipzig. Professor für Psychologie, Klinischer Psychologe; lehrt an der Freien Universität Berlin und arbeitet in der Beratungsstelle „Kind im Zentrum" mit Männern, die Kinder sexuell mißbraucht haben, und mit sexuell mißhandelten Kindern.

Elisabeth Bingel, geb 1948 in Braunschweig. Studium der Pädagogik und Psychologie, wissenschaftliche Arbeiten im Bereich Familienforschung, frühkindliche Entwicklung und sexueller Mißbrauch von Kindern. Von 1987 bis 1990 Mitarbeiterin bei „Kind im Zentrum"; seither Psychotherapeutin und Supervisorin in freier Praxis mit Schwerpunkt „sexueller Mißbrauch".

Ariane Ehinger, geb. 1954 in Konstanz. Diplom-Psychologin, seit Anfang 1988 bei „Kind im Zentrum" tätig; Weiterbildung in systemischem Arbeiten und Psychodrama. Ihr Arbeitsschwerpunkt ist die Aufdeckung von sexuellem Mißbrauch bei Kindern, Gruppenarbeit mit Jugendlichen (Jungen und Mädchen) sowie die Arbeit mit Müttern.

Norbert Gurris, geb. 1948 in Oldenburg. Diplom-Psychologe mit Schwerpunkt Verhaltenstherapie, Gesprächspsychotherapie, Psychodrama und Familientherapie. Arbeitete 1974–1989 im Legasthenie-Zentrum Berlin, in der Jugendvollzugsanstalt Tegel und in heilpädagogischen Heimen; 1990–1992 Mitarbeiter bei „Kind im Zentrum".

Gerhard Klemmer, geb. 1950 in Berlin. Diplom-Psychologe und Familientherapeut, war von 1991 bis 1992 bei „Kind im Zentrum" als Therapeut tätig. Arbeitet zur Zeit bei „Korallenriff“, einer sozialtherapeutischen Wohngruppe für sexuell mißbrauchte Mädchen und Jungen.

Norman Marsh, geb. 1948 in Bremerhaven. Diplom-Psychologe, Klinischer Psychologe, Gesprächspsychotherapeut; Friseurlehre, zweiter Bildungsweg, Studium der Psychologie an der Freien Universität Berlin, 1988–1990 Mitarbeiter in der Beratungsstelle „Kind im Zentrum“, Mitglied des Vereins „Kind im Zentrum. e.V.“

Sigrid Richter-Unger, geb. 1949 in Weimar. Soziologin und Gestalttherapeutin. Gründungsmitglied von „Kind im Zentrum e.V.“, heute Geschäftsführerin und therapeutische Mitarbeiterin dieser Einrichtung.

ISBN 3-351-02411-8
1. Auflage 1993
Aufbau-Verlag Berlin und Weimar GmbH
Einbandgestaltung Torsten Lemme
Typographie Peter Friderici
Satz Dörlemann-Satz GmbH & Co. KG, Lemförde
Schrift 10/12.5 p Melior
Druck und Binden Clausen & Bosse, Leck
Printed in Germany